21世纪高职高专财经类专业核心课程教材

企业管理

Qiye Guanli

（第五版）

刘宁杰 杨海光 主编

东北财经大学出版社 大连
Dongbei University of Finance & Economics Press

图书在版编目（CIP）数据

企业管理 / 刘宁杰，杨海光主编. —5版. —大连：东北财经大学出版社，2019.3（2020.12重印）
（21世纪高职高专财经类专业核心课程教材）
ISBN 978-7-5654-3472-3

Ⅰ. 企… Ⅱ. ①刘… ②杨… Ⅲ. 企业管理-高等职业教育-教材 Ⅳ. F272

中国版本图书馆CIP数据核字（2019）第037126号

东北财经大学出版社出版
（大连市黑石礁尖山街217号 邮政编码 116025）
网 址：http：//www.dufep.cn
读者信箱：dufep@dufe.edu.cn
大连东泰彩印技术开发有限公司印刷 东北财经大学出版社发行
幅面尺寸：185mm×260mm 字数：352千字 印张：15
2019年3月第5版 2020年12月第18次印刷
责任编辑：张晓鹏 张爱华 郭海雷 责任校对：张晓欢
封面设计：张智波 版式设计：钟福建
定价：32.00元

教学支持 售后服务 联系电话：（0411）84710309

如有印装质量问题，请联系营销部：（0411）84710711

第五版前言

本书自2005年正式出版至今，已有十几年的时间。在此期间，本书被许多院校选为教材，受到广大师生的广泛好评，这对我们来说是一种鼓舞。本书突出了“高层次性”、“职业性”和“可衔接性”的统一，在比较全面、系统地介绍现代企业管理基本知识的基础上，增加了“小知识”“小思考”“观念应用”“补充阅读资料”等栏目，活化了教材的版面设计，丰富了教材的内容，同时为学生学习、思考提供了足够的空间。针对高职高专教育的特点，各章后设置了形式多样的基本训练题，如“知识题”、“技能题”和“能力题”等，拓宽了学生的知识面，以培养学生的管理理念并提高其管理能力，使学生成为既有一定专业技术理论和实践能力，又有现代管理理论和技能的新型复合人才。

本次修订，在保留原书风格和一些传统内容的基础上增加了一些新内容，同时对一些原有知识，根据其最新发展做了更新。此外，对书中部分案例、资料和数据进行了更换，以增强其时代感。

本书第五版由刘宁杰拟定编写大纲，并修订编写第一章、第十一章和第十二章；杨海光修订编写第二章；李映霞修订编写第三章；周永明修订编写第四章；黄志斌、王琳修订编写第五章；朱莹修订编写第六章；杨理、廖英修订编写第七章；黄荷昱、邱建林修订编写第八章；黄荷昱、杨海光修订编写第九章；杨海光、杨波修订编写第十章。杨理负责统稿，全书由刘宁杰、杨海光任主编，并负责总纂及定稿。

本书在编写过程中参阅和引用了许多相关的著作和教材，在此谨向有关作者表示深切的谢意。同时，本书的策划和修订编写得到了东北财经大学出版社的大力支持，在此表示诚挚的感谢。

本书对高职高专教材的编写模式、形式及内容进行了大胆的改革尝试，错误之处在所难免，敬请各位读者和专家批评指正。

编　者

2019年2月

目录

第一章　企业管理概论 / 1

学习目标 / 1
第一节　企业与企业组织 / 1
第二节　现代企业制度 / 7
第三节　管理与企业管理 / 9
第四节　企业管理环境 / 14
本章小结 / 18
主要概念与观念 / 19
基本训练 / 19

第二章　企业计划与决策 / 21

学习目标 / 21
第一节　计划工作概述 / 21
第二节　决　策 / 26
本章小结 / 35
主要概念与观念 / 35
基本训练 / 35

第三章　市场营销 / 39

学习目标 / 39
第一节　市场营销的基本知识 / 39
第二节　目标市场的选择与市场定位 / 45
第三节　市场营销组合 / 52
本章小结 / 58
主要概念与观念 / 59
基本训练 / 59

第四章 生产管理 / 62

学习目标 / 62
第一节 生产管理的概念和内涵 / 62
第二节 生产过程组织 / 64
第三节 生产计划 / 68
第四节 生产设备管理 / 72
第五节 准时化生产与精益生产 / 79
本章小结 / 81
主要概念与观念 / 82
基本训练 / 82

第五章 质量管理 / 84

学习目标 / 84
第一节 质量与质量管理 / 84
第二节 全面质量管理 / 89
第三节 ISO 9001认证 / 90
本章小结 / 96
主要概念与观念 / 96
基本训练 / 96

第六章 物流管理 / 98

学习目标 / 98
第一节 物流与物流系统 / 98
第二节 物流构成要素 / 103
第三节 物流管理基本原理 / 107
本章小结 / 110
主要概念与观念 / 111
基本训练 / 111

第七章 财务管理 / 113

学习目标 / 113
第一节 财务管理概述 / 113
第二节 资金筹集 / 117
第三节 资产管理 / 120
第四节 损益管理 / 122
第五节 财务分析 / 123
本章小结 / 132

主要概念与观念 / 133
基本训练 / 133

第八章 人力资源管理 / 135

学习目标 / 135
第一节 人力资源管理概述 / 135
第二节 人力资源的规划与招聘 / 137
第三节 人力资源的开发与培训 / 140
第四节 组织设计与职务分析 / 142
第五节 绩效评价 / 145
本章小结 / 148
主要概念与观念 / 148
基本训练 / 149

第九章 企业文化 / 152

学习目标 / 152
第一节 企业文化的概念与特点 / 152
第二节 企业文化的内容和功能 / 156
第三节 企业文化的建设 / 160
第四节 企业形象战略 / 163
本章小结 / 168
主要概念与观念 / 169
基本训练 / 169

第十章 管理信息系统 / 171

学习目标 / 171
第一节 管理信息系统概述 / 171
第二节 管理信息系统的发展与应用 / 177
第三节 企业资源计划 / 182
第四节 物联网 / 188
本章小结 / 190
主要概念与观念 / 191
基本训练 / 191

第十一章 企业战略管理 / 194

学习目标 / 194
第一节 企业战略管理概述 / 194
第二节 战略环境分析 / 198

第三节 企业总体战略 / 202
第四节 企业竞争战略 / 207
本章小结 / 210
主要概念与观念 / 210
基本训练 / 210
第十二章 企业国际化经营 / 213
学习目标 / 213
第一节 企业国际化经营的原因及特点 / 213
第二节 国际化经营的环境因素分析 / 215
第三节 企业一般国际竞争战略的选择 / 219
第四节 企业进入国际市场的方式 / 220
第五节 战略联盟 / 224
本章小结 / 227
主要概念与观念 / 227
基本训练 / 228
主要参考书目 / 230

第一章 企业管理概论

学习目标

掌握企业的概念；了解现代企业的法律形式；区分几种常见的企业组织结构形式；掌握现代企业的制度；掌握管理的定义；了解企业管理的发展趋势；掌握企业与环境之间的相互制约关系。

第一节 企业与企业组织

一、企业的概念

企业是以营利为目的，为满足社会需要，依法从事商品生产、流通和服务等经济活动，实行自主经营、自负盈亏、自我发展的法人实体和市场竞争主体。作为一个企业，必须具备以下基本条件：

（1）拥有一定数量、技术水平的生产设备和一定数额的资金；

（2）具有开展一定生产规模和经营活动的场所；

（3）具有一定数量、一定技能的生产者和经营者；

（4）从事社会商品的生产、流通、服务等经济活动；

（5）具有法人地位，进行自主经营、独立核算；

（6）生产经营活动的目的是获取利润。

企业的范围非常广泛，包括工业、农业、商业、交通运输业、建筑业、金融业、服务业和其他一切从事生产经营活动的经济组织。企业作为一个历史范畴，是人类社会发展到一定时期的产物，是现代社会的经济细胞和国民经济的基本单位，是社会生产力的重要载体。

二、现代企业

现代企业不是泛指现代社会经济活动中所存在的所有企业，而是指那些适应现代市场经济和社会化大生产的需要、按照现代企业制度要求建立起来的企业。它具有以下一些特征：

（1）明晰的产权关系；

（2）所有者和经营者相分离；

（3）拥有并系统采用现代技术；

（4）实施科学管理；

（5）企业规模化和专业化统一。

三、企业的法律形式

在市场经济条件下，企业是法律和经济上独立自主的实体，拥有在一定法律形式下自主经营和发展所必需的各种权利。企业的法律形式有许多种，现就其法律和经济上的特点介绍如下：

（一）个人业主制企业

个人业主制企业是由业主个人出资兴办、由业主自己直接经营的企业。业主享有企业的全部经营所得，同时对企业的债务负有完全责任，如果经营失败，出现资不抵债的情况，业主要用自己的家财来抵偿。它的特点是，建立和歇业的程序十分简单易行，产权能够比较自由地转让，经营者与所有者合一，经营方式灵活，决策迅速，利润独享，保密性强。

（二）合伙制企业

合伙制企业是由两人或两人以上合伙人联合经营的企业，合伙人分享企业所得，并对营业亏损共同承担责任。它可以由部分合伙人经营，其他合伙人仅出资并共负盈亏，也可以由所有合伙人共同经营。多数合伙制企业规模较小，合伙人数较少。它可以分为普通合伙制企业和有限合伙制企业。

合伙制企业与个人业主制企业相比有很多优点，主要的优点是可以从众多的合伙人处筹集资本，合伙人共同偿还责任减少了银行贷款风险，使企业的筹资能力有所提高。同时，普通合伙人对企业债务承担连带无限清偿责任，有限合伙人以其认缴的出资额为限对企业债务承担清偿责任，因而有助于提高企业的信誉。

合伙制企业也有明显的缺点。首先，合伙制企业是根据合伙人之间的契约建立的，每当一位原有的合伙人离开，或者接纳一位新的合伙人，都必须重新确立一种新的合伙关系，从而造成法律上的复杂性，通过接纳新的合伙人增加资金的能力也就受到限制。其次，由于所有的合伙人都有权代表企业从事经济活动，重大决策都需要得到所有合伙人的同意，因而很容易造成决策上的延误和差错。最后，有限合伙人以其认缴的出资额为限对企业债务承担清偿责任，普通合伙人对于企业债务承担连带无限清偿责任，这就使那些并不能控制企业的合伙人面临很大的风险。

（三）合作制企业

合作制企业是以本企业或合作经济实体内的劳动者平等持股、合作经营、按劳分配与按股分配相结合的企业制度。合作制企业是劳动者自愿、自助、自治的经济组织。

实行合作制的企业，外部人员不能入股。这是合作制与股份制的区别。如果在企业内外部发行股票或股权证，那就不是合作制而是股份制了，应当按照股份制的有关法律和规则进行运营。

（四）无限责任公司

无限责任公司是指由两个或两个以上的股东所组成，股东对公司的债务承担连带无限清偿责任的公司。所谓连带无限清偿责任，是指股东不论出资多少，对公司债权人以全部个人财产承担共同或单独清偿全部债务的责任。无限责任公司是典型的人合公司。相对资合公司而言，人合公司是指信用基础建立在股东个人的信用之上，而不建立在公司资本多少上的公司。

一般来说，如果在公司章程中没有特殊规定，每个股东都有权利和义务处理公司的业务，都有对外代表公司的权力。公司的自有资本来自股东的投资和公司的盈利。公司的盈余分派一般分为两个部分：一部分是按股东的投资额，以资本的利息形式分派；另一部分则按合伙的平分原则处理。

对股东而言，无限责任公司的风险是很大的，因为对公司的债务他们承担的是连带无限清偿责任。与这种高风险相对应的，是可能得到高额的利润。由于无限责任公司这种形式股东所负责任太大，筹资能力有限，在国内外都没有得到大的发展。

（五）有限责任公司

有限责任公司又称有限公司，在英、美称为封闭公司或私人公司，是指由符合法律规定的股东共同出资，每个股东以其认缴的出资额为限对公司的债务承担有限清偿责任，公司以其全部资产对其债务承担有限清偿责任的企业法人。这种公司不对外公开发行股票，股东的出资额由股东协商确定。股东交付股本金后，公司出具股权证书，作为股东在公司中所拥有的权益凭证。这种凭证不同于股票，不能自由流通，须在其他股东同意的条件下才能转让，并要优先转让给公司原有股东。

公司股东对公司债务所负清偿责任仅以其出资额为限（有些公司股东对公司债务所负清偿责任以其出资额倍数为限，这种公司在美国又称担保有限公司），也就是说，把股东投入公司的财产与他们个人的其他财产脱钩，这就是所谓"有限责任"的含义。与无限责任公司的股东相比，有限责任公司的股东所承担的风险大为降低。

有限责任公司的优点是设立程序比较简单，不必公开账目，尤其是公司的资产负债表一般不予公开，公司内部机构设置灵活。其缺点是由于不能公开发行股票，筹集资金的范围和规模一般都较小，难以适应大规模生产经营活动的资金需要。因此，有限责任公司这种形式一般适合于中小企业。

（六）股份有限公司

股份有限公司又称股份公司，在英、美称为公开公司或公众公司，是指注册资本由等额股份构成，并通过发行股票（或股权证）筹集资本，公司以其全部资产对其债务承担有限清偿责任的企业法人。

与其他类型的公司比较起来，股份有限公司是典型的资合公司，各国法律都把它视为独立的法人。公司股东的身份、地位、信誉不再具有重要意义，任何愿出资的人都可以成为股东，不受资格限制。股东成为单纯的股票持有者，他们的权益主要体现在股票上，并随股票的转移而转移。公司股东人数有法律上的最低限额。法国、日本的法律规定不得少于7人，德国商法规定不得少于5人，我国最新版的《中华人民共和国公司法》则规定股东人数为2～200人。

股份有限公司的资本总额均分为每股金额相等的股份，以便于根据股票数量计算每个股东所拥有的权益。出资多的股东占有股票的数量多，而不能单独增大每股的金额。在交易所上市的股份有限公司，其股票可在社会上公开发行，并可以自由转让，但不能退股，以保持公司资本的稳定。

小知识1-1　**广东：2014年新兴产业强势崛起**

对广东而言，高技术产业既是拉动经济增长的重要力量，也是提升竞争力、保证经济持续增长的决定性因素。广东相关部门对企业、行业协会进行调查的数据显示，2013年，广东生物医药、新能源汽车、新材料、智能电网和智能装备等行业呈现了全面开花的局面。这些行业不仅订单充足，而且实现了高水平盈利，行业发展前景较好，成为广东产业转型升级的新支点。

此前，广东省委、省政府出台的《关于加快建设现代产业体系的决定》，已将金融、现代物流、信息服务、科技服务、商务会展、文化创意、服务外包、现代旅游、健康服务九大产业，作为未来重点扶持的产业方向。

资料来源　佚名．广东：2014年新兴产业强势崛起［EB/OL］．(2014-02-27)［2019-01-06］．http：//district.ce.cn/newarea/roll/201402/27/t20140227_2383887_1.shtml.节选．

四、企业组织结构

随着企业的产生和发展，企业组织结构也发生了一系列的变化。到目前为止，企业的组织结构主要有下列几种形式：直线制、职能制、直线-职能制、事业部制、模拟分权制和矩阵制等。

（一）直线制

直线制是一种早期的组织结构形式。其主要特点是：下级从上级那里直接接受命令，上级对下级进行综合管理；企业管理的全部职能由各级行政领导负责，不另设专门的职能管理机构。直线制组织结构如图1-1所示。其主要优点：结构简单，责任明确，命令统一。其主要缺点：没有专业的职能机构和人员做领导的助手，要求企业领导通晓各种业务。因此，一旦企业规模扩大，产品结构复杂，企业领导势必顾此失彼，难以进行有效的管理。因此，这种组织形式仅适用于规模较小、职工人数不多、生产比较简单的企业。

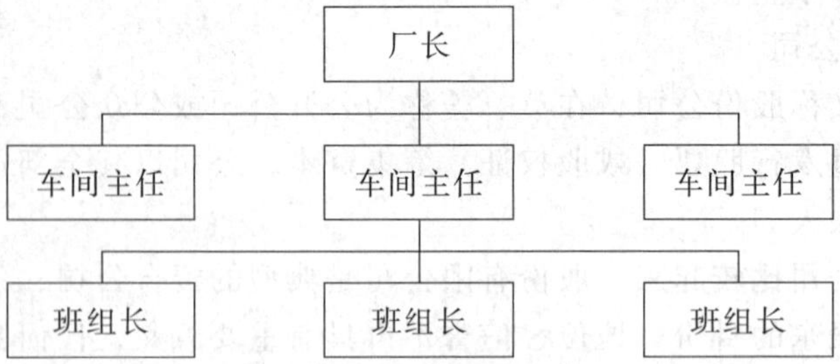

图1-1　直线制组织结构

（二）职能制

职能制组织结构是各级行政单位除主管领导以外还相应地设立一些职能机构。这种结构要求行政主管把相应的管理职责和权力交给相关职能机构，各级职能机构在自己的业务范围内有权向下级的行政单位发号施令，因此下级在接受上级行政主管的指挥之外还要接受上级职能机构的领导。职能制组织结构如图1-2所示。其主要优点：大大提高了企业管理的专业化程度，减轻了直线管理人员的工作负担。其主要缺点：每个下级都必须接受多个上级的直接领导，形成了多头领导的局面；上级领导与基层脱节，信息难以畅通，影响上级领导的有效性。由于此种形式有明显的缺陷，因此在现代企业中一般都不使用。

（三）直线-职能制

直线-职能制又称直线参谋制，实际上是由直线制与职能制结合而成的组织结构形式。目前，绝大多数企业都采取这种组织结构形式。其主要特点：各级行政单位的行政负责人统一负责管理本单位的生产行政工作并直接对上级负责；各级管理组织根据需要设置职

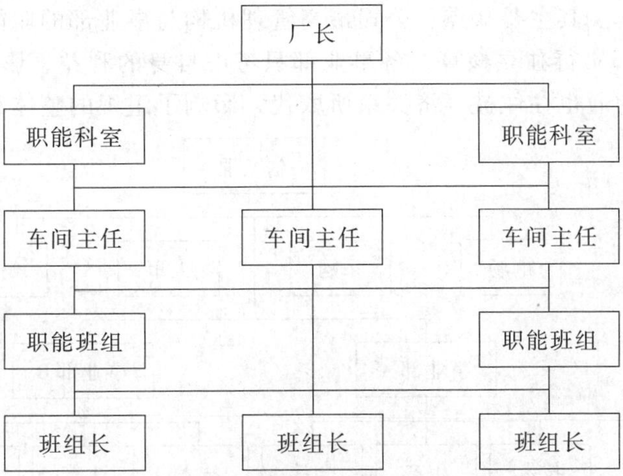

图 1-2　职能制组织结构

能机构，这些职能机构是该级行政负责人的助手，可以对下级职能机构进行业务指导，无权对下级行政负责人发号施令。直线-职能制组织结构如图 1-3 所示。其主要优点：既保证了统一指挥，又可以在各级行政负责人的领导下，发挥各职能机构的作用。其主要缺点：各职能部门之间的协作性较差，职能机构的许多工作要直接向上级领导报告才能处理，造成了办事效率较低。

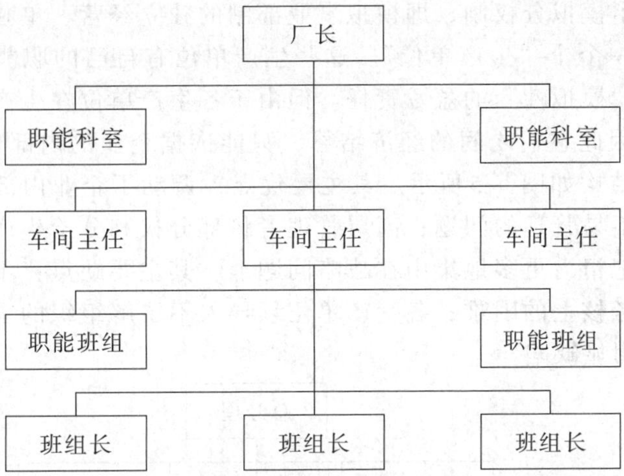

图 1-3　直线-职能制组织结构

（四）事业部制

事业部制最早由美国通用汽车公司总裁斯隆提出。它是在公司的统一领导下，按产品、地区或市场统一进行产品设计、采购、生产和销售等活动的半独立经营单位。事业部制是一种分权制的组织结构形式，事业部实行相对的独立经营，单独核算，拥有一定的经营自主权并设有相应的职能机构。事业部制组织结构如图 1-4 所示。按照“集中政策、分散经营”的原则，公司最高管理机构拥有决策、财务控制、规定价格幅度、监督等大权，并利用利润等指标对事业部进行控制。这种组织结构形式适用于规模较大、产品种类较多、市场分布较广的企业。其主要优点：总公司领导可以摆脱日常事务，集中精力考虑全局问题；事业部进行独立核算，更能发挥经营管理的积极性，更便于组织专业化生产和实现企业的内部协作。其主要缺点：公司最高管理机构与事业部的职能机构重叠，造成管理人员浪费；事业部实行独立核算，各事业部只考虑自身的利益，影响事业部之间的协作，一些业务联系与沟通也往往被经济关系所取代，影响了组织的整体利益。

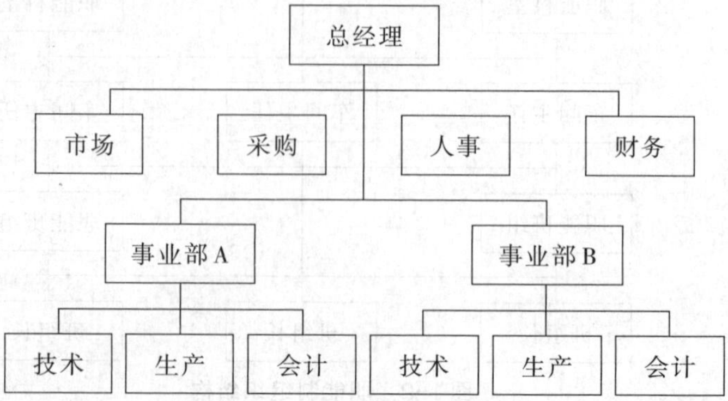

图1-4　事业部制组织结构

（五）模拟分权制

这是一种介于直线-职能制与事业部制之间的组织结构形式。有许多大型企业，如连续生产的钢铁、化工企业，由于受产品品种或生产工艺过程所限，难以分成独立的事业部，又由于企业的规模庞大，以至于高层管理者感到采用其他结构形式都不利于管理，这时就出现了模拟分权制，即模拟事业部制的独立经营、单独核算，而不是真正的事业部，实际是一个个“生产单位”。这些生产单位有自己的职能机构，享有尽可能大的自主权，负有“模拟性”的盈亏责任。但由于各生产单位在生产上的连续性，很难将它们截然分开，因此它们之间的经济结算，只能依据企业的内部价格而不是市场价格。模拟分权制组织结构如图1-5所示。其主要优点：调动了企业内部的积极性，而且解决了企业规模过大不易管理的问题；高层管理者将部分权利分给生产单位，减少了其行政事务，从而可以把精力更多地集中在战略问题上。其主要缺点：不易为模拟的生产单位明确任务，造成考核上的困难；各生产单位领导人不了解组织的全貌，在信息沟通和决策权方面也存在明显缺陷。

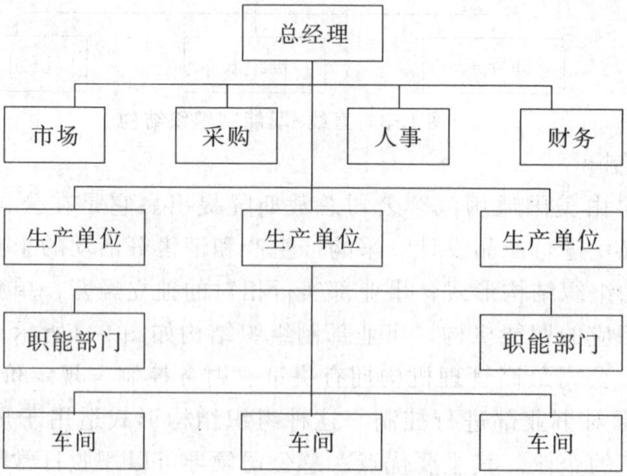

图1-5　模拟分权制组织结构

（六）矩阵制

矩阵制实际上是在直线-职能制所建立的纵向垂直领导系统的基础上再增加一种横向的领导系统，即从垂直领导系统的各单位中，抽调各相关专业人员，组成完成某一项目的工作小组。这种项目小组就构成了一个横向的领导系统，参加项目小组的成员一般都要接受两个方面的领导。项目完成以后，成员又回到原职能部门。矩阵制组织结构如图1-6所示。其主要优点：能够将横向联系与纵向联系、集权与分权较好地结合起来，加强各部门之间的联系，并且有利于集中具有专门知识和技能的人员来共同完成任务。其主要缺点：多头领导，不易完成任务。

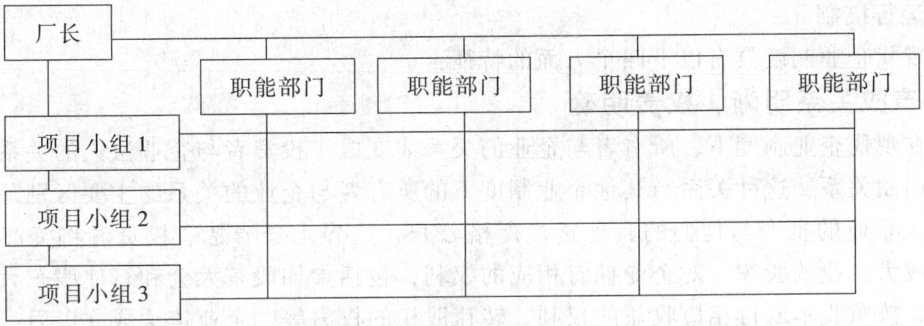

图1-6　矩阵制组织结构

补充阅读资料1-1

学习型组织

学习型组织是指由于所有成员都积极参与到与工作相关的问题的识别和解决中，从而使组织形成了持续适应和变革能力的组织形式。在学习型组织中，员工们通过不断获取和共享新知识，参与到组织的知识管理中，并有意愿将其知识用于制定决策或做好他们的工作。一些组织理论家甚至把组织的这种能力高度评价为组织可持续竞争优势的唯一资源。学习型组织的主要特征表现在其组织设计、信息共享、领导力及组织文化等方面。

在学习型组织中，成员在整个组织范围内跨越不同职能专长以及不同层级共享信息和工作活动协作极为重要，而这些必须通过削弱或取消原有的结构及物理边界才能实现。因为在这种无边界的环境中，员工们可以自由地在一起工作，以最佳的方式合作完成组织的任务，并能相互学习。鉴于协作的需要，团队也成为学习型组织结构设计上的一个重要特征。员工们在团队中工作，执行各项需要完成的工作活动。这些员工团队被授权制定有关其工作开展过程或解决所出现问题的各种决策。以这些经充分授权的员工及其团队来运作的组织，根本没有必要配备各级的“老板”来发布命令和实施控制；相反，管理者承担起推动者、支持者和倡导者的角色。

第二节　现代企业制度

现代企业制度是符合社会化大生产要求，适应市场经济的产权清晰、权责明确、政企分开、管理科学的一种企业制度。现代企业制度是相对于产品经济体制下的传统企业制度而言的，也是相对于非公司制的企业制度而言的，是一种充分体现市场经济本质要求的企业制度。市场经济关系实质上就是一种权利与义务的关系。衡量一种企业制度是否符合现代市场经济的要求，最关键的一点就是看这种企业制度在运行中是否充分体现了现代市场经济中权利与义务相统一的要求。现代企业制度是一种全面反映社会发展趋势的企业制度，现代市场经济的社会化，不仅指生产的社会化，还包括资本社会化、风险社会化和经营社会化。现代企业制度是一种具有独立人格的企业制度，独立的财产使企业具有独立的利益和独立的意志，形成了企业独立的人格制度。这种独立的人格使得法人企业真正成为市场竞争的主体，使得法人企业依靠财产关系和组织体制形成良好的内部运行机制。

现代企业制度具有以下四个方面的特征：

一、产权关系明晰、权责明确

在现代企业制度下，所有者与企业的关系演变成了投资者与企业法人的关系，即股东与公司的关系，这种关系与其他企业制度下的所有者与企业的关系的主要区别是：①投资者投入企业的资产与他们的其他资产严格分开，边界十分清楚。投资者将资产投入企业后，成为企业的股东，对企业拥有相应的权利，包括参加股东大会和行使股东大会赋予的权利、按照股本取得相应收益的权利、转让股权的权力等。企业依法成立以后，股东对投入企业的资产及其增值拥有法人财产权，即对资产拥有占有、使用、收益和处分的权利。②投资者仅以投入到企业的那部分资产对企业的债权承担有限责任，企业以其全部资产对债权人承担有限责任。③在企业内部存在一定程度的所有权和经营权的分离，所有者将资产交给具有经营管理知识和能力的专家经营，这些专家不一定是企业的股东，或者不是企业的主要股东，他们受股东委托，作为股东代表经营管理企业。

二、政企分开、自主经营

政企分开是指政企关系合理，政府与企业在权利和义务等方面的关系明确，适应市场经济体制的要求，符合客观经济规律。在现代企业制度下，政府与企业是两种不同性质的组织。政府是政权机关，虽然对国家的经济具有宏观管理的职能，但这种管理不是对企业生产经营活动的直接干预，而是实行间接调控，主要通过经济手段、法律手段以及发挥中介组织的作用对企业的活动和行为进行调节、引导、服务与监督，以保持宏观经济总量的大体平衡和促进经济结构的优化，保证公平竞争，使市场机制发挥正常作用，健全社会保障体系，保持社会稳定，维护社会公平，保护生活环境，提高生活质量。企业是以营利为目的的经济组织，是市场活动的主体，必须按照价值规律和市场要求组织生产与经营，在市场竞争中优胜劣汰。因此，政府与企业在组织上和职能上都是严格分开的，不能以政代企或者以企代政。

三、管理科学、注重效率

管理科学是指企业的内部领导体制等组织管理制度科学合理，符合市场经济体制要求。这是现代企业制度在企业内部管理制度方面表现出来的特征。现代企业制度中管理科学的表现是，凡实行公司制的企业，都按公司法的规定设置内部组织管理机构，这些机构能有效地调节所有者、经营者和企业员工的关系，按照公司法的规定制定有关规章制度，这些制度能形成激励与约束相结合的机制。不实行公司制的企业也能够建立起符合市场经济体制要求的企业内部管理制度。在现代企业制度下，企业管理既体现社会化大生产的客观要求，又体现市场经济的客观要求。管理者的素质高，管理组织结构合理，管理制度健全，管理方法科学，管理手段先进，能最大限度地调动企业员工的积极性，提高工作效率和生产效率。

四、机制健全、行为合理

（1）在现代企业制度条件下，企业是市场主体，企业的生产经营计划需要根据市场的情况自主决定，企业所需资金、技术装备、劳动力等资源需要通过市场取得，产品必须通过市场销售，企业具有健全的产销机制。

（2）根据现代企业制度原则建立起来的企业，投资者、经营者、员工和企业自身的利益都能够得到较好的体现，他们的积极性能得到较好的发挥，具有健全的激励和动力机制。

（3）企业主要依靠自身的力量发展，其积累有稳定的来源，可以根据企业的需要自主决定投资项目，具有健全的发展机制。

（4）企业的约束机制健全。在企业内部，领导制度健全，权责合理，领导层次之间、领导者之间既有明确分工，又相互联系、相互制约，具有健全的权力约束机制；各个利益主体之间，既有利益的一致性，又存在着差异，他们相互制约，企业具有健全的利益约束机制；企业是独立的利益主体，必须自负盈亏，其预算约束是硬的，具有健全的预算约束机制。健全的企业约束机制能使企业克服盲目发展、盲目投资、偏重消费、忽视投资、看重眼前利益、忽视长远利益等不合理行为，使企业在生产经营活动中的行为通过自律达到合理化。

现代企业制度特征的四个方面是相互联系的，是一个有机的整体。明晰的产权关系是建立现代企业制度的前提和条件。产权不清晰，权责无法划分，政企难以分开。但产权清晰绝不是建立现代企业制度的唯一内容。现代企业制度的法人制度、有限责任制度、领导体制与组织制度等，都需要以产权关系明晰为条件，又都与权责明确、政企分开、管理科学、机制健全相联系。如果责权不明确、政企不分开，既无法建立完善的法人制度，也难以实现以有限责任制度为目标的公司制。现代企业制度的建立，意味着企业从法人制度、管理体制、决策程序到资源配置、经营决策、收入分配等各方面都要实行全新的办法，需要企业在管理水平上有所提高，如果没有管理科学，这种企业制度就不成为现代企业制度。

第三节　管理与企业管理

一、管理概述

（一）管理的概念

管理起源于人们的共同劳动，自古就有。在人们组成集体去达到共同目标的过程中，就必须进行管理以协调各成员的活动。但什么是管理，人们从不同的角度有着不同的理解。西方管理学家对管理的定义说法不一，较有代表性的是以下几种：

（1）泰罗：“管理是确切地了解你希望工人干些什么，然后设法使他们用最节约的方法完成它。”

（2）法约尔：“管理就是计划、组织、指挥、协调、控制。”

（3）霍德盖茨：“管理就是通过其他人来完成工作。”

（4）德鲁克：“管理是一种以绩效责任为基础的专业职能。”

（5）西蒙：“管理即决策。”

（6）孔茨：“管理就是设计和保持一种良好环境，使人在群体里高效率地完成既定目标。”

本书给管理下的定义如下：在社会组织中，管理者为了实现组织的既定目标，对其所能支配的各种资源进行有效计划、组织、领导和控制的过程。

这一定义包含了以下几方面的内容：

管理是在一定的空间即社会组织中进行的。

管理的主体是管理者。

管理的对象是组织中可供支配的各种资源。

管理的目的是为了实现组织的既定目标。

管理是通过计划、组织、领导和控制等职能来完成的。

（二）管理的性质

管理的性质又被称为管理的属性，指的是管理的二重性。管理的二重性是马克思关于管理的基本观点，是马克思在《资本论》中首先提出来的。马克思指出：“凡是直接生产过程具有社会结合过程的形态，而不是表现为独立生产者的孤立劳动的地方都必然会产生监督劳动和指挥劳动，不过它具有二重性。”“一方面，凡是有许多人进行协作的劳动，过程的联系和统一都必然表现在一个指挥的意志上，表现为各种与局部劳动无关而与工场全部活动有关的职能上，就像一个乐队要有一个指挥一样，这是一种生产劳动，是每一种结合的生产方式中必须进行的劳动。”“另一方面，——完全撇开商业部门不说——凡是建立在作为直接生产劳动者和资料所有者之间的对立的生产方式中，都必然会产生这种监督劳动，这种对立越严重，这种监督劳动所起的作用也就越大。”与此同时，马克思还进一步分析说：“如果说资本主义的管理就其内容来说是二重的，——因为它所管理的生产过程本身具有二重性：一方面是制造产品的社会劳动过程；另一方面是资本的价值增殖过程……”

通常，将上述管理的指挥劳动与监督劳动称为管理的自然属性与社会属性，即管理的二重性。“指挥劳动”是同生产力直接相联系的，是由共同劳动的社会化性质决定的，是进行社会化大生产的一般要求和组织劳动协作过程的必要条件，它表现为管理的自然属性。“监督劳动”是同生产关系直接相联系的，是由共同劳动所采取的社会结合方式所决定的，是维护社会生产关系和实现社会生产目的的重要手段，它表现为管理的社会属性。

认识和掌握管理二重性的原理，才能正确地处理外国管理经验和中国实际之间的关系，实事求是地研究和吸收外国管理中有用的东西，做到兼收并蓄、洋为中用。

（三）管理的职能

管理的职能就是管理者为了有效地管理必须具备的职能，或者说管理者在执行其职务时应该做些什么。

管理者在工作中应该具有多少职能，国内外的学者有很多的说法，并形成了众多的学派。但从总体上来看，这些学派只是繁简不同，表述不一，并没有实质性的差别。本书认为，管理的基本职能可分为四项，即计划、组织、领导、控制。

1.计划

计划是管理的首要职能。计划指的是制定目标并确定达成这些目标所需的行动，是管理者在实际行动之前预先对应当追求的目标和采取的行动方案做出的选择与具体安排。通过计划，可以在目前所处的位置与将来预期达到的目标之间架起一座桥梁，从而将预期的目标转化为现实。虽然计划工作不可能完全准确地预测未来，而难以预见的情况又很可能干扰人们制订出最好的计划，但是如果没有计划，组织活动往往会陷入盲目。有了详尽、周密的计划，可以促进和保证管理者在今后的工作中进行有效的管理。

2.组织

制订出计划以后，管理工作过程的下一步就是组织必要的人力和其他资源去执行既定的计划。组织是指确定所要完成的任务、由谁完成任务以及如何管理和协调这些任务的过程。组织工作的具体内容包括：将达成组织目标必须从事的各项活动进行分类组合，划分出若干部门，然后根据管理幅度原理划分出若干层次，并把监督每一类活动所必需的职权授予各层次、各部门的管理人员及规定上下左右的协作关系。此外，由于组织的外界环境与自身目标都在发生变化，组织工作还要根据组织内外条件的变化，不断对组织结构做出调整和变革，以确保组织目标的实现。

3.领导

确定了计划、设置了组织结构、人员各就各位以后，管理人员才开始进行管理中的领导工作。领导就是要激励和引导组织中的全体成员同心协力去执行组织中的计划，实现组织目标。下属一般愿意服从和跟随那些善解人意并有较好沟通能力的领导者。因此，领导工作必须包含影响力、激励和沟通等手段和方法。

4.控制

控制是管理工作的最后一个环节。随着组织内各项活动的开展，管理者需要检查下属人员工作的实际进展情况，以便采取措施纠正已经发生或可能发生的各种偏差，并保证计划目标的顺利实现。控制职能与计划职能相比较，计划偏重于事先对行动加以指导，控制则偏重于事后对行动进行监督。但这里所提到的“事后”并非指的是要等到行动完全结束后再加以控制，那样做就不可能也来不及纠正偏差了。有效的控制要求在偏离尚处于萌芽状态时就及时发现并给予妥善处理。

以上简单地介绍了管理的四种基本职能。这些职能从时间上看通常按照一定的先后顺序发生，即先计划，继而组织，然后领导，最后控制。但从不断进行的持续管理过程来看，在进行控制工作的同时，往往又需要制订新的计划或对原计划进行修改，并开始进行新一轮的管理活动。这意味着，管理过程是一个各职能活动周而复始的循环过程，而且由于管理过程的复杂性，实际的管理活动并不一定按照某种固定的模式进行。

二、企业管理概述

（一）企业管理的概念

企业管理是指由企业的管理人员或管理机构对企业的经济活动过程进行计划、组织、领导和控制，以提高经济效益、实现盈利的目的。

企业的生产经营活动包括两部分的内容：一部分属于企业内部的活动，即以生产为中心的基本生产过程、辅助生产过程及生产前的技术准备过程和生产后的服务过程，对这些过程的管理统称为生产管理；另一部分属于企业外部的活动，关系到社会经济的流通、分配、消费等过程，包括物资供应、产品销售、市场预测与市场调查、对用户服务等，对这些过程的管理统称为经营管理，它是生产管理的延伸。随着现代商品经济的发展，企业管理的职能逐渐由以生产管理为中心转向以经营管理为中心。

因此，企业管理的任务是，不仅要合理地组织企业内部的生产活动，还必须把企业作为整个社会经济系统的一个组成部分，按照客观经济规律，科学地组织企业的经营活动。

（二）企业管理的任务

1.合理组织生产力

合理组织生产力是企业管理最基本的任务。合理组织生产力有两个方面的含义：①使企业现有的生产要素得到合理的配置和有效的利用。具体地说，就是要把企业现有的劳动资料、劳动对象、劳动者和科学技术等生产要素合理地结合在一起，恰当地协调它们之间的比例和关系，使企业的生产组织合理化，从而实现物尽其用、人尽其才。②不断开发新的生产力。第一，不断改进劳动资料，并不断采用更先进的劳动资料；第二，不断改进生产技术，并不断使用新的技术来改变生产工艺和生产流程；第三，不断发现新的原材料或原有材料的新用途；第四，不断对员工进行技术培训，并不断地引进优秀科技人员和管理人员等。

2.维护并不断改进社会生产关系

企业管理总是在某种特定的生产环境下进行的，一定的社会生产关系是企业管理的基础，它从根本上决定着企业管理的属性，从全局上制约着企业管理的基本过程。因此，企业管理的重要任务之一就是要维护其赖以产生、存在的社会生产关系。此外，由于生产关系具有相对稳定性，在相当长的一段历史时期内，其基本性质可以保持不变，而生产力则是非常活跃、不断变革的因素，必然会与原有的生产关系在某些环节或者某些方面发生矛盾。这时，为了保证生产力的不断发展，完全有必要在保持现有生产关系的基本性质不变的前提下，通过改进企业管理手段、方法和途径对生产关系的某些环节、某些方面进行调整、改善，以适应生产力不断发展的需要。

补充阅读资料1-2

马特莱法则

国际上有一个公认的企业法则，叫“马特莱法则”，又称“80：20法则”。其主要内容包括：一是80：20的管理法则，企业将主要精力放在20%的业务骨干的管理上，抓企业发展的骨干力量，再以20%的少数带动80%的多数，以提高企业效率；二是80：20的决策法则，就是抓住企业普遍问题中最关键的问题进行决策，以达到纲举目张的效应；三是80：20的营销法则，每个经营者应抓住20%的重点商品、重点用户，渗透营销，以达到牵一发动全身的效果；四是80：20的信息法则，企业应对20%左右的重点信息进行分析整理，并以此作为决策依据；五是80：20的融资法则，企业要将有限的资金投入到生产经营的重点项目上，以此不断优化资金投向，提高资金使用效率。

“马特莱法则”把80：20作为确定比值，说明经营企业不应该面面俱到，而应侧重抓关键的人、关键的环节、关键的岗位、关键的项目。

资料来源 作者根据百度百科资料整理.

（三）企业管理的发展趋势

企业管理是随经济和社会的发展、企业的不断进步而不断发展的，已经经过了几个不同的阶段。在新技术不断发展的今天，企业管理有了巨大的发展，也表现出了新的特点和发展趋势。

1.管理重心的转移

从传统管理理论发展到现代管理理论的一个重要标志就是如何认识人在管理中的作用和地位。现代企业管理的重心已经从过去对物的管理转移到对人的管理。世界各国企业管理在新技术革命发展过程中都得到了不同程度的发展。尽管其方式和内容各有不同，但在注重对人的管理上都有许多不谋而合之处，并形成了一种新的发展趋势。

美国是行为科学的发源地，经过几十年的理论研究和管理实践，现代企业的管理者越来越认识到，最成功企业的管理都是真正面向人、重视人的管理。管理者要相信人、尊重人，尊重每个人的人格，承认每个人的贡献，让员工控制自己的命运，发挥自己的潜能，了解公司的经营情况，感到工作有意义、有保障，把公司当作大家庭。管理者要依靠共同的信念来激励大家，而不是依靠行政命令来控制大家。美国许多优秀的企业在对人的管理上取得了不少成功的经验，值得借鉴。

日本的企业管理更是以人为核心。在日本的历史上很少有重大的发明创造，但日本人的模仿能力、消化吸收能力是举世公认的。有人归纳认为日本的管理理论是引进了美国先进的管理方法并吸收了中国古代管理思想，再结合日本的国情创立起来的。许多日本的管理者认为，在经济发展顺利时，可以侧重美国的管理方式；在经济不景气的时候，只能求助于中国古代的管理思想，因为在这种情况下，最重要的不是管理方式的选择，而是团结全体员工共渡难关，此时，中国的儒家说教就是救助企业的法宝。例如，松下电器提出的"企业七精神"，即产业报国、光明正大、和亲一致、力争向上、礼貌谦让、顺应同化、感谢报恩，就是对儒家精神的继承和发展。日本企业在长期的管理实践中培养起来的企业精神，是对增强员工凝聚力、活力和动力的意识形态的总结，它渗透在企业的一切领域和场所，对员工的行为起着无形的指导作用。

补充阅读资料1-3

海尔张瑞敏的"源头论"

在计划经济时代有一句话："大河有水小河满。"这句话是"大锅饭"的真实写照。张瑞敏认为，在市场经济时代，这句话是反的。对现在的企业来说，如果把企业比作大河，员工则是大河的源头，而市场和用户是小河。员工有活力，必然会生产出高质量的产品、提供优质的服务，用户必然愿意买企业的产品，涓涓小河必然汇入大河，乃所谓"源头喷涌大河满，源头无水大河干"。大河能"惊涛拍岸，卷起千堆雪"，全靠源头的源源不断、汩汩不息。

"源头论"是市场链的理论基础。海尔一直倡导员工自主经营、自主管理，以使员工成为活跃的源头，为此，海尔给员工创造了一个良好的机制和氛围——市场链和海尔企业文化。近些年来，海尔人的革新、发明、创造层出不穷。

2.管理组织的变化

一个组织如果只把眼光放在保持今天的成就和优点上，必将丧失对未来的适应能力。

因为一切事物都处在变化的过程中，维持现状就无法适应变化的外部环境。未来的企业组织如何变化、朝着什么方向变化，是人们关心和探索的问题。国内外许多有创新精神的企业，都在对新的组织结构进行探索和试验。

认为直线式的等级制度最有效，命令可以畅通无阻地层层下达，是工业时代最典型的企业管理形式。不过，这种管理形式依赖的条件是：现场要有大量精确的反馈，决策的性质大致相同。如果决策者面对的问题是重复的、种类又不多，经理人员就可以搜集到大量的相关信息，从而能从以往的成败中积累有用的经验。

现在，森严的垂直制度正逐渐失效，企业管理权逐渐从集中走向分散，企业的组织结构逐渐从金字塔形走向扁平化。从国内外企业发展的情况来看，扁平化的组织结构有以下几种类型：

（1）分厂制代替总厂制，即把规模庞大或产品众多的企业，或按产品，或按生产工艺，或按销售方式等，分解成若干个各自相对独立的分厂，享有相应的权利，总厂对分厂进行目标、计划等管理，分厂之间是平等的、横向联系的关系。

（2）分层决策制代替集中决策制，即各分厂或各独立经营的单位享有决策权，在总厂整体目标的指导下，按各自的条件和特点进行决策，而不是由总厂进行包揽，改变过去那种集中统一的决策模式。

（3）产品事业部制代替职能事业部制。实行事业部制是组织结构由金字塔形向扁平化发展的一种重要形式。职能事业部制是按生产、销售、人事、财务等职能部门进行划分的。现在，国内外的许多企业在此基础上进一步发展，实行按产品划分，建立产品事业部制。实行按产品来划分事业部，不仅让各产品事业部自己管理生产，而且管理产品规划、研发和销售，并且加强事业部的独立核算，使事业部拥有了更多、更大的自主权。

（4）分散的利润中心制代替集中利润制。许多国家把内部各部门按生产、销售特点划分为若干个利润中心，这种利润中心除承担一定的利润任务外，可根据自身的情况进行独立的经营活动，成为一个相对独立的经营单位。这样，各个利润中心的建立改变了过去那种只负责生产或销售，不负责盈亏，利润最后集中到总部才能反映经营的状况。

（5）研究开发人员的平等制代替森严的等级制。扁平化的组织结构还表现为企业内部研究人员与各级经营管理人员能够建立平等的关系，可以在一起进行平等自由的讨论，而不是像金字塔形的组织结构那样等级森严，“官高一级压死人”。

第四节 企业管理环境

一、影响企业的环境因素

（一）经济环境

所谓经济因素，是指企业经营过程中所面临的各种经济条件、经济特征、经济联系等客观因素。关键的经济因素主要有以下几方面：

1.宏观经济环境

企业所在的国家和地区的宏观经济环境从总体上影响企业的经营和发展，具体有以下这些因素：

（1）经济增长及其周期性。当一个国家处于经济起飞或高速增长阶段时，都会不同程度地刺激市场的需求，给企业带来发展机遇。但由于各方面的原因，任何国家和地区的经济增长都具有不同程度的周期性。我国也不例外，从统计资料来看，过去几十年间经济增长周期波动还相当大。企业如果能正确把握经济周期波动的规律，在高速增长时期采取扩张战略，在萧条时期到来之前采取紧缩战略，就可以把握住机遇，增加企业的价值和避免损失。

（2）通货膨胀。一个国家在高速的经济发展或大的结构性变动的时期，通常伴随着通货膨胀。所谓通货膨胀，简单地说，就是物价总水平的上涨，或者说货币贬值。过高的通货膨胀对社会经济的各方面均有危害，对企业来说有明显的不利影响。首先，政府面对高通货膨胀一般会紧缩银根，压缩财政开支，甚至用行政手段压缩固定资产投资规模，从而削减社会的总需求。而需求的下降就会不同程度地影响企业的销售。其次，通货膨胀会使企业资产的账面值贬值。

（3）资本市场和货币市场。企业在经营过程中会不可避免地从企业外部筹措和融通资金。例如，通过增配股票、发行债券和向金融机构借款以筹集必要的资金。反之，当企业资金有富余时，有可能要购买股票对外投资。良好的资本和货币市场以及健全的相应法规对企业的正常经营是相当重要的外部因素。

2.税收环境

税收是国家按所制定的法律向经济单位和个人征收实物或货币。目前我国实行的是货币税额。税收是国家财政收入的重要形式，对企业来说，依法纳税是应尽的义务，纳税支出是企业生产经营活动开支的重要组成部分。因此，税收环境既是企业的经济环境，也是必须正视的法律环境。在各个税种中对企业较重要的是增值税和企业所得税。

（二）技术环境

技术环境是指一个企业所在国家或地区的技术水平、技术政策、新产品的开发能力以及技术发展的动向等。科学技术对企业经营管理的影响是多方面的，企业的技术进步将使社会对产品或服务的需求发生变化，从而给企业提供有利的发展机会。值得注意的是，一项新的科学技术的发明或运用，可能会带动一批新兴行业的兴起，也可能会损害或破坏另外一些行业。如静电印刷技术的发明使复印行业得到发展，从而使复写纸行业变得衰落；半导体的发明和普及，迅速改变了视听界的竞争格局。越是技术进步快的行业，这种新技术的发明与运用就越应该作为环境分析的重要因素。

当前，一个国家或地区的经济增长速度，在很大程度上与新科学技术的发明和应用的数量有关系。所有企业特别是属于技术密集型的企业，必须高度重视当今的科学技术进步和这种进步将给企业带来的影响，以便及时采取相应的战略策略，不断促进技术创新，保持竞争优势。

在衡量技术环境的诸多指标中，整个国家的研究开发经费总额、企业所在行业的研究开发支出、技术开发力量的集中程度、知识产权与专利保护以及新产品开发状况、可能带来的生产率提高等，都可以作为关键战略要素进行分析。

补充阅读资料1-4

技术创新——人工牛黄的诞生

天然牛黄是非常珍贵的药材，只能从屠宰场上碰巧获得。这样偶然得到的东西不可能很多，因此天然牛黄很稀缺，无法满足制药的需求。其实，牛黄这种东西，只不过是由于某种异物进入了牛的胆囊后，在异物的周围凝集起许多胆囊分泌物而形成的一种胆结石。一家医药公司的员工们为了解决天然牛黄供应不足的问题，集思广益，终于联想到了“人工育珍珠”：既然河蚌经过人工将异物放入它的体内能培育出珍珠，那么通过人工把异物放入牛的胆囊内也同样能培育出牛黄来。他们设法找来了一些伤残的菜牛，把一些异物放入牛的胆囊里，一年后，果然从牛的胆囊里取出了和天然牛黄完全相同的人工牛黄。医药公司员工运用对比联想创新思维，在了解到牛黄生成的机理后，对比人工育珍珠的过程，联想到通过人工将异物放入牛胆内形成牛黄，从而制成了人工牛黄。

资料来源　季辉. 现代企业经营与管理［M］. 4版. 大连：东北财经大学出版社，2017：37.

（三）政治环境

政治环境指一个国家或地区的政治体制、路线、方针、政策、法律法规等。

政府的政策广泛影响着企业的经营行为，但这种影响往往是通过间接的方式进行的。如以税率、汇率、利率、银行存款储备金率为杠杆，利用财政政策和货币政策来实现宏观经济调控；通过干预外汇汇率来确保国际金融与贸易秩序。因此，在制定企业战略时，对政府政策的长期性和短期性的预测十分重要。

市场的运作需要一整套能够保证市场秩序的游戏规则和奖惩制度，这就形成了市场的法律系统。作为国家意志的强制表现，法律法规对于规范市场和企业的行为有着直接的作用。立法在经济上的作用主要表现为维护公平竞争、维护消费者利益、维护社会最大利益三个方面。因此，企业在制定战略时，要充分了解既有的法律法规，特别是要关注那些在酝酿中的法律法规，这是企业在市场中生存、参与竞争的重要前提。

（四）社会文化环境

社会文化环境指的是一个国家或地区的民族特征、文化传统、价值观、宗教信仰、教育水平、社会结构、风俗习惯等情况。不同的民族和国家或地区因其特点的不同而有很大的差异。

社会环境中的文化力量决定了人们的价值观和风俗习惯，其中关键的战略要素有生活方式的演变、人们期望的工资水平、消费者的活跃程度、人口年龄的分布状况及变动趋势、人口区域的迁移情况、平均寿命的增长情况、出生率等。研究社会文化环境对企业深入研究市场需求、形成企业战略有极大帮助。

观念应用1-1　纸尿布怎么了

宝洁公司是美国一家著名的公司，它生产的婴儿纸尿布历史悠久，很多美国人都是包着宝洁公司的纸尿布长大的。20世纪80年代，宝洁公司决定把婴儿纸尿布打入中国香港和德国市场。在一般情况下，宝洁公司每进入一个市场都要经过“实地试营销”以发现存在的问题。但这一次宝洁公司却认为，不管是中国香港的婴儿也好，还是德国的婴儿也好，都是婴儿，都需要纸尿布，没有必要进行实地试营销。

没有预料到的是，认为没问题的时候，问题偏就出来了。中国香港的消费者反映，宝洁公司的纸尿布太厚，而德国的消费者却反映，宝洁公司的纸尿布太薄!同样的纸尿布，怎么能一个说太厚一个说太薄呢？宝洁公司经过仔细调查才发现，尽管中国香港婴儿和德国婴儿尿量大体相同，但原因不是出在婴儿身上，而是出在婴儿的母亲身上。原来中国香港的母亲把婴儿的舒适当作头等大事，孩子一尿就换纸尿布，而宝洁公司的纸尿布一次可以兜几泡尿，自然就显得太厚了。而德国的母亲就比较制度化，早上给孩子换一次纸尿布，到晚上再换一次，这中间孩子要尿好多次。宝洁公司的纸尿布兜不了那么多，自然就显得太薄了。

资料来源 黄雪峰. 中国经典营销案例——之宝洁公司和一次性尿布 [EB/OL]. (2015-02-10) [2018-12-28]. http: //www.doc88.com/p-1387565611000.html. 节选.

二、企业对环境的影响作用

外部环境对于企业的影响是客观存在的，但企业也可以通过制定自己的战略去影响周围的环境，将环境对自己的不利影响减小到最低限度。企业对环境的影响主要有以下几个方面：

（一）影响供应者

每个企业都需要从外部获得原材料、能源及劳动力等来生产产品，因此所有的企业都必然与其供应商有联系。

一个企业有很多途径对其供应商施加影响，其中最重要的策略就是与多个供应商建立合作关系以防止对一个供应商的过分依赖。一个企业如果只与一个供应商合作将是相当危险的；反之，如果将原材料等的采购分散于几个供应商，则它们之间为了竞争会给予较优惠的价格。为了防止原材料等价格的上涨，也可以与某一供应商签订固定价格的长期供货合同。但如果企业确实对某一供应商有依赖关系，也可以将其兼并或购买过来，成为自己内部的一部分。

（二）影响竞争者

企业要想增加其产品在市场上的占有率，就必然要与其他的竞争者争夺市场，这就意味着企业必须为顾客提供更好的产品和服务，使顾客获得更大的满足感。比如，如果产品及价格相同，企业就要在包装、服务和企业形象上给顾客更好的感觉；如果在产品的质量上不具备竞争优势，则可以通过降低产品成本，从而降低销售价格来吸引消费者。

虽然企业的很多行为都会给竞争者带来影响，但要真正影响自己的竞争者，并给自身带来有利的结果并非易事。企业在发展的过程当中首先要消除竞争者对自己的不利影响，其次才能根据竞争者的策略来制定相应的应对措施。因此，对竞争者的分析和研究对于企业来说相当重要。通常对竞争者的分析应注重以下一些因素：竞争者的销售增长率、市场占有率、产品获利能力，竞争者的地区分布、规模、资金实力、技术实力及经营特色等。

（三）影响顾客

产品的销售策略应根据不同的销售对象和不同的市场形态而有所差异。企业的顾客可能是一个机构，如学校和医院；也可能是其他企业，如建筑商、批发商或者零售商；或者是个人。至于市场形态方面，如在有大量的买方和卖方的市场形态下，需要特别注意产品的价格、品质、服务和产品的样式，这样才能不失掉老顾客，吸引新买主。如在买方人数少而卖方人数多的情况下，则应注重包装、质量及企业形象等方面的工作。如果企业是一个独占者，任何顾客都只能从这里购买产品，在这种情况下，就应与政府管制机构搞好关系。

一个企业可以通过许多方式来影响顾客，常用的方法有：使产品多用途化；改变顾客的要求。前一策略在于为自己的某一产品开辟新的用途渠道，以争取新顾客或从竞争对手手中争夺顾客；后者是通过广告宣传等手段使顾客信服自己的产品。

总之，一个企业取得成功的重要因素之一就是拥有顾客，没有顾客，企业就不可能生存。但为了影响顾客、拥有顾客，企业就必须了解顾客到底需要什么，尽可能做到投其所好。从长远来看，企业必须为顾客不同的、不断变化的需求服务，只有这样，企业才能长久地发展。

小思考1-1

供应商、竞争者和顾客对企业有没有影响作用？如果有，应表现在哪些方面？试列举之。

答案：有影响作用。其主要表现在以下几方面：首先是供应商能否按照企业的要求按时、按质、按量提供各种要素，直接决定了企业的生产活动能否正常运行；其次是竞争者竞争策略和发展方向会影响与制约企业的行为；最后是顾客的需求水平决定了企业的市场状况。

本章小结

企业是以营利为目的，为满足社会需要，依法从事商品生产、流通和服务等经济活动，实行自主经营、自负盈亏、自我发展的法人实体和市场竞争主体。现代企业的法律形式主要有个人业主制企业、合伙制企业、合作制企业、无限责任公司、有限责任公司、股份有限公司。企业的组织结构主要有直线制、职能制、直线-职能制、事业部制、模拟分权制、矩阵制等形式。

管理是指在社会组织中，管理者为了实现组织的既定目标，对其所能支配的各种资源进行有效计划、组织、领导和控制的过程。管理具有二重性：生产力属性和生产关系属性。管理的职能是计划、组织、领导和控制。

企业管理是指由企业的管理人员或管理机构对企业的经济活动过程进行计划、组织、领导和控制，以提高经济效益、实现盈利的目的。企业管理的任务是，不仅要合理地组织企业内部的生产活动，还必须把企业作为整个社会经济系统的一个组成部分，按照客观经济规律，科学地组织企业的经营活动。企业管理的发展趋势是管理重心的转移和管理组织的变化。

影响企业的环境因素包括经济因素、技术因素、政治因素、社会文化因素。企业对环境的影响作用有以下几个方面：影响供应商、影响竞争者、影响顾客。

主要概念与观念

主要概念

企业　现代企业制度　管理

主要观念

企业管理　现代企业的法律形式　企业与环境的相互作用

基本训练

知识题

阅答题

1.企业的含义是什么？

2.简述管理的含义及企业管理的含义。

知识应用

1.管理的职能有哪些？各个职能之间的关系是怎样的？

2.请画出矩阵制和事业部制的组织结构图。

技能题

1.运用管理概念分析为什么“三个和尚没水喝”。

2.分析你身边的一个小卖部在经营当中所面临的外部环境。

能力题

案例分析

“企鹅”变变变

腾讯于1998年年初创立，当时年幼的“企鹅”规模小、人心齐、管理简单，因此组织结构设置并不复杂，为职能制组织结构。随着腾讯的发展，至上市前，其业务部门已增至30多个，人员规模也达到两三千人，彼时的组织结构已经无法跟上组织发展的步伐，致使公司在管理上出现了一系列问题。与此同时，在外部市场环境方面，网络游戏、网络媒体、移动互联网等市场机会均已出现，在看到这些机会萌芽后，腾讯管理层果断进行了新业务布局，并制定了“打造一站式在线生活平台”的战略发展方向，以期把腾讯做成互联网上的“水”和“电”。

由职能制转向业务系统制

正是基于上述管理问题，以及新的战略与业务布局，2005年，以上市为分水岭，腾讯对其组织结构进行了第一次大规模调整，由原来的以职能分工为特征的职能制组织结构调整为以产品为导向的业务系统制组织结构，以提高决策效率，快速响应环境变化。但随着业务的发展，这种组织结构也为腾讯带来了“大公司病”的困扰。例如，各部门产品依赖QQ软件作为资源导入，在激烈争夺资源的过程中，严重破坏了QQ的品牌形象与用户体验，也导致部门矛盾和创新不足；很多新的产品与领域难以被清晰地划归到某一业务系统，出现不同产品团队一起争夺某一产品的现象，致使很多新产品在研发初期内耗严重。

由业务系统制转向事业群制

面对用户新需求、新技术、新业务模式层出不穷的市场环境，2012年5月18日，腾讯对其组织结构进行了7年以来最大规模的调整，从原来的以产品为导向的业务系统制升级为事业群制，对原有业务进行了较为彻底的梳理与重构。这次组织结构调整根据各个业务的属性，对组织单元的边界划分更加清晰，减少了因业务重叠而产生的部门矛盾，使得组织单元更加专注和聚焦，从而更加深刻理解并快速响应用户需求，发挥了事业群内部的“小公司”精神。

同时，这次组织结构调整也推动腾讯核心业务从社交一个方向向社交、游戏、网媒、无线、电商和搜索六个方向突进，这样腾讯一直以来赖以生存的根本由一变六。这六大业务在技术工程和企业发展两个事业群的技术支撑与资源供给下更加协同，充分发挥了“一个腾讯”大平台的整合优势。

公司级组织结构的升级与分拆

继2012年5月组织结构调整之后，腾讯又分别在2013年1月、3月和9月连续对旗下几大事业群的结构进行了一系列调整优化。其中，变化较大的是对移动互联网事业群（MG）相关业务的分拆，使其聚焦于浏览器、安全、搜索、应用平台等平台型业务。

面对公司整体增长放缓的现状以及移动互联网社交产品——微信迅速崛起的机会，2014年5月6日，腾讯宣布成立微信事业群（WXG），并撤消腾讯电商控股公司，将其实物电商业务并至2014年3月刚入股的京东，O2O业务并至微信事业群。此次调整使微信由一个产品升级为战略级的业务体系，并承担起腾讯在移动互联网时代战略转型与业务持续增长的重任。

在随后5个月的时间里，腾讯同样进行了一系列组织结构的微调，包括7月撤消网络媒体事业群的腾讯微博事业部，10月调整互动娱乐事业群自研游戏组织体系等。

资料来源　孙焱林. 实用现代管理学［M］. 3版. 北京：北京大学出版社. 2017.

问题：

1.试从内外两个方面分析腾讯调整组织结构的原因。

2.腾讯的组织变革是渐进式的还是激进式的？为什么？

第二章 企业计划与决策

学习目标

掌握计划、决策的概念；了解计划的内容；了解决策的原则与程序；掌握计划和决策的一般方法。

第一节 计划工作概述

一、计划工作的概念

计划工作的概念有广义和狭义之分。广义的计划是指制订计划、执行计划和检查计划执行情况3个紧密衔接的工作过程。狭义的计划则是指制订计划过程。这里说的就是狭义的计划工作。

所谓计划工作，就是根据社会的需要以及组织的自身能力，确定组织在一定时期内的奋斗目标，通过计划的编制、执行和检查，协调和合理安排组织中各方面的经营与管理活动，有效地利用组织的人力、物力和财力资源，取得最佳的经济效益和社会效益。

小知识2-1 计划的多样性

计划的种类非常多，按照不同的标准可以分成不同的类型，常见的分类方法有以下几种：

（1）按计划的期限分类，可分为长期计划、中期计划和短期计划。一般地，长期计划是确定组织今后的发展方向、描述组织的未来形象，期限在5年以上的计划；中期计划主要是确定组织具体的目标和战略，期限在1～5年之内的计划；短期计划是反映组织在短期内要完成的任务，具有比较具体的方法或程序，期限在1年或1年以内的计划。

（2）按职能分类，可相应地分为物资计划、设备计划、生产计划、销售计划、财务计划、人事计划等。这些计划一般是根据总体计划制订的，并考虑部门之间的协调关系。

（3）按计划的层次分类，可相应地分为战略计划、战术计划和作业计划。战略计划一般由高层管理者制订，内容包括组织的长远目标、政治策略等；战术计划一般由中层管理者制订，是战略计划的具体化，以具体的行动方案为主要形式；作业计划一般由基层管理者制订，主要内容是基层工作人员的具体任务与作业程序。

二、计划工作的内容

通常把计划工作的内容概括为6个方面，俗称5W1H，即做什么（what to do）、为什么做（why to do it）、何时做（when to do it）、何地做（where to do it）、谁去做（who to do it）和怎么做（how to do it）。其具体含义如下：

（一）做什么

要明确计划工作的具体任务和要求，明确每一个时期的中心任务和工作重点。例如，企业生产计划的任务主要是确定生产哪些产品，生产多少，合理安排产品投入和产出的数量与进度，在保证按期、保质和保量完成订货合同的前提下，使得生产能力得到尽可能充分的利用。

（二）为什么做

要明确计划工作的宗旨、目标和战略，并论证可行性。实践表明，计划工作人员对组织和企业的宗旨、目标、战略了解得越清楚，认识得越深刻，就越有助于他们在计划工作中发挥主动性和创造性。正如通常所说的“要我做”和“我要做”的结果是大不一样的，其道理就在于此。

（三）何时做

规定计划中各项工作的开始和完成时间，以便进行有效控制以及对能力和资源等进行平衡。

（四）何地做

规定计划的实施地点或场所，了解计划实施的环境条件和限制，以便合理安排计划实施的空间组织和布局。

（五）谁去做

不仅要明确规定目标、任务、地点和进度，还应规定由哪个主管部门负责。例如，开发一种新产品要经过产品设计、样机试制、小批试制和正式投产几个阶段，在计划中要明确规定每个阶段由哪个部门负主要责任、哪些部门协助，各阶段交接时由哪些部门和哪些人员参加鉴定与审核等。

（六）怎么做

制订实施计划的措施以及相应的政策和规则，对资源进行合理分配和集中使用，对人力、生产能力进行平衡，对各种派生计划进行综合平衡等。

实际上，一个完整的计划还应包括控制标准和考核指标的制定，也就是告诉实施计划的部门或人员，做成什么样、达到什么标准才算是完成了计划。

观念应用2-1　动态环境下如何进行有效的计划工作？

在不确定的情况下，管理者制订出来的计划是既具体又灵活的，虽然这看上去是相互冲突的，但二者完全可以协调。为了使计划具有有用性，计划必须是具体的，但不应该是僵死的。管理者必须认识到计划是一个持续的过程，纵然是计划的最终目的，也会随着客观环境的变化而发生改变。管理者应当随时准备在环境发生变化的时候改变前进的方向和路线，保持这种灵活性在计划的实施阶段非常重要。值得指出的是，即使环境存在着很大的不确定性，正式的计划工作仍然必不可少。

三、计划工作的方法和技术

现代组织面对更加复杂和动荡的外部环境，为使其适应越来越激烈的市场竞争，确保其稳定、持续的发展，就要求能够更准确地预测环境的变化，并制订出科学的计划指标。现代计划工作的方法和技术为制订切实可行的计划提供了保证。下面介绍几种主要的方法和技术：

（一）PDCA计划循环法

它是由美国管理学家戴明首先提出来的，故又称为“戴明循环管理法”。PDCA是英文plan（计划）、do（执行）、check（检查）、action（总结处理）4个词的第一个字母的缩写。其基本原理：做任何一项工作，首先要有个计划，然后按照计划去执行、检查和总结处理，这种程序周而复始，不断循环前进，并一步步地提高水平，从而使工作越做越好（如图2-1所示）。这是做好任何计划工作和管理工作的一般规律。

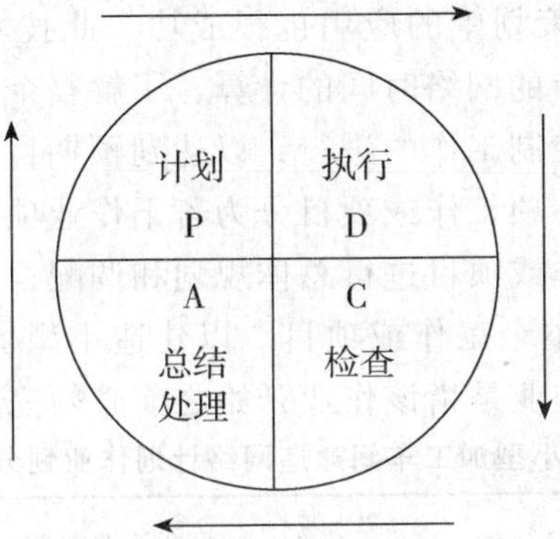

图2-1　PDCA计划循环法

（二）滚动计划法

它是一种定期修订未来计划的方法。其编制方法：在已编制计划的基础上，每经过一段固定时期（如一年或一季度等，这段固定时期被称为滚动期），便根据变化了的环境条件和计划的实际完成情况，从确保实现计划目标出发，对原计划进行调整。每次调整时，保持原计划期限不变，而将计划期限按顺序向前推进一个滚动期（如图2-2所示）。

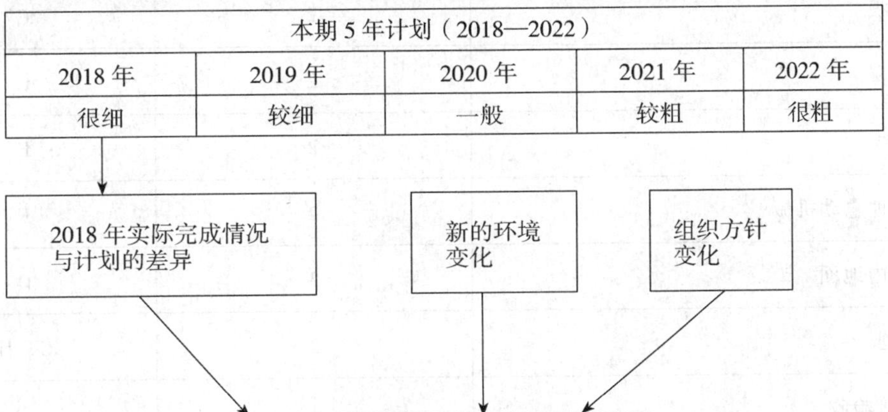

图2-2　滚动计划法

由于长期计划的期限较长，很难准确地预测各种影响因素的变化，因而很难确保长期计划的成功实施。而采用滚动计划法，就可根据环境条件变化和实际完成情况，定期地对计划进行修订，使组织始终有一个较为切合实际的长期计划做指导，并使长期计划能够始终与短期计划紧密地衔接在一起。

（三）网络计划技术

网络计划技术是20世纪50年代后期美国人在研制北极星导弹时创造的一种计划管理工具。它最适用于复杂工作项目的管理，所以在技术开发、城市建设、造船工业上应用广泛。它在各种大型活动实施策划中的应用也很成功。此技术是以网络图的形式来制订计划，通过网络图的绘制和相应的网络时间的计算，了解整个工作任务的全貌，对工作进行科学的安排，并据以组织和控制工作的进行，以达到预期目的。

该技术的基本原理是将一项工作或项目分为若干作业项目，然后按照作业的顺序进行排列，应用网络图对整个工作或项目进行总体规划和调配，以便用最少的人力、物力和财力资源以及最快的速度完成整个工作或项目。以建造小型加工车间为例（见表2-1），将该项目分为若干作业，先行作业是指该作业开始之前必须完成的相邻作业。

表2-1 **小型加工车间建造网络计划作业划分**

作业具体名称及内容	预期所需时间（天）	先行作业名称
A.审核设计图样、购买建材	5	
B.平整，清理施工	2	A
C.建立框架并砌墙	6	B
D.搭建楼板	2	C
E.安好门窗	2	C
F.布设电线	2	E
G.安装各种电动机械	2	F
H.平整室内地面	3	D
I.室内清理	2	G，H
J.工程交接验收	1	I

绘出网络计划图（如图2-3所示）。图中实线表示的是网络的关键作业链，即A-B-C-E-F-G-I-J。在这一链上的任何一项作业若是推迟完成，都将影响计划的按时完成。虚线上的作业若无法按照预期的时间完工，在一定限度内对计划的按时完成影响不大。可以看出，在作业链C-D-H-I-J上的时间为8天（2+3+2+1），而在作业链C-E-F-G-I-J上的时间为9天（2+2+2+2+1）。所以，若想提前完成计划，就必须从关键作业链上设法缩短某作业的施工时间。

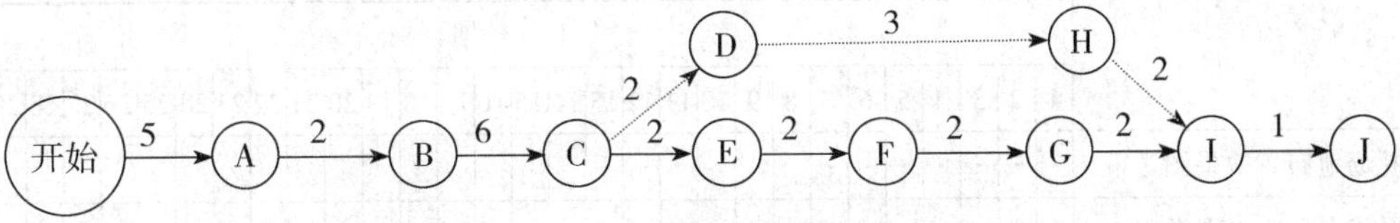

图 2-3　小型加工车间建造网络计划图

对于涉及面十分广泛，许多具体工作已相互交叉在一起的情况，最好采取PERT（program evaluation and review technique，计划评审技术）设计过程，从更全面的角度出发，对项目做出完整的考虑与安排。网络计划技术具有如下几个优点：

（1）简单易行。无须掌握高深的定量分析方法，基层管理者很容易掌握这种方法。

（2）可迅速确定计划的重点。通过网络计划图管理者可清楚地获悉计划中的关键作业，便于管理者对其进行监督、控制。

（四）鱼刺图

鱼刺图原来是在全面质量管理中所运用的一种因果分析图，专门用于分析质量问题的原因，也可用于具体的项目计划图表，具有简单明了、便于实施的特点。

鱼刺图的绘制很简单：确定计划项目，连接一条箭线。以舞台制作为例，把制作舞台的关键要素在箭线的上下两端以分箭线画出，形成一个类似鱼刺的图形，如图2-4中的舞台制作、人力、材料、工具、物质条件等。鱼刺图的绘制过程就是一个分析计划过程。

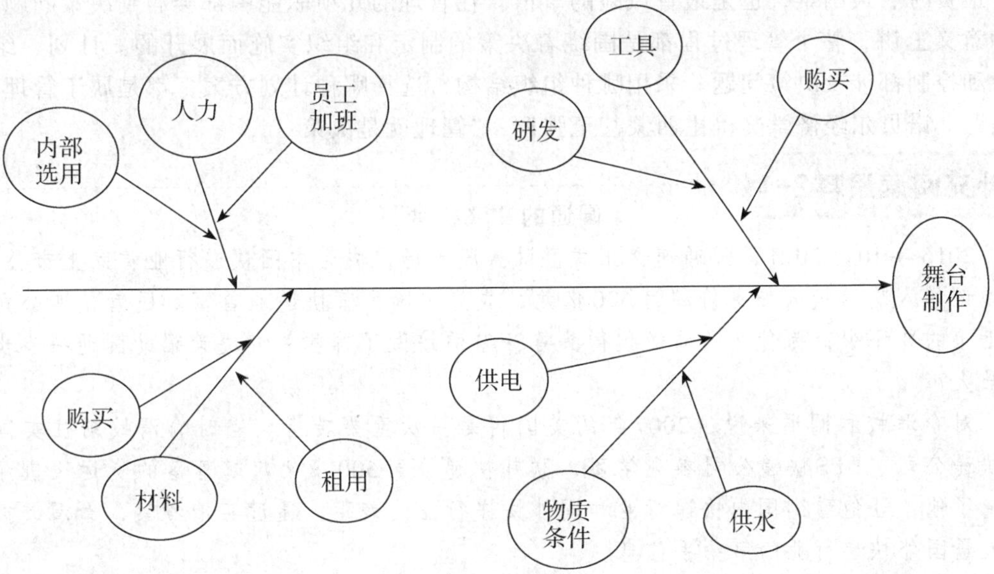

图 2-4　鱼刺图

（五）甘特图

甘特图是由甘特发明的，又称线条图、展开图、横线工作法，实际上是一种常用的日程工作计划进度图表。它以纵轴表示计划项目，横轴表示时间刻度，适用于具体实施计划的管理，操作简便。绘制的关键字段一般包括序号、工作项目、时间刻度、责任人和备注等，视具体计划而定（举例如图2-5所示）。其特点是清楚地展示了工作的日程计划进程。

序号	项目	日期																														责任人
		1	2	3	4	5	6	7	8	9	10	11	12	13	14	15	16	17	18	19	20	21	22	23	24	25	26	27	28	29	30	
1	典礼场地布置效果图送审	·	·	·	·	·	·	·	·																							
2	大马路布置效果图送审				·	·	·	·	·	·																						
3	舞台布置效果图				·	·	·	·	·	·																						
4	签到处布置效果图				·	·	·	·	·																							
5	奠基石设计图样						·	·	·	·		·	·	·	·																	
6	拟定标语口号									·		·																				
7	拟定演奏曲目									·		·	·	·	·	·	·	·	·													
8	第一次工作会议											·	·	·	·	·	·	·	·													
9	排练																		·	·	·		·	·	·	·	·	·	·			

图2-5 典礼日程计划甘特图

第二节 决 策

决策是管理的基础，也是管理的核心。虽然管理者要做的事很多，但决策却是最重要、最费时、最困难，也是最冒风险的事情。在管理的几项职能中都会遇到决策问题，从某种意义上讲，整个管理过程都是围绕着决策的制定和组织实施而展开的。计划、组织、领导和控制都涉及决策问题。采用哪种组织结构，选择哪种计划方案，都是属于管理的决策问题。诺贝尔经济学奖得主西蒙甚至强调："管理就是决策。"

补充阅读资料2-1

圆通的"飞机梦"

2016年10月20日，圆通速递正式登陆A股市场，成为中国快递行业首家上市公司。圆通创始人喻渭蛟夫妇身价超过620亿元，成为中国民营快递业首富。民营快递公司申请上市的并不少，为什么圆通能拔得头筹？喻渭蛟做了哪些关键决策帮助圆通一步步发展壮大？

对喻渭蛟和圆通来说，2007年的美国行是一次重要转折。当时喻渭蛟前往美国联邦快递公司、UPS快递公司参观学习，联邦快递公司500多架起起落落的货运飞机深深震撼了他，让他看到国内快递行业和国外快递行业的差距。通过实地考察，喻渭蛟搜集了大量国外快递行业的第一手信息。

回国后的喻渭蛟决心要将圆通打造成"中国一流的快递"，但是具体要如何做喻渭蛟一时拿不定主意。为制订实现目标的可行方案，喻渭蛟和他的团队花费很多时间与精力分析国内快递市场的现状、竞争对手的优劣，同时花重金咨询了很多专家。一方面，他们意识到"时效性"将是快递行业未来发展的核心竞争力，圆通需要提高运送效率，进一步抢占国内快递市场份额；另一方面，国内快递市场即将趋于饱和，圆通需要计划进军国际市场。而这两个计划想要顺利实现，圆通都必须要拥有自己的货运飞机。

说做就做。思虑成熟后，喻渭蛟果断开始实施他野心勃勃的圆通“天网”计划，决定将圆通“汽运为主，航空为辅”的布局调整为“航空为主，汽运为辅”。喻渭蛟首先制订了圆通航运业务的实施计划：2020年，圆通将拥有50架全货机，2025年要达到100架全货机，为80万人提供就业岗位。

目标清晰后，喻渭蛟开始稳步推进圆通的航运业务，2012年，圆通成立圆通航空筹备办公室，负责制定圆通航空发展的具体规划和完成圆通航空的筹建审批，并陆续引进航空专业人才，委以重任。2014年9月，在多方支持下，圆通货运航空获批成立，圆通成为中国第三家专业快递航空公司。2015年4月，圆通联合阿里巴巴组建全球包裹联盟，进军跨境物流，开通多条国际物流航空专线。2015年5月，圆通获得阿里巴巴及云锋注资后，一口气买下15架波音飞机，创下民营快递史上最大规模的飞机“团购”。

如今自主货机的到手让圆通的发展蓝图更加清晰、更加坚实。圆通还有许多工作要做，喻渭蛟及其团队还要为圆通的发展做出一个又一个新的决策，未来圆通能否走向领先，值得我们拭目以待。

资料来源　孙淼林. 实用现代管理学［M］. 3版. 北京：北京大学出版社，2017.

一、决策的概念

决策就是人们为了达到一定目标，在掌握充分的信息和对有关情况进行深刻分析的基础上，用科学的方法拟订并评估各种方案，从中选出合理方案的过程。合理的决策必须具备3个条件：①目标合理；②决策结果满足预定目标的要求；③决策本身符合效率、满意、有限合理、经济性原则。

决策在本质上是一个系统的过程，而不是一个“瞬间”做出的决定。理论上可以想象，所有可能的方案都已被设计好，决策者的工作即是从这些备选方案中挑选最好的。但事实上，决策者需要做大量的调查、分析和预测工作，然后确定行动目标，找出可行方案，并进行判断、权衡、选择，最后结合起来组成一个完整的决策过程。在这个过程中，每一阶段都相互影响，一项选择在决策的某一阶段是最好的，但是会被接下去的选择所影响。因此，良好的决策活动必须依赖整个管理系统的辅助才能完成。

二、决策的合理性标准和决策者的理性限制

（一）决策的合理性标准

什么是有效的决策？什么是正确的抉择？其判断标准是什么？除了根据决策实施的效果判断以外，在方案抉择阶段还有没有更直接的判决标准？对此，有3种代表性的观点。

1.“最优”标准

第一种观点是由科学管理的创始人泰罗首先提出的，并为运筹学家和管理科学家所一贯坚持的“最优”标准。在泰罗看来，任何一项管理工作都存在一种最佳的工作方式。他认为：“管理这门学问注定会具有更富于技术的性质。那些现在还被认为是在精密知识领域以外的基本因素，很快都会像其他工程的基本因素那样被标准化，制成表格被接受和利用。”泰罗对管理技术所下的定义是：“确切知道别人干什么，并注意他们用最好、最经济的方法去干。”应该肯定，追求最佳是决策者的一种优良的心理品质。

2.“满意”标准

第二种代表性观点是西蒙提出的满意标准。他认为：“对于使用运筹学方法来说，不需要什么精确性——只要能足够给出一个近似的比不用数学而单靠常识得出的那种结果要更好的结果来，而这样的标准是不难达到的。”

3.“合理性”标准

还有一种有代表性的观点是美国管理学家孔茨提出的合理性标准。他对合理性标准的解释是：“首先，他们必须力图达到如无积极的行动就不可能达到的某些目标。其次，他们必须对现有环境和限定条件下依循什么方针达到目标有清楚的了解。再次，他们必须有情报资料的依据，并有能力根据所要达到目标去分析和评价抉择方案。最后，他们必须有以最好的办法能最满意地达到目标的方案。”由于决策的未来环境包含不确定因素，所以做到完全合理是很难的。孔茨认为，主管人员必须确定的是有一定限度的合理性，是“有界合理性”。尽管如此，主管人员还是应在合理性的限度内，根据各种变化的性质和大小尽其所能地做出最好的决策。

（二）决策者的理性限制

决策规定了组织在未来一定时期内的活动方向和方式，提供了组织中各种资源配置的依据，因而在组织活动尚未开始之前就已经在一定程度上决定了组织的活动效率。所以，决策的正确、合理性对组织的生存和发展是至关重要的。但是，决策者的理性由于种种原因是有限的，这就给合理决策设置了许多障碍。决策者的理性限制主要表现在以下方面：

1.知识有限

找出所有的可供选择的行动方案，了解每一种备选方案在未来的实施后果，是以决策者拥有完全的知识为前提的。然而，决策者的知识是有限的。由于时间和精力、认识能力、信息搜集所需的成本等的限制，决策者对环境中的不同因素对组织活动的影响方面、影响方式、影响程度等不可能有完全的了解。这种知识的不完整性，必然限制着决策者关于行动方案的制订、实施后果的预见以及对不同方案的评价等能力。

2.预见能力有限

任何决策方案都需通过未来的活动去实施。外界环境不仅错综复杂，而且是多变的，因此未来组织活动的外界环境将表现出与目前不同的特点。要能准确地预测各种行为方案的未来实施效果，首先必须能够正确地描述未来的环境状况。然而，决策者不仅知识有限，而且对于掌握的有限知识，其认识、利用能力（比如计算能力）也是有限的。这种利用能力限制决定了他们对未来的预测不可能是完全准确的，他们所预测的未来环境与未来发生变化后的环境状况不可能完全相符。对未来预见能力的限制，必然会影响其对不同方案未来实施效果的评价，从而影响决策的合理性。

3.设计能力有限

人的设计能力的有限性也影响着决策的合理性。在一定时间内，决策者能够考虑的行动范围有限，从而能够设计出的备选方案的数量也是有限的。

三、决策的一般程序

管理决策是一个科学的过程，一般包括以下7个步骤：

（一）调查研究、分析情报资料，找出决策者期望解决的问题

这是决策中最重要的一环，是决策无一例外首先面临的问题。任何决策总是为了解决某一问题而制定的。关键是找出：希望解决的问题是什么，必须在什么时间解决它，为什么要解决这一问题，为解决这一问题愿付出多大代价。

（二）确定目标

在找出问题之后，还应准确地知道决策的目标，方才可能有的放矢地做出有效的决策。合理的决策目标应该是可以衡量其成果、规定其时间和确定其责任的。此外，由于决策目标往往不止一项，这就应注意选择其中一项为主要目标，并协调好多元目标之间的关系。

（三）找出所有可行的方案

决策的本质是选择，而进行正确的选择就必须提供多种备选方案。如果只有一种方案而无选择余地的话，也就无所谓决策。国外有句格言："如果看起来只有一种行事方法，那么这种方法很可能是错误的。"故决策就是在各种不同意见中做出抉择。在制订备选方案时，应满足整体详尽性和相互排斥性的要求，即要在条件允许的情况下，尽量考虑所有可能的方案，同时各种可行方案要能相互替代、排斥，不能相互包容。

（四）确立效益衡量标准，测算每种方案的预期结果

管理决策中，通常通过成本与收益来衡量方案效益。成本是方案实施过程中所需消耗的资源——资金、人员、机器等，收益则是由某些行动的结果而产生的价值。确立了各可行方案的效益衡量标准后，就可据以对每种方案的预期结果进行测算，以供方案评价和选择之用。

（五）方案的评估及选择

方案的评估是根据确立的决策目标所提出的各种可行方案以及效益衡量标准、预期的结果等，分别对各种方案进行衡量。方案的选择则是就将每一方案的结果进行比较，选出最可能实现决策预期目标或期望收益最大的方案，作为初步最佳方案。评估是一种机械过程，选择则是一种判断及价值观的运用。管理者须对备选方案可能带来的经济、社会效益及可能付出的代价进行综合评价，分析比较各方案的优劣，并从中选择最佳方案。应注意确定"合理性"标准、"满意"标准、"最优"标准在不同管理环境中的适用性。

（六）实施决策方案

方案的实施是决策程序中至关重要的也是最困难的一步。在方案选定后，就可制订实施方案的具体措施和政策，还要注意运用目标管理方法把决策目标层层分解，落实到每个单位和个人，并随时了解方案的进展情况，及时调整行动。

（七）追踪决策方案实施对目标的保证程序

这实际上就是管理者通过对决策方案的追加评价来衡量决策的结果。在此过程之中，可及时发现方案实际执行情况与原决策目标的偏差，并及时采取措施，消除偏差，改进决策，使之达到理想效果。

以上7个步骤构成了决策的制定、实施、调整的全过程。但应强调的是，在实际决策中，不能将这些步骤看成死板的公式，过分拘泥地去做。决策也是一种经验的积累，往往可"跳过"很多步骤直接设想出满意的方案，从而提高决策效率。

补充阅读资料2-2

决策的普遍性

组织中每一个人都要制定决策，但决策更是管理者的重要职责，正如表2-2所表明的，决策制定包含在管理者进行计划、组织、领导、控制的过程中，这也是为什么管理者也被称作决策制定者的原因。我们甚至可以说，在一定程度上，决策制定是管理的同义词。

表2-2 **计划、组织、领导、控制中的决策制定**

计划	领导
组织的长期目标是什么？ 什么战略能够最佳地实现这些目标？ 组织的短期目标应当是什么？ 个人目标实现的难度应当有多大？	我怎么处理员工情绪低落的问题？ 在给定的条件下什么是最有效的领导方式？ 某项具体的变革会怎样影响员工的劳动生产率？ 怎样针对不同的员工采用不同的激励手段？
组织	**控制**
直接向我报告的下级应当有多少？ 组织应有多大程度的集权？ 职位应当怎么设计？ 什么时候组织应当实行不同的结构？	需要对组织中的哪些活动进行控制？ 怎样控制这些活动？ 绩效差异偏离到什么程度是显著的？ 组织应当具有什么样的管理信息系统？

四、决策的方法

决策的方法从技术上分为“硬”技术和“软”技术。决策的“硬”技术是指建立在数学模型基础上，运用电子计算机辅助决策的方法。其中，应用比较广泛、成熟的技术是以运筹学和管理科学为主要内容的计算机决策支持系统。它大大提高了决策的准确性和实时性，把决策人员从大量烦琐的计算中解放出来，使他们能把精力更多地集中于分析解决关键性的重大问题。由于“硬”技术的数学模型往往要求的条件是明确的，而社会经济活动和管理活动却是不断变化的，存在着决策者难以控制和不确定的条件因素，使“硬”技术在运用上具有局限性。决策的“软”技术是指建立在心理学、社会学、行为科学等基础上的“专家法”，即“专家创造力技术”。它通过有合理结构的专家群体，依靠以现代科学技术为基础掌握的大量信息，迅速、严密地分析、归纳和演绎，提出决策的目标、方案、参数，并做出相应的评价和选择。“软”技术最适用于受社会等因素影响较大，所含不确定因素多的综合性决策，特别是战略决策问题。“软”技术弥补了“硬”技术对政治、社会和人文等因素无法定量测算分析的缺陷。“硬”技术和“软”技术各有所长，决策者应根据具体情况，采用不同的方法或将两者结合使用，取长补短，以做出科学的决策。

小思考2-1

有一种说法，当管理者越来越多地使用电脑和软件工具时，他们将能够制定更理性化的决策。你是否同意这种说法？为什么？

答案：不同意。因为制定理性的决策依赖于管理者本身的经验和知识水平以及详细、充分的历史资料，而电脑和软件工具仅仅是一些辅助的手段。

(一)主观决策法(软技术方法)

主观决策法是运用社会学、心理学、组织行为学、政治学等有关专业知识、经验,在经营决策的各个阶段,根据已知情况和资料,提出决策意见,并做出相应的评价和选择,可以使决策更加完善的方法。主观决策常用的方法有:

(1)专家意见法(德尔菲法),又称专家意见函询调查法。发函请某些专家就一定问题提出看法和意见,被征询的专家彼此不相知,收到专家回答的意见后,综合归纳、整理,再分寄给各专家继续征求意见,如此反复数次,直到意见比较集中为止。

(2)方案前提分析法。它的特点是不分析方案内容,只分析方案的前提能否成立。如果前提能成立,即可说明目标和途径是正确的。

(3)头脑风暴法与反头脑风暴法。头脑风暴法亦称畅谈会法。这种方法的特点是邀集专家,针对一定范围的问题,敞开思想,畅所欲言,同时规定4条规矩:第一,鼓励每一个人独立思考、开阔思路,不要重复别人的意见;第二,意见和建议越多越好,不受限制,也不怕冲突;第三,对别人的意见不要反驳、不要批评,也不要做结论;第四,可以补充和发表相同的意见。这种方法旨在于鼓励创新并集思广益。反头脑风暴法正好与上法相反,同意的肯定意见一概不提,而专门找矛盾,挑毛病,群起而攻之。这两种方法运用得当,可以起到互补的作用。

(4)创造工程方法。这种方法追求的目标是针对一定问题提出创新性的方法或方案。创造工程方法把创新过程看作一项有秩序、有步骤的工程。它把创新过程分为3个阶段和10多个步骤。第一阶段是确定问题阶段,包括主动搜索、发现问题、认识环境、取得资料、确定问题等步骤;第二阶段是创新思想阶段,通过主动多发性想象、自发聚合等步骤形成创造性设想;第三阶段是提出设想和付诸实施阶段,把设想形成方案付诸实施,并接受实践验证。

(二)计量决策法(硬技术方法)

计量决策法是建立在计量模型基础上的一种决策方法,是运用统计学、运筹学、电子计算机等科学技术,把决策的变量(影响因素)与目标用数学关系表示出来,求出方案的损益值,然后选择出满意的方案。这种决策方法可以分为确定型、不确定型和风险型3种。

1.确定型决策方法

确定型决策是指影响决策的因素、条件和发展前景比较清晰明确,并且容易做出判断,根据决策目标可以选择最佳方案的决策。确定型决策方法可分为单纯选优法和量本利分析决策法两类。

(1)单纯选优法。单纯选优法是根据已掌握的每一种方案的每项确切结果进行比较,直接选择最优方案的方法。

例如,某印染厂拟向4个工厂购买质量相当的坯布,单价分别为甲厂1.5元/米、乙厂1.65元/米、丙厂1.7元/米、丁厂1.55元/米,则该印染厂选择甲厂的坯布。

(2)量本利分析决策法。量本利分析决策法亦称盈亏平衡分析法,是根据对业务量(产量、销售量、销售额)、成本、利润3者关系进行综合分析,来预测利润、控制成本的一种分析方法,是企业决策的常用方法。量本利分析的关键在于找出盈亏平衡点。所谓盈亏平衡点,是指盈亏平衡图中企业利润为零的点,即企业销售收入总额与成本总额相等的点，如图2-6所示，A点即是盈亏平衡点。

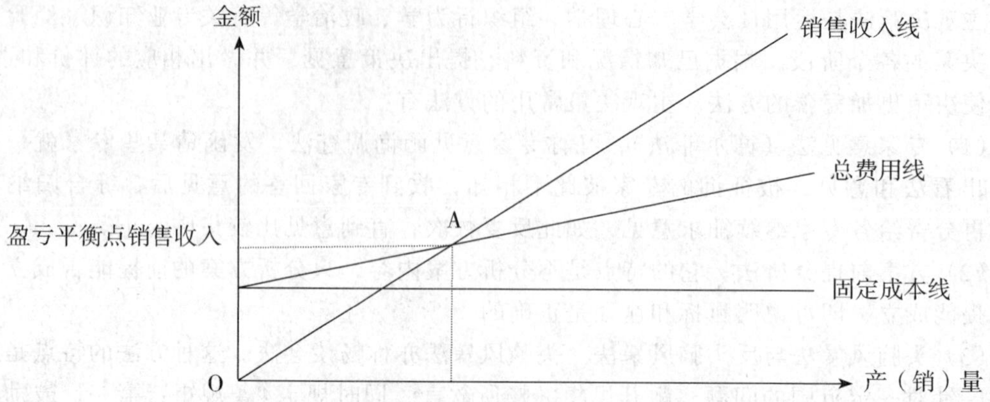

图2-6 盈亏平衡点

盈亏平衡点常用所对应的产（销）量来表示，也可用销售收入表示。其计算公式如下：

盈亏平衡点产（销）量=固定成本÷（单位售价-单位变动成本）

盈亏平衡点销售收入=盈亏平衡点产（销）量×单位售价

确定盈亏平衡点后，就能做出相应的决策判断。

2.不确定型决策方法

不确定型决策所面临的问题是决策目标、备选方案尚可知，但很难估计各种自然状态发生的概率。因此，此类决策主要靠决策者经验、智力，以及对承担风险的态度。不确定型决策方法主要有：

（1）等概率决策法。既然各种各样自然状态出现的概率无法预测，不妨按出现的概率机会相等计算期望值，做出方案的抉择。例如，某企业准备生产一种新产品，对于市场的需求量估计有3种自然状态，即较多、中等和较少。企业拟订了3种方案，即第一方案是改建生产线；第二方案是新建生产线；第三方案是与外厂协作生产。对这种产品，工厂拟生产5年。根据计算，其收益期望值见表2-3。

表2-3 **某企业新产品生产等概率决策法决策表** 单位：万元

数值 自然状态 方案	不同需求量的收益值			收益期望值
	较多概率1/3	中等概率1/3	较少概率1/3	
改建生产线	18	6	−2	1/3×18+1/3×6+1/3×（−2）=7.3
新建生产线	20	5	−5	1/3×20 + 1/3×5 + 1/3×（−5）=6.7
与外厂协作生产	16	7	1	1/3×16 + 1/3×7 + 1/3×1=8

从表2-3中可以看出，与外厂协作生产收益期望值最理想，故决策方案为与外厂协作生产。

（2）悲观原则决策法。它也叫最大最小收益值法（小中取大法）。首先找出各种方案的最小收益值，然后选择最小收益值最大的方案为最优方案。

从表2-3可以看出，改建生产线方案最小收益值为−2万元，新建生产线方案最小收益值为-5万元，与外厂协作生产方案最小收益值为1万元。因此，与外厂协作生产方案应为最优方案。

（3）乐观原则决策法。它也叫最大收益值法（大中取大法）。在上例中找出各方案的最大收益值分别为18万元、20万元、16万元，从中选择最大值，这样，新建生产线方案将为最优方案。但这种方案风险较大，要慎用。

（4）折中原则决策法。最大最小收益值法是从悲观估计出发，最大收益值法是从最乐观的估计出发。两种方法都是受个人个性影响。有的专家提出一种折中的方法，要求决策者对未来发展做出判断，选择一个系数a作为主观概率，叫作乐观系数。

以表2-3为例，若a=0.7，则：

改建生产线收益期望值=0.7×18+0.3×（-2）=12（万元）

新建生产线收益期望值=0.7×20+0.3×（-5）=12.5（万元）

与外厂协作生产收益期望值=0.7×16+0.3×1=11.5（万元）

这3种方案中新建生产线收益期望值最高，故决策方案为新建生产线方案。

（5）后悔值原则决策法。某一种自然状态发生时，即可明确哪种方案是最优的，其收益值是最大的。如果决策人当初并未采用这一方案而采取其他方案，这时就会感到后悔，最大收益值与所采用的方案收益值之差，即后悔值。后悔值原则决策法即选择后悔值最小的方案为最优方案。

根据上述例题可做如下分析（见表2-4）。

表2-4　**某企业新产品生产后悔值原则决策法决策表**　单位：万元

自然状态 / 后悔值 / 方案	在不同需求下的后悔值			最大后悔值
	需求较多	需求中等	需求较少	
改建生产线	20-18=2	7-6=1	1-（-2）=3	3
新建生产线	20-20=0	7-5=2	1-（-5）=6	6
与外厂协作生产	20-16=4	7-7=0	1-1=0	4

首先，找出各自然状态的最大值为20万元、7万元、1万元。

其次，对各个自然状态，用最大收益值减去同种状态的收益值，即为后悔值。

从表2-4中可见，各方案的最大后悔值分别为3万元、6万元、4万元。因此，改建生产线方案是最佳决策方案。

3.风险型决策法

风险型决策有明确的目标，如获得最大利润；有可以选择的两种以上的可行方案；有两种以上的自然状态；决策者能估算出不同自然状态出现的概率；不同方案在不同自然状态下的收益值可以计算出来。因此，决策者在决策时，无论采用哪一种方案，都要承担一定风险。

风险型决策常用的方法是决策树法。决策树法是以图解方式分别计算各种方案在不同自然状态下的收益值，通过综合收益值比较，做出决策的方法。决策树法是将可行方案、影响因素用一张树形图表示的方法。以决策点为出发点，引出若干方案枝，每个方案枝都代表一种可行方案。在各方案枝末端有一个自然状态结点，从自然状态结点引出若干概率枝，每个概率枝表示一种自然状态。在各概率枝末端注有收益值。决策树结构如图2-7所示。

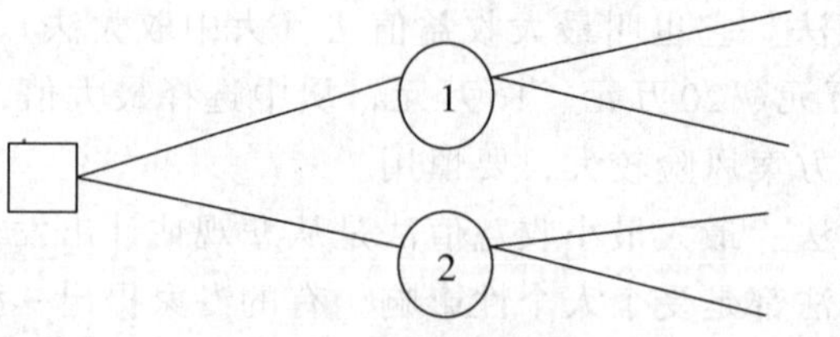

图2-7 决策树结构

例如，某工厂准备生产1种新产品，3种自然状态高、中、低市场需求量出现的概率分别为0.3、0.5、0.2。企业有两种方案可供选择：（1）新建1个新产品车间，需要投资140万元；（2）扩建原有车间，需要投资60万元。两种方案在不同自然状态下年收益见表2-5。

表2-5 **某工厂不同方案的收益** 单位：万元

自然状态 / 收益值 / 方案	高需求	中需求	低需求
新　建	170	90	0
扩　建	100	50	20

要求：（1）绘制决策树；（2）计算收益值；（3）方案优选（剪枝）。

根据条件绘制决策树（如图2-8所示）。

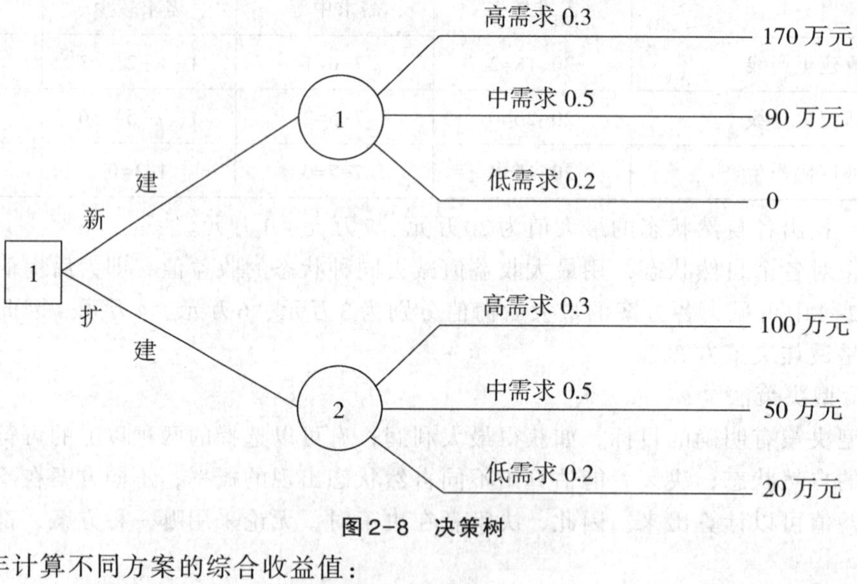

图2-8 决策树

按3年计算不同方案的综合收益值：

新建方案收益=3×（0.3×170+0.5×90+0.2×0）=288（万元）

扩建方案收益=3×（0.3×100+0.5×50+0.2×20）=177（万元）

新建方案净收益=288-140=148（万元）

扩建方案净收益=177-60=117（万元）

方案优选：比较结果，新建方案的预期净收益为148万元，大于扩建方案的预期净收益117万元，所以新建方案是最优方案。

本章小结

所谓计划工作，就是根据社会的需要以及组织的自身能力，确定组织在一定时期内的奋斗目标，通过计划的编制、执行和检查，协调和合理安排组织中各方面的经营和管理活动，有效地利用组织的人力、物力和财力资源，取得最佳的经济效益和社会效益。

通常把计划工作的内容概括为6个方面，称为5W1H，即做什么（what to do）、为什么做（why to do it）、何时做（when to do it）、何地做（where to do it）、谁去做（who to do it）和怎么做（how to do it）。计划工作的方法和技术主要有PDCA计划循环法、滚动计划法、网络计划技术、甘特图和鱼刺图。

决策就是人们为了达到一定目标，在掌握充分的信息和对有关情况进行深刻分析的基础上，用科学的方法拟订并评估各种方案，从中选出合理方案的过程。决策的合理性标准有“最优”标准、“满意”标准、“合理性”标准。决策者的理性限制有知识有限、预见能力有限、设计能力有限。决策方法包括主观决策法和计量决策法。

主要概念与观念

主要概念

计划　滚动计划法　决策

主要观念

PDCA计划循环法　硬技术决策　软技术决策

基本训练

知识题

简答题

1.什么是计划工作？计划有哪些重要作用？

2.制订计划时应遵循哪些基本原则？

3.什么是PDCA计划循环法？它具有哪些特点？

知识应用

1.某厂欲生产一种新产品，有两种方案：一是建设大工厂；二是建设小工厂。两种方案的使用期都是10年。大工厂需要投资500万元，小工厂需要投资240万元。两种方案的年收益值及自然状态的概率见表2-6。

表2-6　**两种方案的年收益值及自然状态的概率**　单位：万元

自然状态	概率	大工厂	小工厂
销路好	0.6	300	100
销路差	0.4	-80	40

两种方案哪一个更优？请使用决策树的方法进行判断。

2.某公司为了获得更好的发展，决定投资建设一通信设备厂，决策者有3种方案可供选择，即建设大型工厂、中型工厂和小型工厂。通信设备的市场前景存在着3种自然状态：销路好、销路一般、销路差。通过调查研究，决策者对各方案在各种自然状态下的收益值进行了估计，其结果见表2-7。

表2-7 **各方案自然状态下的收益值** 单位：万元

决策方案	自然状态		
	销路好	销路一般	销路差
建设大型工厂	300	120	-70
建设中型工厂	200	150	20
建设小型工厂	100	60	40

试用乐观原则决策法、悲观原则决策法、等概率决策法及后悔值原则决策法分别做出选择。

技能题

1.运用滚动计划法为自己制订一个大学期间的学习计划。

2.尝试运用头脑风暴法为某一问题提供解决方案。

能力题

案例分析

成都××科技股份有限公司发展规划（2016—2018）

一、公司发展战略

公司坚持以市场为导向，以创新为动力，以品牌经营为核心，以资本运营为手段，将公司建设成为技术领先、质量领先、管理领先、规模领先、效益领先，具有较强国际竞争力、可持续发展的高新技术企业。

1.以市场为导向：坚持以市场需求为出发点，发挥公司纳米材料的市场优势，大力拓展国内和国际市场，不断提高市场占有率。

2.以创新为动力：坚持观念创新、技术创新、管理创新和营销创新，大力发展核心技术和核心产品，不断提高企业科技水平和产品质量水平，巩固和保持在行业的技术领先地位，推动企业发展。

3.以品牌经营为核心：坚持品牌经营，实施名牌战略，培育企业文化，塑造具有较强竞争力的国际知名品牌。

4.以资本运营为手段：通过上市筹集资金，利用收购、兼并、参股等手段，做强做大，实现企业规模的跨越式发展。

二、公司发展目标

“立足国内最佳，争创世界一流”是公司的总体发展目标。

（一）业务发展目标

利用现有资源，重新整合、配置，发展规模化经营，向规模经济要效益，建立纳米材料产业化基地，把公司发展成为具有国际水平产业规模的高新技术企业，在纳米材料领域继续保持国内同行领先地位，并逐步发展为具备较强国际竞争力的企业。

（二）财务目标（见表2-8）

表2-8　**财务目标**

项目	2016年	2017年	2018年
主营业务收入	7 500万元	8 000万元	11 000万元
主营业务利润	2 900万元	3 200万元	4 000万元
营业利润	1 300万元	1 800万元	2 500万元
利润总额	2 500万元	3 000万元	3 800万元
净利润	2 125万元	2 450万元	3 265万元
每股可分利润	0.54元	0.63元	0.84元

项目	计算公式	2016年	2017年	2018年
产品销售毛利率	营业毛利/营业收入	38.7%	40.0%	36.4%
总资产回报率	净利/总资产	15.2%	17.6%	20.2%

（三）资本运作目标

在抓好产品经营的基础上，通过合资、合作、收购、兼并等形式，整合有利于公司扩大经营规模、拓展经营领域、深化专业化分工协作的各种资源，促进公司快速发展，实现规模效益。目前，公司在国内外资本市场上市已经具备相当的基础和条件。

三、公司发展计划

公司实施内涵发展和外延扩张相结合的发展战略，到2018年达到年销售额11 000万元，成为具有较强国际竞争力的高新技术企业。

（一）新建瞬间固化胶示范工程计划

2016年，公司将力争实现销售收入7 500万元。为保证销售收入的快速增长和销售预期的实现，公司需投入流动资金，扩大生产线，新建瞬间固化胶等高性能粘胶剂规模化生产产业化示范工程，形成更大的规模化生产能力和市场营销能力。

（二）人员扩充计划

公司坚持“以人为本”，紧紧抓住人才建设这一关键点，做好人才储备、人才培训、人才使用等工作，积极引进技术人才、销售人才和管理人才，有计划地在国内和国外进行培训，积极发挥人才的作用。公司将分阶段招聘生产及辅助生产人员350人；技术、开发人员100人；管理、销售及其他人员150人。

（三）市场开发与营销网络建设计划

公司纳米材料具有国际领先水平且市场前景看好，其市场投放和拓展符合新材料领域营销的先进思想。公司适应材料领域的新趋势，借鉴国内外先进经验，掌握新的营销思想：重视产品质量、价格和客户满意度；重视建立和保持客户关系；重视全球观念下本地化营销计划；重视建立战略联盟和网络。

公司形成了独特的营销发展思路，并在市场竞争的检验中，不断完善和发展，即集中力量，实施品牌战略；以服务带动销售；加强与著名大型石化企业的紧密合作，借助其良好信誉提升本公司知名度、声誉和形象；扩大与下游企业的供销关系，建立密集的销售渠道；同时走专业化广告宣传路线，灵活采用直销或经销方式，力争发展成为全国纳米塑胶行业的龙头企业，使公司纳米材料在国内外占有重要一席，成为纳米高分子材料的主导开发商、生产商和供应商。

（四）产品服务计划

质量是产品的生命，服务是产品的灵魂。没有良好的配套服务，再好的产品也卖不出去。特别是对于公司生产的“纳米聚丙烯管材专用料及相关系列产品”而言，产品相对前沿，用户的接受程度较慢，需要有一个先摸索使用再大规模接受的过程。所以应建立专门的服务机构，广泛开展售前技术咨询、售后技术服务，根据客户要求和产品特性及时地做好各种服务工作，并妥善及时地解决客户投诉问题。

（五）收购兼并计划及对外扩张计划

公司已建立了一套较科学、较完整的企业标准体系，在市场上已树立了较高的知名度，具备了对外扩张的基础条件。因此，公司计划于适当时机在国内实施收购兼并，以迅速扩大生产规模，提高公司的核心竞争力。

（六）深化改革和组织机构调整的规划

为适应未来几年业务规模、人员规模快速扩张的需要，公司将按照现代企业制度的要求，不断调整组织机构，完善法人治理结构，健全科学管理、决策体制。

四、公司发展规划与现有业务的关系

公司现有业务是实现发展规划的重要基础和保障。公司在现有业务的拓展过程中逐渐积累起来的人才、生产管理、技术开发、品牌知名度优势，以及在国内市场的多年营销经验，为实现公司发展规划打下了坚实的基础。

公司发展规划是在公司现有主营业务的基础上，按照公司发展战略和目标制定的扩大再生产计划。发展规划地顺利实施，将极大地提高公司现有技术水平和产业规模，全面提升公司核心竞争力。

问题：

1.如果按照计划的时间跨度分类，该规划是一个什么计划？

2.对案例中的内容进行讨论，它们分别属于计划层次体系中的哪一个层次的内容？是什么关系？在整个计划中起什么作用？

3.请你从该案例中找出计划的各个要素（5W1H）。

第三章　市场营销

学习目标

掌握市场和市场营销的概念；了解市场营销观念的变化；掌握目标市场选择和定位的策略；掌握市场营销组合策略应用。

第一节　市场营销的基本知识

一、市场与市场营销

（一）市场

市场是某种商品的现实购买者和潜在购买者需求的总和。

这是从卖方（即企业）的角度来理解市场的。市场营销学产生于买方市场，是站在卖方的角度去研究如何适应并满足买方的需求，以达到自己的经营目标。从市场营销角度看，卖方构成行业，同行业的卖方是竞争者，买方才构成市场。市场包括3个主要构成要素，即有某种需求的人，为满足这种需求的购买力和购买欲望，用公式表示为：市场=人口+购买力+购买欲望。市场的3个构成要素相互联系、相互制约、缺一不可，共同形成现实的市场，并决定市场的规模和容量。

观念应用3-1　分析市场，抢占商机

20世纪70年代末，日本电视机生产厂家通过分析中国的人口、购买力和购买欲望，发现中国市场的潜在规模和容量非常大，果断地将黑白电视机打入中国市场，不久就获得了成功。当时，西欧某国电视机厂商也来中国调查，却认为中国人均收入过低，市场潜力不大，结果贻误了商机。

（二）市场营销

市场营销是企业经营管理的一项重要职能。其含义随着经济的变化及工商企业的市场营销活动和实践的发展而发展。在不同时期国内外的专家、学者从不同角度对市场营销曾经下过许多的定义，其中比较典型的美国市场营销协会1960年为市场营销所下的定义为："市场营销是引导货物和劳务从生产者转到消费者或用户所进行的一切企业活动。"这是一个比较狭义的定义，曾经被视为最具权威的市场营销定义。美国市场营销协会1985年将市场营销重新定义为："市场营销是（个人和组织）对思想（或主意、计策）、货物和劳务的构想、定价、促销和分销的计划与执行过程，由此产生满足个人和组织目标的交换。"这是一个比较广义的市场营销定义，使市场营销的范围扩大到了非营利部门，扩展到整个社会。

美国市场营销学家菲利普·科特勒也曾为市场营销下了一个更为宽泛的定义："市场

营销是致力于通过交换过程以满足人类需要和欲望的活动。”

综上所述，我们认为：市场营销是在市场经济条件下，企业通过市场交换为最大限度地满足消费者的需求并获得自身的生存和发展而有计划地实施一系列相互关联的整体经济活动。

这一定义包括五层含义：①市场营销的体制条件是市场经济；②市场营销的主体是企业；③市场营销的对象是广大的消费者；④交易行为完成；⑤市场营销的手段是开展整体营销活动。

小思考3-1

市场营销等同于推销吗？

答案：市场营销是一个与市场有关的综合性的商业活动，它不仅仅限于将产品送到消费者手中，实际上它始于产品产生之前。市场调研、生产决策、销售策略的运用、售后服务等都属于市场营销。推销仅仅是市场营销职能中的一个。

二、市场营销观念的演变

市场营销观念是企业市场营销活动的指导思想，也称营销哲学。其正确与否直接关系到市场营销活动的成败和企业的兴衰。

市场营销观念是随着商品经济的发展而产生和演进的。其演变过程大体可以划分为两大阶段——传统的市场营销观念和现代的市场营销观念。

（一）传统的市场营销观念

传统的市场营销观念是指20世纪50年代以前的市场营销观念，市场营销工作的中心是企业，消费者处于次要的地位。这个阶段具体又有以下3种观念：

1.生产观念

这种观念在工业革命后至1920年流行于西方企业界。所谓生产观念，是指企业一切工作是以生产，尤其是以生产数量为中心。这种观念流行的原因是当时西方国家还处在产品供不应求的卖方市场形态，企业只要将产品生产出来，肯定能卖出去。因此，企业工作的中心自然是追求产量的增长，至于消费者的需求，根本无须考虑。显然，这是一种重生产、轻市场营销的管理哲学。当时，美国福特汽车公司的总裁福特傲慢地宣称：“不管消费者需要什么颜色的汽车，我只有一种，黑色。”

2.产品观念

1920年前后，供不应求的现象在西方国家得以缓和，消费者对产品有了选择的余地，于是产品观念应运而生。所谓产品观念，是指企业的一切工作只以产品质量为中心。持产品观念的企业认为只要有两种以上的同类产品，消费者会选择质量和性能最好的产品。产品观念比生产观念有所进步，但它仍然忽视消费者的需求和欲望。如果企业固守产品观念，迷恋于自己的产品，一味致力于提高产品质量，会导致企业患上“市场营销近视症”。

3.推销观念

这种观念流行于20世纪30年代至40年代。由于生产力的发展、科学技术的进步，加之科学管理和在生产观念驱动下产生的大规模生产，产品产量迅速增加，买方市场在西方国家逐渐形成，许多企业的产品即使是物美价廉，也未必能销售出去。于是一种新的营销观念——推销观念产生了。推销观念认为，在市场竞争中取胜的关键是要把产品卖出去，而把产品卖出去的关键是通过各种推销手段、技巧引起消费者的注意，说服其购买。因此，在企业中推销工作是一切工作的中心。

推销观念与生产观念相比，是经营思想上的一大进步，但仍没有从根本上消除"以产定销"的思维模式。它只着眼于如何把已经生产出来的产品推销出去，而没有顾及消费者是否需要，售后服务是否满意，引诱和欺骗等强行推销手段经常被使用。

（二）现代的市场营销观念

现代的市场营销观念是指20世纪50年代以后的营销观念，市场营销工作的中心由企业转向消费者。这个阶段具体又有以下几种观念：

1.市场营销观念

市场营销观念产生于20世纪50年代中期。第二次世界大战结束后，很多国家要重建家园，各种工业品、消费品供不应求，于是原有的企业加大产量，停产的企业恢复生产，军工企业转向民用工业，新建的企业加入竞争，产品的生产总量剧增，西方国家很快形成了名副其实的买方市场，企业之间的竞争异常激烈，消费者也逐渐成熟和理智，因此许多企业开始认识到：传统的市场营销观念已经很难适应市场发展的需要，必须寻求一种充分考虑消费者需求的全新的观念，这样，市场营销观念产生了。

所谓市场营销观念，是指企业一切工作都要以消费者需求为中心，企业实行以需定产。其基本内容可以归纳为：消费者的需求是企业活动的中心；企业不仅要满足消费者的现实需求，还要满足消费者的潜在需求；企业各个部门、营销各环节要密切配合，努力达到满足及服务于消费者的目的；营销部门是指挥、协调企业活动的主要部门。

市场营销观念取代推销观念，是营销观念质的飞跃。

小思考3-2

市场营销观念与推销观念的区别是什么？

答案：推销观念注重卖方的需要，考虑如何把产品变成现金；市场营销观念注重买方的需要，考虑如何通过制造、传送产品以及与最终消费者有关的所有事务，来满足消费者的需要。

2.社会营销观念

社会营销观念产生于20世纪70年代。当时市场环境发生了很多变化：能源短缺、通货膨胀、失业增加、环境污染严重。许多企业为了牟取暴利，一方面以精美包装、诱人的广告吸引消费者；另一方面通过发布欺骗性信息、推销不安全商品损害消费者的利益。此外，市场营销观念回避了满足消费者目前需求与其长远利益、社会利益之间的潜在矛盾。一些企业贯彻市场营销观念，片面满足消费者的短期利益导致物质浪费、环境污染，社会的发展受到了威胁。因此，一些学者提出了社会营销观念。

社会营销观念强调，企业提供产品应当符合公众利益准则，不仅要满足消费者目前的需求，而且要符合社会和消费者长远的利益。企业要站在社会发展的立场进行营销决策，对企业利润、消费者需求以及社会长远利益同时给予考虑，实现企业、消费者、社会三方面的统一。

3.大市场营销观念

大市场营销观念是20世纪80年代以来，在西方国家积极推行贸易保护政策、加强经济干预、设置市场壁垒、企业难于进入市场的情况下，由美国市场营销学家菲利普·科特勒在1984年提出的一种以满足守门人的需求为中心、争取进入市场的营销观念。所谓守门人，是指那些可以阻止企业进入市场的个人或团体，包括政府、立法机关、劳动工会、宗教团体及其他利益集团等。大市场营销是指为了成功进入特定的市场需要协调使用经济的、心理的、政治的和公共关系的手段，以赢得守门人的支持与合作的战略思想和营销策略。“特定的市场”是指贸易壁垒很高的封闭型或保护型的市场。菲利普·科特勒认为，针对这样的市场，除了实施4Ps（即product，price，place，promotion）营销组合外，还必须加上政治权力（political power）和公共关系（public relations），形成6Ps的营销组合策略才能奏效。

4.整体市场营销观念

整体市场营销观念是菲利普·科特勒于1992年提出的跨世纪的市场营销新观念。他认为，从长远利益出发，企业的市场营销活动应该囊括构成其内外环境的所有重要行为者，包括供应商、分销商、最终消费者、政府、同盟者、竞争者、传媒、社会公众等。

整体市场营销观念是对市场营销观念的进一步完善，强调企业更应重视长远利益。

5.顾客让渡价值观念

顾客让渡价值观念是菲利普·科特勒于1994年提出的又一新观念。顾客让渡价值是指顾客总价值与总成本之间的差额。企业要想在竞争中取胜，就必须吸引更多的潜在顾客，就必须提供比竞争对手具有更多顾客让渡价值的产品。顾客让渡价值观念仍然是以满足消费者需求为核心，更适合于竞争激烈的外部环境。

6.其他新的营销观念

20世纪90年代在西方企业界兴起的新的营销观念还有绿色营销、网络营销、服务营销、整合营销等。

小知识3-1　**绿色营销的兴起和实质**

1987年联合国环境与发展委员会发表《我们共同的未来》的宣言，促使绿色营销观念萌芽；1992年联合国环境与发展大会通过的《21世纪议程》中强调，“要不断改变现行政策，实行生态与经济的协调发展”，为绿色营销理论奠定了基础。

绿色营销强调企业在进行市场营销活动时，要努力把经济效益与环境效益结合起来，尽量保持人与环境的和谐，不断改善人类的生存环境。

三、市场营销环境

市场营销环境是与企业营销活动有潜在关系的所有内外部力量和相关因素的集合，是影响企业生存和发展的各种内外部条件因素的总和。一般来说，营销环境主要包括两方面的构成要素：一是微观环境，即指与企业紧密相连，直接影响其营销能力与效果的各参与者，包括企业的供应商、营销中间商、消费者、竞争者以及社会公众和影响营销管理决策的企业内部各个部门。二是宏观环境，即影响企业微观环境的巨大社会力量，包括人口、经济、政治、法律、科学技术及自然地理等多方面的因素。

（一）宏观环境分析

1.人口环境

企业必须密切关注人口环境方面的动向，因为市场是由那些想买东西并且有购买力的人构成的，这些人越多，市场的规模就越大。

如今人口方面的主要动向有：世界人口迅速增长；发达国家的人口出生率下降；许多国家人口趋于老龄化；家庭规模趋于小型化；许多国家人口流动性大等。

2.经济环境

购买力是构成市场和影响市场规模大小的一个重要因素，而整个购买力即社会购买力又直接或间接受消费者收入、支出模式、储蓄和信贷等经济因素的影响。所以，在进行经济环境分析时，主要分析以下几个方面的因素：

（1）消费者收入的变化。在消费者收入水平方面主要应考虑：可支配个人收入和可随意支配个人收入。可支配个人收入是指扣除消费者个人缴纳的各种税款和各种交给政府的非商业性开支后可用于个人消费与储蓄的那部分个人收入。可随意支配个人收入是指可支配的个人收入减去消费者用于购买生活必需品的固定支出，如房租、分期付款等剩下的那部分个人收入。

（2）消费者支出模式的变化。消费者支出模式的变化主要受消费者收入的影响。德国统计学家恩格尔根据他对英国、法国、德国、比利时等许多工人家庭收支预算的调查研究，发现了关于工人家庭收入变化与各方面支出变化之间的比例关系的规律，这就是恩格尔定律。目前西方经济学家对恩格尔定律的表述一般如下：①随着家庭收入的增加，用于购买食品的支出在家庭收入的比重就会下降。②随着家庭收入的增加，用于住宅建筑和家务经营的支出占家庭收入的比重大体不变。③随着家庭收入的增加，用于其他方面的支出，如服装、交通、娱乐、卫生保健、教育的支出和储蓄占家庭收入的比重会上升。

（3）消费者储蓄和信贷情况的变化。在一定时期内货币收入不变的情况下，如果储蓄增加，购买力和消费支出便减少；反之，如果储蓄减少，购买力和消费支出便增加。

在现代的市场经济国家，消费者还可以用贷款来购买商品。消费者信贷主要有四种：短期赊销、购买住宅、分期付款和信用卡信贷。

3.自然环境

自然环境的变化也会给企业造成一些环境威胁和市场机会。自然环境方面的动向有：①某些自然资源短缺或即将短缺。②环境污染日益严重。③政府对自然资源管理的干预日益加强。

4.技术环境

技术的发展既为企业市场营销造就了机会，又带来威胁。企业的机会在于寻找或利用新的技术，满足新的需求。而它面临的威胁则可能有两方面：一方面新技术的出现，使企业原有产品变得陈旧；另一方面新技术改变了企业人员原有的价值观。企业要密切注意技术环境的变化，了解技术环境的发展对企业市场营销的影响，以便及时采取对策。

5.政治和法律环境

企业的市场营销活动必须要遵守国家的有关方针、政策和法律法规。

目前，国际上各国政府采取的对企业市场营销活动有重要影响的政策和干预措施主要有进口限制、税收政策、价格管制、外汇管制和国有化政策等。

从当前企业市场营销活动法律环境的情况来看，主要有两个明显的特点：①管制企业的立法增多，法律体系越来越完善。②政府机构执法更严。

6.社会文化环境

人类在某种社会环境下生活，必然会形成某种特定的文化，包括一定的态度和看法、价值观念、道德规范、宗教信仰、审美观念和世代相传的风俗习惯等。文化是影响人们欲望和行为（包括企业的、消费者的欲望和购买行为）的一个很重要的因素，因此也是企业开展市场营销活动必须要考虑的因素。

（二）微观环境分析

微观环境分析是指对企业服务、吸引消费者的能力构成直接影响的各种力量，包括企业本身、市场营销渠道、市场、竞争者、社会公众。这些都会影响企业为其目标市场服务的能力。

1.企业本身

企业本身包括市场营销管理部门、其他职能部门和最高管理者等。企业为实现其目标，必须进行制造、采购、研究和开发、财务、市场营销等业务活动。各个部门之间的职能发挥和协作关系将影响到企业市场营销工作的成效。

2.市场营销渠道

企业的市场营销渠道包括：①供应商，即向企业提供原材料、部件、能源、劳动力和资金等资源的企业与组织。供应商与企业间的合作状况将直接影响企业的市场营销活动能否正常开展。②中间商，即从事商品购销活动，并对所经营的商品拥有所有权的中间商，如批发商、零售商等。③代理中间商，即促成买卖成交、推销商品，但对商品没有所有权的中间商，如经纪人、制造商代表等。④辅助商，即辅助执行中间商的某些职能，为商品交换和物流提供便利，但不能直接经营商品的企业或机构，如运输公司、仓储公司、银行、保险公司、广告公司、市场营销研究机构等。

3.市场

企业所面对的市场包括：①消费者市场，即由通过个人消费而购买的个人和家庭所需要的商品构成的市场。②生产者市场，即由为了生产、取得利润而购买的个人和企业构成的市场。③中间商市场，即由为了转卖取得利润的批发商和零售商构成的市场。④政府市场，即由为了履行职责而购买的政府机构构成的市场。⑤国际市场，即由国外的消费者、生产者、中间商、政府机构等构成的市场。

4.竞争者

从市场营销的角度分析，企业在市场上面临4种类型的竞争者：①愿望竞争者，即能满足消费者的各种目前愿望的产品提供者。②一般竞争者，即能提供满足消费者的某种愿望的不同产品供应者。③产品形式竞争者，即能满足消费者某种愿望的各种产品型号供应者。④品牌竞争者，即能满足消费者某种愿望的同种产品的各种品牌供应者。

5.社会公众

社会公众是指对企业市场营销活动产生影响的社会团体。这些团体包括媒体公众、政府公众、市民行动公众和地方公众等。媒体公众包括各种传播媒体。政府公众涉及管理和规范企业经营活动的有关政府机构。市民行动公众如各种保护消费者权益组织、环境保护组织等。地方公众有企业社区居民群众和地方行政官员等。

第二节　目标市场的选择与市场定位

任何企业不论其资源如何雄厚都不可能满足整个市场的需求，而且每个消费者对产品的需求也是不同的。在市场营销活动中，企业面临的基本问题主要有：本企业产品的市场在哪里？产品在哪里畅销？愿意购买本企业产品的消费者是哪些人？他们的需求、爱好、购买行为有什么特点？企业如果想在市场营销活动中取得成功，必须了解、分析消费者的不同需求情况，并根据自己的具体情况，选择那些能发挥自己差别优势的市场作为自己经营和服务的对象。这种选择就是目标市场的选择，而选择目标市场的前提是进行市场细分。

一、市场细分

（一）市场细分的意义

市场细分也称市场细分化，是企业根据消费者需求的不同特征，把一个整体市场划分为若干个消费者群体和市场面，每个需求特点相类似的消费者群体就是一个细分市场。

市场细分对企业来说是非常重要的。

首先，市场细分有利于企业特别是中小企业发现最好的市场机会，提高市场占有率。因为企业通过市场营销研究和市场细分，可以了解不同购买群体的需求情况和目前的满足程度，在满足程度低的子市场上，就可能存在着最好的市场机会。这对小企业尤为重要。因为小企业资金力量薄弱，在整个市场或较大的亚市场上竞争不过大企业。小企业通过市场细分，就可以发现某些尚未满足的需求，找到自己力所能及的良机，然后见缝插针、拾遗补阙，从而在激烈的竞争中得以生存和发展。

其次，市场细分还可以使企业用最少的经营费用取得最大的经营效益。因为通过市场细分和目标选择，企业可以根据目标市场需求变化，及时、正确地调整产品结构和市场营销组合，使产品适销对路，扩大销售，还可以集中使用企业资源，以最少的经营费用取得最大的经营效益。

（二）消费者市场细分的依据

市场细分要根据一定的细分变量来进行。消费者市场的细分变量主要有地理、人口、心理和行为四类。

1.地理细分

所谓地理细分，就是企业根据消费者所在的地理位置以及其他地理变量（包括城市农村、地形气候、交通运输等）来细分消费者市场。地理细分的主要理论根据是：处在不同地理位置的消费者，他们对企业的产品有不同的需求和偏好，对企业所采取的市场营销战略以及产品价格、分销渠道、广告宣传等市场营销措施有不同的反映。市场潜量和成本费用会因市场位置不同而有所不同，企业应选择那些自己能最好地为之服务的、效益较高的地理市场为目标市场。

2.人口细分

所谓人口细分，就是企业根据人口变量（包括年龄、性别、收入、职业、教育水平、家庭规模、家庭生命周期阶段、宗教、种族、国籍等）来细分市场。人口变量很久以来一直是细分消费者市场的重要变量，这是因为人口变量比其他变量更容易被测量。

小思考3-3

人口细分完全可靠吗？

答案：消费者的欲望和需求不仅受人口变量的影响，而且同时受其他变量特别是心理变量的影响。例如，美国福特汽车公司曾按消费者的年龄来细分汽车市场，该公司的“野马”牌汽车原来是专门为那些想买便宜跑车的年轻人设计的。令人惊讶的是，很多中老年人也购买“野马”牌汽车，因为他们认为驾驶这个品牌的汽车可以使他们显得更年轻。可见，人口细分不完全可靠。

3.心理细分

所谓心理细分，就是根据消费者的生活方式、个性等心理变量来细分消费者市场。

（1）生活方式细分。来自相同的文化群、社会阶层、职业的人们可能各有不同的生活方式。生活方式不同的消费者对商品各有不同的需求，一个消费者的生活方式一旦发生变化，他就会产生新的需求。生活方式是影响消费者欲望的一个重要因素。企业可以用下面三个尺度（AIO尺度）来测量消费者的生活方式：①活动（activities），如消费者的工作、业余消遣、休假、购物、体育、款待客人等活动。②兴趣（interests），如消费者对家庭、服装的流行式样、食品、娱乐等的兴趣。③意见（opinions），如消费者对社会、政治、经济、产品、文化教育、环境保护等问题的意见。企业可访问一些消费者，详细调查他们的各种活动、兴趣、意见等，然后用电脑分析、处理调查资料，从而发现生活方式不同的消费群，也就是说，按照生活方式来细分消费者市场。

（2）个性细分。企业还可以按照消费者不同的个性来细分消费者市场。这些企业通过广告宣传，试图赋予其产品与某些消费者的个性相适应的品牌个性，树立品牌形象，相应地提供产品以满足细分市场消费者的个性需求。

4.行为细分

所谓行为细分，就是企业按照消费者购买或使用某种产品的时机、所追求的利益、使用情况、消费者对品牌的忠诚度、待购阶段和对产品的态度等行为变量来细分消费者市场。

（1）时机细分。例如，企业在春节、元宵节、中秋节等传统节日大做广告，以促进销售。

（2）利益细分。消费者往往因为各有不同的购买动机、追求不同的利益，所以购买不同的产品和品牌。企业可以根据消费者购买商品时追求不同的利益来细分消费者市场。

（3）使用者细分。许多商品的市场可以按照使用者情况，如非使用者、曾经使用者、潜在使用者、初次使用者和经常使用者来细分。

（4）使用量细分。许多商品的市场可以按照消费者对商品的使用量，如少量使用者、中量使用者、大量使用者来细分。

（5）品牌忠诚度细分。按照消费者对品牌的忠诚度，可以把所有的消费者细分为铁杆品牌忠诚者、有限品牌忠诚者、游移品牌忠诚者、非忠诚者。

(6) 待购阶段细分。在任何时候消费者都处在某种产品的不同购买阶段，有些根本不知道有这种产品，有些知道有这种产品，有些已得到信息，有些已经发生兴趣，有些考虑购买。企业对于处在不同购买阶段的消费者，必须采取不同的市场营销策略。

(7) 态度细分。消费者对产品的态度有热爱、肯定、感兴趣、否定和敌对。企业对持有不同态度的消费者应采取不同的市场营销措施。

(三) 市场细分的步骤

1.依据需求选定产品市场范围

每一个企业都有自己的任务和追求的目标，作为制定发展战略的依据。企业一旦进入一个行业，接着就要考虑选定可能的产品市场范围。产品市场范围应以市场的需求而不是以产品的特性来决定。如一家住宅出租公司打算建造一幢简朴的小公寓，从产品特殊性如房间大小、简朴程度等出发，可能认为这幢小公寓是以低收入家庭为对象的，但从市场需求的角度来分析，便可看到许多并非低收入的家庭也是潜在消费者。如有的家庭收入并不低，市区已有了宽敞的房子，但又希望在乡村有一套周末度假的房间，所以公司要把这幢小公寓看作整个住宅出租的一部分，而不应孤立地看成只是提供低收入家庭居住的房子。

2.列举潜在消费者的需求

选定产品市场范围以后，企业就可以从地理、人口、心理和行为几个方面，大致估算一下潜在的消费者有哪些需求。比如（接上例），这家住宅出租公司可能发现，人们对小公寓的基本要求包括：遮蔽风雨，停放车辆，安全，经济，设计良好，方便工作、学习与生活，不受外来干扰，足够的起居空间，内部装修雅致，满意的物业管理等。

3.分析潜在消费者的不同需求

然后，企业再根据人口变量做调查，向不同的潜在消费者了解，上述需求哪些对他们更为重要。比如（接上例），在校外租房的大学生，可能认为最重要的是遮蔽风雨，停放车辆，经济，方便工作、学习与生活等；新婚夫妇的希望是遮蔽风雨、停放车辆、不受外来干扰、满意的物业管理等；较大的家庭则要求经济、足够的起居空间等。这一步至少可以细分出三个细分市场。

4.去掉潜在消费者共同需求

共同的需求是设计和开发产品的基本要求，这只是产品的最低要求，去掉这些共同的需求后，企业就可以发现具有相互区别特征的需求类型，这些差别就可以成为设计产品和确定营销组合的依据。

5.为细分市场暂时取名

企业对各个细分市场剩下的需求要做进一步分析，并结合各个细分市场的消费者特点，暂时安排一个名称。

6.进一步认识各个细分市场的特点

接下来，企业还要对每一个细分市场的消费者需求及其行为做更深入的考察。看看对各个细分市场的特点掌握了哪些，还要了解哪些，以便进一步明确各个细分市场有没有必要再做细分，或重新合并。例如（接上例），经过这一步骤可以发现，新婚者与老年人的需求差异很大，应当细分为两个细分市场，对他们的广告宣传和人员销售的方式也应当不同。

7.测量各个细分市场的大小

以上步骤基本决定了各细分市场的类型，紧接下来企业还要在调查的基础上，确定各细分市场的购买量和在一定时期内可能形成的需求量的大小，这样才能最终根据企业的资源、实力、市场的竞争情况来选择目标市场。

二、目标市场选择

市场细分提示了企业面临的细分市场的机会，接着企业便对这些细分市场进行评估，并确定准备为哪些细分市场服务，也就是确定自己的目标市场。

（一）目标市场的条件

目标市场是那些既能发挥本企业优势，又能满足消费者需求，并能取得良好经济效益的产品销售市场。一般来说，目标市场形成的条件包括下列几个方面：

（1）消费者的数量足够并具有购买能力。这是形成目标市场的首要条件。

（2）消费者的需求还处在不满足状态。

（3）市场未被竞争者完全控制，甚至没有竞争者，市场竞争不激烈。

（4）本企业在这个市场领域具有明显的优势。

（5）社会、经济、政治、自然条件等方面的发展变化，能够给目标市场的不断扩展带来更多的有利条件，而不会造成障碍或突变。

（二）目标市场的评估和选择

市场细分后，企业面对着许多细分市场，究竟应当选择哪一个或哪几个作为自己的目标市场呢？这既要分析对比，更要有科学的选择步骤和程序。

一般来说，选择目标市场的步骤和程序为：

1.确定企业的营销目标

这是市场细分的基础，也是选择目标市场的前提。因为市场细分的目的在于寻找目标市场，而选择目标市场的实质就是要解决企业“生产什么？销售什么？为谁生产？销售给谁？”的问题。因此，企业必须首先确定从事何种产品的营销。

2.初步筛选

初步筛选可分两步进行：

（1）首先应当收集有关产品的消费者和用户情况，对现有或潜在的消费者和用户的特点进行分析，如谁是购买者？谁是使用者？产品如何使用？在哪里购买产品？为什么购买？

（2）将企业的实际条件和细分市场的特征及要求进行比较，以排除那些企业无条件进入和占领的细分市场，筛选出能够发挥企业优势的细分市场。

3.目标市场的评估

目标市场的评估主要是对细分出来的子市场的经济价值进行估计，包括对细分市场的容量和其在较长时期内的最大销售量进行评估，从中选出最有潜力和最有经济价值的细分市场。

4.确定目标市场

对目标市场进行评估后，还要结合企业的实际条件，估算出进入不同市场的成本和收益，这样就可以选定投资报酬率高、市场潜力大的细分市场作为企业的目标市场。

（三）目标市场策略

1.目标市场策略类型

（1）无差异市场营销策略。无差异市场营销策略是指企业在市场细分之后，不考虑各子市场的特征，而只重视市场的共性，决定只推出单一产品，运用单一的市场营销组合，力求在一定程度上满足尽可能多的消费者的需求。这种策略的优点是产品的品种、规格、款式简单，有利于标准化和大规模生产，有利于降低生产、存货、运输、研究、促销等成本费用。

但是，这种策略对于绝大多数产品并不适用，对于一个企业来说，也不宜长期使用。一是因为消费者的需求千差万别，并且不断变化，需求的差异性愈来愈大，一种产品长期被其所有消费者接受的情况极为罕见。二是因为采用这种策略获得成功以后，容易引起众多企业争相仿效追逐同一目标市场，会形成激烈竞争的市场局面，使企业难于保持已有的低成本优势。

（2）差异性市场营销策略。差异性市场营销策略是企业从许多细分市场中选择两个或两个以上细分市场作为目标市场，设计不同的产品，运用不同的市场营销组合方案，多方位、有针对性地开展有差异的营销活动，满足不同消费群体的需求。这种策略的优点是：①能够分别满足不同消费群体的需求，有利于企业扩大产品销售，在市场上站稳脚跟。②可以使企业同时在几个细分市场上占有市场份额，有利于树立企业的良好形象，使消费者在心目中觉得企业能够及时了解他们的需求并能生产出称心如意的产品，从而提高消费者对企业产品的依赖程度和偏爱程度。③可以减少企业经营的风险，在市场竞争中有更大的回旋余地。

但是，这种策略也并非任何企业、任何时候都可以采用。因为实行差异性市场营销策略，必然会使产品品种、销售渠道、市场调研、广告宣传等不断扩大和多样化，生产成本、科研费用、推销费用等也大幅度增加，因此需要企业有比较雄厚的财力、物力和技术力量，以及素质较高的营销人员等。这就使得相当一部分企业特别是势单力薄的小型企业无法采用这种策略，同时也制约着企业大量采用这种策略，卷入太多的细分市场。

（3）密集性市场营销策略。密集性市场营销策略是指企业集中全部力量，以一个或少数性质相同的子市场作为目标市场，实行专业化生产和销售，使企业在一个较小的市场上得到较大的市场占有率。

密集性市场营销策略主要适用于资源力量有限的中小型企业，因为它们在整体市场上无力与大企业抗衡，而集中力量专门经营大企业忽视的某个细分市场，就可以使自己获得以下三个方面的好处：①有利于企业集中使用自己有限的资源，在特定的细分市场获得领先地位，发挥更大的作用，增加企业的盈利。②可以使企业避实就虚，扬长避短，发挥自己的优势，迅速占领市场，扩大生产，提高企业与产品的知名度。③采用这种策略的资金占用少，周转快，广告专一，成本低，能够取得较好的经济效益，因而这种策略常常成为小企业战胜大企业、新企业战胜老企业的有效策略。

但是，采用密集性市场营销策略往往潜伏着较大的风险，因为它的目标市场比较单一和狭小，一旦市场发生某种突变，企业就会因为没有回旋的余地而立即陷入困境。因此，采用这种策略的企业，必须对特定的目标市场十分熟悉和了解，产品的生产技术和经营措施必须是独创的或处于领先地位的，同时还要密切注意市场动向，制定适当的应急措施，以求进退自如。

观念应用3-2 雀巢公司的差异性目标市场策略

瑞士雀巢公司为了适应不同消费者的口味，针对四种消费者制作了四种咖啡：专门为特殊口味的人士制作的金牌咖啡；为嗜好重口味的人制作的特浓咖啡；为满足爱喝咖啡却嫌弃咖啡因的人制作的不含咖啡因但又保留咖啡原味的特制咖啡；用玉米糖、植物油、乳脂等制作的咖啡知己，冲在咖啡中，让人感到甜润适口，适于那些喝不惯苦涩咖啡的人饮用。

2.选择目标市场策略类型的决定因素

企业究竟应当使用哪一种策略去开拓市场，不能主观臆断、随心所欲，必须充分考虑以下几个方面的因素：

（1）企业资源能力。如果企业实力雄厚，管理水平较高，根据产品的不同特征可以考虑采用差异性市场营销策略或密集性市场营销策略，以便充分发挥自己的优势。如果企业资源不足，最好采用密集性市场营销策略，这样可以更有效地使用有限的资源，取得良好的经营效果。

（2）产品特点。如果产品特性差别不大，如大米、面粉、食盐、水泥等，消费者或用户一般都很熟悉，其需求偏好和销售方式也大致相同，其竞争主要集中在价格、质量、服务上，因此比较适合采用无差异市场营销策略。如果是品种、规格、性能复杂，需求变化较大的产品，如汽车、机械设备、家用电器、服装、玩具等，消费者在选购时会注意产品的特征、功能、价格等，所以适宜采用差异性市场营销策略或者密集性市场营销策略。

（3）市场特点。如果消费者的市场需求和爱好比较接近，购买行为对销售的要求没有大的差别，就可以采用无差异市场营销策略。相反，如果市场需求差异性大，消费者挑选性又强，就可以采用差异性市场营销策略或密集性市场营销策略。另外，如果市场上商品供不应求，消费者只求数量满足，不讲究质量和花色品种，就可以采用无差异市场营销策略。如果是相反的情况，企业就必须采用差异性市场营销策略或密集性市场营销策略。

（4）产品生命周期。一般来说，新产品刚上市，竞争对手少，品种比较单一，可以采用无差异市场营销策略，以便探测市场需求和潜在消费者。当产品进入成熟阶段，市场竞争加剧，就应改为差异性市场营销策略，以利于开拓新市场，尽可能扩大销售，或者实行密集性市场营销策略，以设法保持原有市场，延长产品生命周期。

（5）竞争对手的营销策略。如果竞争对手实力强大，并且已经实行了无差异市场营销策略，一般来说，可以反其道而行之，采用差异性市场营销策略，以提高产品的竞争能力。如果竞争对手已经采用差异性市场营销策略，则应当顺其道而行之，进一步进行市场细分，实行差异性更大的市场营销策略或密集性市场营销策略，去争夺更有利的细分市场。当然，如果竞争对手力量较弱，也可以考虑使用无差异市场营销策略。

三、市场定位

企业在选定目标市场和开拓目标市场的市场营销策略以后，还需要制定一个切实可行的市场定位策略。它是占领市场、取得立足点的重要环节。

（一）市场定位的含义

所谓市场定位，就是企业为了实现特定的经营目标，根据目标市场上的需求特点、竞争情况和企业自身条件等，为企业及其产品在目标市场上确定一个适当的位置，以在目标消费者心目中树立起某种形象或个性特征的过程。这种特征可以是物质的或有形的，也可以是心理的或无形的，如高档、优质、价廉、服务周到、技术领先、讲信誉等。

（二）市场定位的方法和步骤

市场定位的关键是企业要设法在自己的产品上找出比竞争对手更具有优势的特征。这个过程可以通过以下步骤来完成：

1.确认本企业潜在的竞争优势

这个步骤的中心任务是要回答以下三个问题：竞争对手的产品定位如何？目标市场上足够数量的消费者欲望满足程度如何以及还需要做什么？针对竞争者的市场定位和潜在消费者的真正需求，本企业应该和能够做什么？通过回答上述三个问题，企业就可以从中把握和确定自己的潜在竞争优势。

2.准确地选择相对竞争优势

相对竞争优势表明企业能够战胜竞争对手的能力。准确地选择相对竞争优势的方法通常是分析比较企业与竞争对手在下列七个方面的强弱：经营管理方面、技术开发方面、采购方面、生产方面、市场营销方面、财务方面、产品方面。通过对上述方面的比较分析，选出最适合本企业的优势项目。

3.明确显示独特的竞争优势

这个步骤的主要任务是通过一系列的宣传促销活动，将其独特的竞争优势准确地传播给潜在消费者，并在消费者心目中留下深刻的印象。

（三）市场定位策略

1.根据产品价格和质量定位

这通常有四种定位模式：优质高价、质次高价、优质低价、质次低价。

2.根据产品用途定位

同一产品可能有不同用途，如石膏，用作装饰板，则定位为建材产品；用作化妆品原料，则定位为日用化工产品；用作治疗骨折的石膏夹板，则定位为医疗产品。

3.根据消费者或用户习惯定位

例如，啤酒可定位为高级饮料和普通饮料，高级饮料可用易拉罐或造型考究的瓶装，普通饮料可用普通玻璃瓶装。

4.根据产品特征定位

例如，矿泉水汽水可宣传“含有多种对人体有益的元素”，从而区别于其他汽水，以便进行差异性市场营销策略。

5.根据产品的利益定位

例如，空调可以针对不同的特点，如有的省电、有的噪音低、有的制冷速度快、有的功率大等，分别在不同消费者中建立稳固的形象。

6.根据竞争状况定位

这主要有三种形式：①避强定位，即避开比本企业强的竞争对手的市场定位。②迎头定位，即与竞争对手“对着干”的市场定位。③重新定位，指对销路不畅、市场反应差的产品进行二次定位。

第三节 市场营销组合

企业在确定了目标市场并进行了市场定位后，就要设计正确的市场营销组合方案，以便达到企业预期的目标。

一、市场营销组合的定义、构成

市场营销组合是指企业为满足目标消费者的需要，实现企业的经营目标，针对目标市场的特点而对可控制的变量加以组合。

市场营销组合中所包含的可控制的变量很多，可以概括为四个基本变量，即产品（product）、价格（price）、渠道（place）、促销（promotion），简称4Ps。

二、产品策略

产品是营销组合中的关键变量，是营销组合策略的出发点。

（一）产品的整体概念

现代市场营销学认为，产品是能提供给市场，用于满足消费者某种欲望和需要的任何事物，包括实物、服务、场所、思想、主意或计谋等。产品是一个复杂的综合体，是整体产品。

产品整体概念包括三个基本层次，即核心产品、形式产品、附加产品。

1.核心产品

它是消费者购买某种产品时所追求的最基本的效用或利益，是消费者真正要购买的东西，因而也是产品整体概念中最基本、最主要的部分。

小思考3-4

消费者真正想要购买的东西是什么？

美国企业家查尔斯·雷维逊说过：“在工厂，我们生产化妆品；在商店，我们销售愿望。”这句话给我们什么启示？

答案：消费者购买化妆品是为了满足使自己变得更漂亮的愿望，而不是化妆品本身。企业在向市场提供产品时，要首先考虑消费者购买商品时所追求的核心利益。

2.形式产品

它是核心产品的载体，是核心产品借以实现的形式，主要指向市场提供的产品的外观形态及其主要特征，是消费者识别和选择产品的主要依据。它包括产品的质量、外观、式样、品牌、包装等几个方面。

3.附加产品

它是人们在购买产品时所考虑的全部附加服务和利益总和，如提供信贷、免费送货、质量保证、安装维修、销售服务、技术咨询和说明书等。

（二）产品策略类型

1.产品组合策略

企业生产全部产品的结构即产品的范围，称为产品组合。企业产品组合的一般形式有：①行业全面型，即向任何用户提供所需要的任何产品。②市场专业型，即向某专业市场（或某类用户）提供所需要的各种产品。③产品线专用型，即企业专注于某一类产品的生产，并将该产品提供给任何用户。④有限产品线专用型，即企业根据自己的专长和条件，集中经营有限的甚至单一的产品线。⑤特殊产品专用型，即企业根据自己的专长，生产某些具有较好销路的特殊产品项目。

2.产品品牌策略

品牌是用于识别产品或服务的名称、术语、符号、象征、设计或是它们的组合。它包括品牌名称、品牌标志和商标。

企业在使用品牌策略时，一般可以做出以下几种选择：①是否使用品牌，即品牌化策略。使用品牌无疑对企业有许多好处，但也意味着企业要承担相应的责任，如要保持产品质量稳定，要进行宣传等。如果企业无力实现这些承诺，就不必使用品牌。②使用谁的品牌，即品牌使用者策略。企业可以使用制造商品牌、中间商品牌或混合使用制造商品牌和中间商品牌。③使用多少品牌，即品牌数量策略，可供选择的策略有个别品牌策略、统一品牌策略、分类品牌策略。④品牌延伸策略，即企业利用其成功品牌的声誉来推出改进产品或新产品的策略。它有纵向延伸和横向延伸两种做法。⑤多品牌策略，即企业对同一产品使用两个或两个以上品牌的策略。

3.产品包装策略

包装指产品的容器或包装物及其设计装潢。常用的包装策略有以下几种：①类似包装策略，即企业对其所生产的各种不同产品，在包装上采用一些相同的图案、色彩或其他共同特征，使消费者容易发现是一家的产品的策略，如可口可乐的包装。②配套包装策略，即将多种相关联的产品配套放在一个包装物内销售的策略，如化妆盒、家用药箱等。③再使用包装策略，即包装内产品使用完后，包装物本身可以回收再用或消费者可以用作其他用途的策略。④附赠品包装策略，即在包装物内附有赠券、物品，以吸引消费者购买的策略，如在儿童食品中附赠小玩具。⑤改进包装策略，即当某种产品销路不畅或长期使用一种包装时，企业可以改进包装设计、包装材料，通过使用新的包装，使消费者产生新鲜感，以达到扩大销售目的的策略。

4.产品生命周期策略

产品生命周期是产品从试制成功、投入市场开始直到产品被市场淘汰，最终退出市场为止所经历的全部时间。它一般可以分为四个阶段：导入期、成长期、成熟期、衰退期。每个阶段具有不同的特点，应采用不同的营销策略。

（1）导入期。导入期是指新产品首次上市的最初销售阶段。这时产品处在发展初期，还存在各方面的不足。如由于产品技术不够稳定，不能批量生产，制造成本高；为了扩大销路，广告费和各种促销费都很高；销售渠道不畅，销售量增长缓慢；同类产品的生产者较少，竞争不激烈，市场关注度低，消费者对产品了解少，销售量很低，利润也很低甚至为负值。因此，在这一阶段，企业在营销策略上要突出一个“快”字，企业必须把销售力量只投向最有可能的购买者，促使产品尽快进入成长期。

（2）成长期。在这个阶段，产品设计基本定型，技术性能逐步完善，消费者对该产品已经熟悉，消费习惯亦已形成，销售量迅速增长，企业利润迅速增加。随着销售量的增大，生产规模也逐步扩大，产品成本逐步降低。但这时竞争者也大量加入，竞争加剧。因此，在这一阶段，企业在营销策略上要突出一个“好”字，即在保证产品质量的基础上提高产品品质等，切忌因产品畅销而急功近利，粗制滥造。具体来说，企业可以采用的策略有改善产品品质、扩展新市场、改变广告宣传的重点、调整产品价格等。

（3）成熟期。成熟期是指产品进入大批量生产，而在市场上处于竞争激烈的阶段。这时的市场需求量逐渐趋于饱和，产品的销售量增长缓慢，逐步达到最高峰，然后开始下降；生产批量很大，生产成本降到最低限度；产品的销售利润也开始下降；市场竞争日益加剧。在这一阶段，企业在营销策略上要突出一个“改”字，包括三个方面：①市场改良，即在不改变产品本身的情况下，去发现和寻找产品的新用途与新的消费者，以扩大产品销售。②产品改良，即通过产品自身的改变来满足消费者的不同需求，以扩大产品销售。③市场营销组合改良，即通过改变市场营销组合的变量，刺激销售，延长产品的成长期和成熟期。

（4）衰退期。衰退期是指产品已渐老化，转入更新换代阶段。这时消费者需求发生改变，转向其他产品；已有新产品进入市场，逐渐代替老产品；产品的销售量迅速下降，甚至出现积压；市场竞争表现为价格竞争，企业获利很少，甚至亏损。在这一阶段，企业在营销策略上要突出一个“转”字，即在适当时间退出市场，转向其他产品的开发、生产。

小知识3-2 **以销售增长率来判断产品的生命周期**

国外的一些营销学者提供了界定产品生命周期各阶段的经验数据：在导入期，销售增长率不稳定小于10%；销售增长率大于10%时进入成长期；销售增长率在-10%和10%之间为成熟期；如果销售增长率小于-10%，则进入衰退期。

三、价格策略

价格是市场营销组合中十分敏感而又难以控制的变量，直接关系到市场对产品的接受程度，影响着市场需求和企业利润的多少，涉及生产者、经营者、消费者等各方面的利益。

（一）影响企业定价的因素

1.商品的价值

商品的价格是价值的表现形式，而商品的价值是价格的基础，是价格的实质。所以，在商品定价时，必须考虑商品的价值。

2.市场供求状况

市场供求状况是决定企业产品价格的基本因素。当供大于求时，价格会下降；反之，则会上升。衡量需求变动对价格的灵敏度是需求价格弹性系数。

3.竞争者行为

价格是竞争者关注的焦点和竞争的主要手段。任何一次价格制定与调整都会引起竞争者的关注，并导致其采取相应的对策。

4.定价目标

定价目标有很多，如以最大利润为目标、以合理利润为目标、以市场占有率为目标、以应付竞争者为目标等。不同的定价目标就会产生不同的产品价格。

5.产品成本

产品成本是影响产品价格的主要因素。

6.政府干预

每个国家都会有一些约束企业定价行为的经济法规。这种约束反映在定价的种类、价格水平等方面。

（二）定价方法

1.成本导向定价法

这是一种以产品的成本为中心的定价方法。其主要理论依据是：在定价时，要考虑收回企业投入的全部成本，再考虑获得一定的利润。

2.需求导向定价法

这是一种以需求为中心的定价方法。它依据顾客对产品价值的理解和需求强度来制定价格，而不是依据产品的成本来定价。其特点是灵活有效地运用价格差异，对平均成本相同的同一产品，价格随需求的变化而变化。当需求强度大时，定高价；反之，则调低价格。这种方法综合考虑了成本、产品的生命周期、市场购买能力、顾客心理等因素。

3.竞争导向定价法

这是一种以竞争者的售价作为企业定价依据的一种方法。采用这种方法，要分析竞争者的产品价格、质量、性能、服务和声誉等情况，对照企业的实际情况，通过比较来制定价格。

（三）定价策略

1.新产品定价策略

（1）撇脂定价策略，是一种高价格策略。在新产品上市初期，价格定得很高，以便在较短的时间内获得最大利润。这种定价策略因类似于从牛奶中撇取油脂而得名。

（2）渗透定价策略，是一种低价格策略。在新产品上市初期，价格定得很低，以使顾客容易接受，很快打开和占领市场。

（3）满意定价策略，是一种介于撇脂定价策略和渗透定价策略之间的价格策略。这种定价策略因能使生产者和顾客都比较满意而得名。

2.折扣定价策略

这种策略是指企业为了鼓励顾客及早付清货款、大量购买、淡季购买，或鼓励渠道成员积极推销本企业的产品等，而在基本价格的基础上按一定的折扣率给予优惠的定价策略，通常有现金折扣、数量折扣、交易折扣、销售折扣和分期付款等。

3.心理定价策略

这是一种根据顾客心理需求所采用的定价策略。运用心理学的原理，根据不同类型顾客在购买产品时的不同心理需求来制定价格，以诱导顾客产生购买行为。它包括整数定价、尾数定价、声望定价、幸运数定价和分级定价等。

4.差别定价策略

这种策略是指企业可以按照两种或两种以上不反映成本费用的比例差异的价格销售某种产品或服务的定价策略。它主要有四种形式：顾客差别定价、产品形式差别定价、地理位置差别定价和销售时间差别定价。

四、渠道策略

销售渠道也叫分销渠道，是指产品从生产者向最终用户（或消费者）移动过程中所经过的各个环节，或企业通过中间商到最终用户的全部市场营销结构。

（一）销售渠道的类型

目前的产品销售渠道大致可分为以下三种类型：

（1）直接销售渠道，即生产者直接将产品销售给消费者，是一种没有任何中间环节的产品所有权转移的销售渠道。

（2）间接销售渠道，即生产者通过中间环节将产品销售给消费者的一种销售渠道。中间环节一般是指批发商和零售商（代理商）。根据所加入的中间环节的多少，还可分为一级渠道、二级渠道、三级渠道。

（3）代销渠道，即生产者和消费者之间有代理商为之服务的一种销售渠道。它既不同于直接销售渠道，又不同于间接销售渠道。它与生产者之间并不是买卖关系，在商品流通中只接受客户的委托，办理代购、代销、代储、代运、代存等业务，以佣金或手续费方式赚取报酬，没有商品的所有权，如各类贸易中心、贸易信托公司以及其他形式的商业代理机构。

（二）选择销售渠道的策略

（1）销售渠道长短的选择。销售渠道长短的选择，主要考虑产品、市场和企业三大因素：①产品因素。单价较低、体积较小、款式变化较慢、容易运输储存的产品，或构造不过于复杂的产品，应选择长渠道；反之，则选择短渠道。②市场因素。产品市场销路广、顾客分散、距离生产企业较远的，顾客需要经常购买或日常必用的，市场季节性不明显或需求不集中的，均适宜选择长渠道；反之，则选择短渠道。③企业因素。资金力量薄弱、销售力量不足或没有必要建立自己的销售系统的，没有能力或没有必要直接为最终用户提供较多服务、必须依靠中间商扩大市场的，以及从经济上分析认为使用中间商更为有利的，均适宜选择长渠道；反之，则选择短渠道。

（2）销售渠道宽窄的选择。销售渠道的宽窄是指商品流通所使用的销售窗口的多少。宽的销售渠道就是使用较多的销售窗口，即利用较多的批发商和大量的零售商，使产品在广泛的市场上销售。窄的销售渠道就是使用较少的销售窗口，即利用较少的批发商和零售商，使产品在有限的市场上销售。渠道策略一般有如下三种形式可供选择：①广泛性营销渠道策略，即大量利用中间商，把销售网点广泛分布在市场的各个角落，适用于日常消费品和工业品中的经常耗用品。②选择性营销渠道策略，即企业在市场上选择一部分中间商来销售自己的产品。③独立性营销渠道策略，即企业在特定的市场上仅选一家批发商或零售商经销其产品，批发商或零售商在其各自的区域内，享有独家销售该公司产品的权利。

补充阅读资料3-1

O2O变化：电商渠道压制传统渠道的日子一去不复返了？

O2O，百度百科是这样解释的：O2O即online to offline（在线到离线/线上到线下），是指将线下的商务机会与互联网结合，让互联网成为线下交易的前台。O2O的概念非常广泛，只要在产业链中既可涉及线上又可涉及线下，就可通称为O2O。在国内O2O行业中电商无疑是一直占据优势、高速增长的，而传统渠道相对不景气的情况引起传统渠道商的焦虑。

在国内，零售业总共发生过四次较大变化，从百货、超市、垂直连锁一直到现在的电子商务，每次变化都让零售业态产生强大冲击。其中很典型的产业就是家电，从最开始的日用百货到以家乐福、沃尔玛等为代表的连锁超市，再到苏宁、国美等这种垂直连锁，最后则是京东商城等。根据历史发展来看，零售业的每次大变迁都能让新进入者获得短时期的商业模式红利。

近年来，电商销售额不断攀升，但实现盈利的电商平台却凤毛麟角。这是因为电商主要是靠价格战来抢占市场的，甚至为了扩大规模成为很多品牌企业去清理库存商品的“下水道”，但这种规模和盈利之间的“囚徒困境”让电商平台的未来依然迷茫。此外，线上营销成本高正使得线上线下成本趋同，线上成本优势红利在逐渐远离。

有个不愿意透露姓名的线下零售商对网易科技表示：“当年电商平台之所以能够强势崛起是因为线下零售环节做得不够好，但现在电商平台对用户的挖掘已经进入瓶颈了，如果想继续发展，必须借助线下零售的地面优势。”

这正是电商平台寻求线下零售渠道的根本原因。

未来，大多数供应商将意识到多渠道会让自己有更多的选择空间。随着社交技术的发展，供应商直接接触消费者的能力将进一步变强，受到电商平台、传统渠道的挟制将越来越少，在未来的零售业态中，必将是传统渠道、线上渠道以及供货商自建三方共存的模式。

资料来源 佚名. O2O变化：电商渠道压制传统渠道的日子一去不复返了？[EB/OL].（2014-06-16）[2019-01-06]. http://www.docin.com/p-834851522.html. 节选.

五、促销策略

促销是促进销售的简称。它是企业运用各种手段，沟通生产者和消费者之间生产和消费的信息，影响和帮助消费者认清购买某种产品或劳务所带来的益处，或者促使消费者对企业及其产品产生好感和信任，从而引起消费者的兴趣，激发消费者购买欲望和购买行为的活动。

（一）促销方式

促销方式主要有两种：人员促销（包括利用推销员和销售服务机构）和非人员促销（包括广告、营业推广和公共关系等）。

（二）人员推销的基本形式和策略

人员推销的基本形式有上门推销、柜台推销和会议推销。

人员推销策略的种类很多，主要有以下几种：

（1）试探性推销策略，是在推销人员不了解消费者需求的前提下，通过事先设计好的能引起消费者兴趣的言辞、图片、条件和行动，刺激消费者购买欲望的一种推销策略。

（2）针对性推销策略，是在推销人员已基本了解消费者需求的前提下，通过事先设计好针对性强、投其所好的推销语言和措施，促使消费者产生购买行为的一种推销策略。

（3）诱导性推销策略，是推销人员诱使消费者变潜在需求为现实需求，从而采取购买行为的一种推销策略。

（三）非人员促销的基本形式和策略

1.广告策略

广告是企业以说明的方式（包括口头、文字、图画等）对产品或劳务销售做公开宣传。广告促销的作用主要有传递信息、激发需求、介绍产品信息、引导正确消费。广告策略主要有广告组合媒体策略、广告信息策略、广告配合生命周期策略、广告产品定位策略和广告实施时间策略等。

2.营业推广策略

营业推广是指除人员推销、广告、公共关系之外能有效地刺激消费者购买，提高交易效率的种种促销活动。它包括的范围较广，如陈列、展示和展览会、示范表演和演出以及种种非常规的、非经常性的推销活动。它一般用于暂时的或额外的促销活动，是人员推销和广告推销的一种补充。营业推广可分为对消费者的推广、对中间商的推广、对制造商的推广和对推销人员的推广。

3.公共关系策略

公共关系是指企业有计划地、持续不懈地运用沟通手段，争取内部和社会公众的信任与支持，树立企业良好的形象和信誉，为自身发展创造最佳的社会关系环境时所采取的一系列科学策略和行动。企业利用公共关系促销的主要方式有新闻宣传、建立广泛的联系、赞助和支持公益活动等。

补充阅读资料3-2

4Cs营销理论

4Cs营销理论（the marketing theory of 4Cs）也称“4C营销理论”，是由美国营销专家劳特朋教授在1990年提出的、与传统营销的4P相对应的4C理论。它以消费者需求为导向，重新设定了市场营销组合的四个基本要素，即消费者（consumer）、成本（cost）、便利（convenience）和沟通（communication）。它强调企业首先应该把追求消费者满意放在第一位；其次是努力降低消费者的购买成本；再次要充分注意到消费者购买过程中的便利性，而不是从企业的角度来决定销售渠道策略；最后还应以消费者为中心实施有效的营销沟通。

本章小结

市场营销是企业经营管理的一项重要职能。市场营销活动是在一定的市场营销观念指导下进行的。市场营销观念的演变过程大体可以划分为两大阶段：传统的市场营销观念和现代的市场营销观念。

企业的营销活动必然受到各种环境因素的影响。营销环境主要包括微观环境和宏观环境。

企业如果想在市场营销活动中取得成功，必须了解、分析消费者的不同需求情况，选择自己的目标市场，而选择目标市场的前提是进行市场细分。市场细分要根据一定的细分变量来进行，并且遵循一定的步骤。

企业要对细分市场进行评估，确定自己的目标市场。企业在目标市场上如何营销，可有三种策略：无差异策略、差异性策略、密集性策略。

市场定位是企业根据目标市场上的需求特点、竞争情况和企业自身条件，为企业及其产品在目标市场上确定一个适当的位置。准确的市场定位能增强产品竞争力。

企业在确定了目标市场并进行了市场定位后，就要设计正确的市场营销组合方案。市场营销组合可以概括为四个基本变量，即产品（product）、价格（price）、渠道（place）、促销（promotion），简称4Ps。

主要概念与观念

主要概念

市场营销　市场细分　市场定位

主要观念

市场营销观念的演变　目标市场策略　市场营销组合的设计

基本训练

知识题

简答题

1. 市场营销观念是如何形成和演变的？各种不同的市场营销观念各有什么特点和适用条件？

2. 什么是产品生命周期？产品生命周期各个阶段的特点及其营销策略是什么？

3. 选择销售渠道的策略有哪些？

知识应用

联系实际谈谈企业进行市场细分的作用。

技能题

1. 企业的营销环境包括哪些？请联系某一企业的实际分析环境对企业的影响，并提出企业应对环境威胁的策略。

2. 市场细分的标准有哪些？试分析消费者对房产需求的标准主要有哪些。

能力题

案例分析

"奥希维康"：打造中国硒品牌

江西川奇集团股份有限公司成立于1993年，位于江西省南昌市国家高新技术开发区，占地面积80 000平方米，是一家从事药品与保健品研发、生产和销售的高新技术企业。2014年，公司主营业务总收入超过1.2亿元，是目前江西药品和保健品研发与制造的领军企业。集团旗下的江西川奇药业有限公司（以下简称川奇公司）现已开发生产了30多个门类的"国食健字"保健食品。川奇公司凭借自主研发的L-硒-甲基硒代半胱氨酸产品成为江西省第一个拥有自主知识产权产品的保健品企业，并成功打造出以L-硒-甲基硒代半胱氨酸为原料的硒补充剂——"奥希维康"。

川奇公司以打造"中国硒第一品牌"为发展愿景，以"世人健康，川奇天职"为企业文化，践行"质量求生存，科研求发展，品牌为引领"的经营理念，赢得了广大消费者的信赖和社会赞誉，被评为江西省"3·15"诚信品牌建设单位。

20世纪80年代末到90年代初，太阳神口服液等保健品一炮打响，拉开了我国保健品行业发展的序幕。全国的保健品企业从不到100家迅速发展到3 000家，年产值从不到16亿元大幅上升到300多亿元。全行业迎来了发展的第一个黄金时期。这对于当时毅然放弃国企的平稳待遇而下海经商的孙总来说，无疑是一个巨大的机会。1993年，孙总将创办一年的川奇食品饮料厂改名为川奇保健品厂，并决心采取“短平快”的战略，抢占商机。

然而，随着1996年“三株常德事件”的爆发，我国保健品行业出现全面疲软。在充斥着大量虚假广告和恶性竞争的市场中，消费者对保健品也越发不信任。没有名气的中小型保健品企业更是举步维艰。保健品市场的萎靡、弥漫的品牌信任危机以及日益激烈的竞争使孙总无所适从。特别是听到消费者质疑自家的保健品时，孙总心里不是个滋味。面对严苛的市场监管体系和竞争对手的抄袭，作为老板的孙总深知唯有开发拥有知识产权的产品才有一线生机。

在苦恼之际，妻子无意间提醒孙总吃安眠药让他恍然大悟。“对啊，制药就是最安全、最踏实的行业。”孙总越想越激动，觉得转型制药大有可为。第二天，孙总便迫不及待地把自己的新想法与公司的领导层商量。最终，孙总成功说服领导层实施药品和保健品“两条腿走路”的转型发展战略。

通过大量的走访调研，孙总发现，资金薄弱和规模偏小，迫使很多保健品企业首先要求得生存，然后才能够有充足的资金和精力投入科研开发与产品生产。目前许多企业都是“一个产品打天下”，但发达国家的保健品企业都非常注重新产品的研发创新。面对外资企业的强势猛攻和国内企业缺乏技术创新、消费者品牌忠诚，又急功近利做市场的局面，孙总意识到唯有用科研技术创新做强企业才能成功，否则不管几条腿走路都将失败。下定决心做药品的孙总首先收购了江西医药集团旗下的光华制药厂，全面展开制药业务。他一方面建设药厂，狠抓药品和保健品的质量；另一方面建立并完善全面质量管理体系，用制度保障生产合格的产品。川奇公司制定了符合其所在行业特点的质量方针和目标，并于2004年先后通过了国家食品药品监督局的GMP认证和江西省出入境检验检疫局的《进出口食品卫生注册》认证。

然而在当时的政策环境下，开发新的保健品从功能性实验到拿到证书可能要花3年时间。短短的3年却是一个企业发展的瓶颈，这让孙总如鲠在喉。2002年，研发团队在开发一个具有排铅功能的保健品时发现了排铅最好的物质——有机硒。在仔细了解有机硒的市场情况后，孙总仿佛看到了公司未来发展的蓝图，感觉有机硒提取技术正是当前公司发展面临的巨大机遇，说不定能一举成为中国第一家合成有机硒的公司。3个月的时间，孙总跑遍了全国各大高校科研机构，寻找专业的研究团队进行研发。然而得到的回复却出奇相似，“目前中国还没有谁可以做出有机硒来”。也是机缘巧合，心灰意冷的孙总在返程的飞机上碰到老朋友杨教授，杨教授表示自己刚刚成立的一个拥有7个化学博士的国家重点实验室愿意一试。孙总仿佛抓住了救命稻草，当即拍板启动该项目。这期间，川奇公司坚持与高校合作，共同成立了集教学、科研为一体的实习基地，并与中国科学院、中国军事医科院及美国、日本的科研团队保持长期的沟通，实时掌控保健品科技创新的第一手资讯。凭着孙总不屈不挠的精神和研发团队日复一日的努力，终于成功地将有机硒的提取纯度从20%提高到了99.9%。

有了有机硒提取专利技术和国家生产许可证，接下来便要投入生产，进行产业化。依托川奇公司强大的GMP生产线、完善的质量管理体系和高素质的科研团队，历经3年的不懈努力，终于打造出了具有自主知识产权的功能性保健食品“奥希维康”。该产品为国内独创，具有增强免疫力、辅助降血糖、保护化学性肝损伤、促进排铅、缓解视疲劳、提高缺氧耐受力等多种功能，是一种安全而极易吸收的小分子氨基酸片剂。川奇公司围绕“打造中国硒第一品牌”的发展愿景为起点的品牌化体系，从品牌定位、品牌个性、视觉符号支持功能、市场认知和情感链接等方面构筑“奥希维康”品牌体系，通过整合营销传播形成品牌联想。川奇公司将产品命名为“奥希维康”，取自维护健康之意。产品上市两年来，形成了稳定性高、毒性低、生物活性强、代谢机理清楚的市场认知。公司前期推广采用人员推销方式，派出多名经验丰富的销售人员进行大规模直销，同时也为顾客提供专业的保健品咨询服务，使顾客增加获得感而自愿保持良好的关系。

在多年的保健品生产销售过程中，孙总深知，“如果‘奥希维康’能作为一种常备的东西，让消费者理所当然地选择它作为自备或送人的好东西，那么它的销量将超乎想象”。早就怀揣自建营销网络想法的孙总拜访了各省级经销商。他发现刚起步做市场、经济实力和市场运作能力较一般的经销商，非常需要大公司的支持。于是，川奇公司决定在每个省只选择一个经销商。这样既可以防止区域窜货的发生，又能够有效地对各地经销商进行监管，形成覆盖全国市场的营销网络。

川奇公司在产品推广中发现，产品品牌和企业品牌两者是相辅相成的。如果企业没有名，产品也会大打折扣。对于这方面，孙总有着自己的规划。“川奇公司的企业品牌推广是需要火候的。当企业有了上市的公信力，且整个产品线的质量得到保证，营销推广才是最有效的。”在“奥希维康”逐渐站稳脚跟后，孙总打算在新浪网、腾讯网、中央电视台等主流媒体上投放广告，并以企业名义赞助娱乐节目和足球、女排等体育赛事，凸显企业品牌形象。川奇公司还将投身于公益事业，成立有机硒的健康基金，惠及更多百姓。

初夏的周末，忙碌了一天的孙总拉开办公室的窗帘欣赏着窗外的美景。如今的他更多的是从容和淡定。孙总坚信，下一个20年将是川奇公司发展的黄金时代！

资料来源 江西师范大学商学院《经济管理教学案例集》编委会. 经济管理教学案例集［M］. 北京：经济管理出版社，2016.

问题：

1.试析川奇公司每个发展阶段的动因和历程。

2.川奇公司是如何依托核心产品进行品牌体系构建的？

3.你对川奇公司依托产品塑造公司品牌的战略有什么建议？

第四章　生产管理

学习目标

认识生产管理的发展及在企业中的作用；掌握组织生产过程空间组织和时间组织的原则；了解生产管理中计划的作用及实施方法；了解实施设备管理和设备维修的基本方法与要求。

第一节　生产管理的概念和内涵

一、生产管理的概念

现代企业经营管理涉及面非常广泛，如战略、营销、财务、生产、供应库存、产品开发、人力资源等很多方面。但是无论是哪一类企业，生产管理仍然居于企业的重要部分。因此，任何管理者都必须好好学习和掌握生产管理知识。

在研究生产管理的理论和方法之前，我们有必要把与生产管理有关的基本概念及它们之间的关系做一说明。

生产是指人们创造产品和服务的有组织的活动。生产管理是指组织为实现一定的目标，有效利用资源，对组织创造产品和服务的过程进行系统的管理。

企业管理最初是由生产管理发展起来的，随着社会的发展，生产管理已经不仅仅局限于企业的制造作业，也开始应用于服务性企业。企业之间竞争的加剧，使企业必须从战略的高度对生产进行管理。而服务业的兴起，使生产和生产管理的概念得到延伸与发展。研究有形产品制造的“生产管理（production management）”一词逐渐演变为研究有形产品和无形产品制造的“生产与运作管理（production and operation management）”，进而演变为研究创造社会财富的“运作管理（operation management）”。由于在中文里，一切创造财富的活动都称作“生产”，它既包括有形产品的生产，也包括服务等无形产品的生产，所以在此我们统一用“生产”和“生产管理”来表示上述概念。

小思考4-1

服务业的生产与有形产品的生产相比有何特点？

答案：服务业生产的特点有：①无形、不耐久；②不能保存，生产与消费基本同时发生；③顾客与服务接触频繁；④响应顾客需求周期短；⑤主要服务于本地有限区域；⑥设施规模一般较小；⑦服务质量难以衡量。

二、生产管理的内涵

（一）生产管理在企业中的地位

一般来说，企业管理有营销管理、生产管理、财务管理三大基本职能。这三大职能和其他一系列职能相互联系又相互作用，缺一不可。营销管理是企业生存和发展的航标灯，营销管理工作做不好，企业立刻驶入危险的境地；营销管理工作做好了，企业的生产等各项工作才有前进的方向。生产管理是企业发展的基础，企业要想满足市场的需求，输入转换为输出的工作必须保质保量按时完成；否则，将无以为继。企业在开展营销、生产等一系列工作时，必须依靠财务部门（编制预算、财务评估、筹措资金等）的配合，进而涉及人力、技术、信息等方面，企业生产管理中的各个部门、各个环节乃至整个生产过程都需要其配合。

（二）生产管理的内容

它一般包括生产系统设计和生产运行管理两大方面。

生产系统设计是指对厂址选择、能力规划、部门设置、产品计划、设备布置等的决策过程，一般在新建、改建、扩建生产系统时进行。它对生产系统具有先天性的决定影响。

生产运行管理是指对生产过程的计划、组织、领导、控制，一般有客户需求的预测、生产计划的制订、供应库存控制、人员排班、质量控制等工作。

小知识4-1　生产管理的主要研究手段

生产管理的主要研究手段有：①数理统计分析；②图表分析；③理论模型分析；④模拟仿真分析；⑤实证操作分析。

（三）生产管理的目标

（1）时间（T——time）：满足顾客对产品和服务时间的要求，如生产周期短，交货期准确。

（2）质量（Q——quality）：满足顾客对产品和服务质量的要求。

（3）成本（C——cost）：满足顾客对产品和服务价格的要求，如生产成本低，顾客使用成本小。

（4）服务（S——service）：满足顾客对产品和服务的相关要求，如售前服务、售后服务等。

补充阅读资料4-1　福特的汽车革命

以前，汽车的生产是以单件生产方式进行的，即使是同一份图纸，也不可能造出两辆完全相同的汽车，制造成本也高得让普通老百姓无法接受。亨利·福特于1903年创立福特汽车公司，他认为阻碍汽车业生产率提高的最主要原因是汽车结构的复杂性、不同汽车之间缺乏通用零部件以及工人在技艺上存在差异。针对以上问题，他提出了标准化（standardization）、简单化（simplification）、专门化（specialization）的“3S”革新。1913年他在底特律工厂用流水线生产T型汽车，由于生产效率提高，成本下降（详见表4-1），福特又主动把一辆车的售价由2 800美元降到850美元。随着车价的大幅降低，汽车一下由富豪们的奢侈品变成了普通工薪族也能买得起的生活必需品。

表4-1　　手工生产方式与流水线生产方式的时间比较

装配项目	手工生产 1913年秋（分钟）	流水线生产 1914年春（分钟）	降低率（%）
电磁发电机	20	5	75
车　轴	150	26.5	82
成品装配	750	93	88

资料来源　潘家轺．现代生产管理学［M］．4版．北京：清华大学出版社，2018.

第二节　生产过程组织

生产过程是企业为社会服务的基本过程。企业提供给社会的各种款式的产品和优质的服务，是劳动者通过操作机器设备，把原材料通过一定方式加工装配出来的。企业要想在市场竞争当中占据优势地位，就得对生产过程进行科学的计划、组织、领导和控制，使投入生产的各种不同要素充分体现其价值，因此只有合理有效地组织管理好生产过程，才能为企业提高劳动效率、降低生产成本、增强应变能力、满足社会需求打下一个坚实的物质基础。

一、生产过程的含义

产品的生产过程是指完成产品生产的全过程，一般包括从原材料投入到产品完工出厂的全过程，通常包括工艺过程、检验过程、运输过程、等待停歇过程和自然过程。它涉及形态转换、场所转换和时间转换三种状态。

工艺过程是产品生产最主要的部分。检验和运输过程也是必不可少的，但应该尽可能缩短。等待停歇过程也是不可避免的。如属于制度规定，则是可接受的；如属于管理不善造成的，则应该消除。自然过程是指借助自然力的作用，完成某种物理、化学变化的过程，如冷却、干燥、发酵，是工艺上的要求，是不可免的，但可以通过一定的方式改变其影响。

二、生产过程组织的基本要求

（一）生产过程的连续性

生产过程的连续性是指生产对象在生产过程中的流动紧密衔接、连续进行。它包括空间上的连续性与时间上的连续性。空间上的连续性要求生产过程各个环节在空间布置上合理紧凑，使生产对象的流程尽可能短，没有或很少有迂回往返现象。时间上的连续性是指生产对象在生产过程的各个环节的运动，一直处于连续运动状态，没有或很少有不必要的停顿与等待现象。提高生产过程的连续性，可以缩短产品的生产周期，降低在制品库存，加快资金的流转，提高资金利用率。

（二）生产过程的平行性

生产过程的平行性是指生产对象在生产过程中实行平行交叉作业。平行作业是指相同的零件同时在数台相同的机床上加工；交叉作业是指一批零件在上道工序还未加工完时，将已完成的部分零件转到下道工序加工。平行交叉作业可以大大缩短产品的生产周期。

（三）生产过程的比例性

生产过程的比例性是指生产过程各环节的生产能力要保持适合产品制造质量和数量要求的比例关系。这是生产顺利进行的基本条件，一旦失去比例性，生产过程出现问题，某些环节就会形成“瓶颈”。瓶颈制约了整个生产系统的运行，既会造成非瓶颈资源生产能力的浪费，又会造成生产对象的阻塞，也就破坏了生产过程的连续性和经济性。

（四）生产过程的均衡性

生产过程的均衡性是指在相等的时间内企业生产出相等或成比例数量的产品。生产不均衡会造成忙闲不均，既浪费资源，又不能保证质量，还容易引起生产事故。

（五）生产过程的适应性

生产过程的适应性也称为生产过程的柔性，是指生产过程的组织要尽量适应多变的市场需求。

企业的生产必须以市场为导向，客户何时需要多少什么款式的产品，企业就得按照要求，及时、灵活、机动地把产品生产出来。由于需求的多样性，只有柔性生产才能较好地解决这一问题。

小知识4-2 **业务外包**

业务外包（outsourcing）是指企业将自己的内部职能转化为利用外部资源进行生产。由于越来越多的企业集中资源于自己的核心竞争力，因此外包受到前所未有的重视，主要运用在零部件加工、信息系统维护、运输、仓储、人力资源等方面。

三、生产过程的空间组织原则

现代工业生产是建立在生产专业化和分工协作基础上的社会化大生产。任何产品的生产过程都是由一系列生产单位通过科学分工和有效协作完成的。为了提高效率，现代化大生产必须遵循分工原则，实行专业化生产。生产过程的空间组织有两个基本的原则：一是依据工艺特征建立生产过程，称为工艺专业化原则；二是依据产品（零部件）特征建立生产过程，称为对象专业化原则。

（一）工艺专业化原则

工艺专业化原则是将完成相同、相似工艺的设备和工人放到一个厂房或区域内，组成专门对某一工艺进行加工的生产单元，如铸造厂、锻造厂、机械制造厂的铸造车间、锻造车间、机械加工车间、热处理车间，机械加工车间的车工工段、铣刨工段等。

（二）对象专业化原则

对象专业化原则是将加工某种产品（零部件）所需的设备、工艺装备和工人放到一个厂房或一个区域内，组成专门加工某一产品（零部件）的生产单元，如汽车制造厂、发动机分厂（车间）、齿轮工段等。

两种生产过程的空间组织原则的优、缺点对比见表4-2。

表4-2 两种生产过程的空间组织原则的优、缺点对比

生产过程的空间组织原则	优点	缺点
工艺专业化原则	①对产品品种变化的适应能力强 ②生产系统的可靠性较高 ③工艺及设备管理较方便	①工件在加工过程中运输次数多，运输路线长 ②协作关系复杂，协调任务重 ③只能使用通用机床、工艺装备，生产效率低 ④在制品量大，生产周期长
对象专业化原则	①可减少运输次数，缩短运输路线 ②协作关系简单，简化了生产管理 ③可使用专用高效设备和工艺设备 ④在制品量少，生产周期短	①对品种变化适应性差 ②生产系统的可靠性较差 ③工艺及设备管理较复杂

在实际生产过程的空间组织中，一般综合运用以上两个原则，以取两者的优点。应用形式有两种：①在对象专业化原则的基础上采用工艺专业化原则，如发动机厂的铸造车间、机加工车间。②在工艺专业化原则的基础上采用对象专业化原则，如铸造厂的箱体造型工段、床身造型工段等。

四、生产过程的时间组织原则

有效组织生产过程，不仅要求企业将各个生产部门、各个工序在空间上合理布置，而且要求劳动对象在生产过程的时间上紧密衔接，使人、机、料科学组合，经济运行。生产过程的时间组织主要是研究零件在加工过程中的移动方式。

零件在加工过程中一般采用顺序移动、平行移动和平行顺序移动3种典型的移动方式。

（一）顺序移动方式

顺序移动方式是指一批零件在上道工序全部完工后才整批地转移到下道工序进行加工的移动方式。采用顺序移动方式，一批零件的加工周期$T_{顺}$为：

$$T_{顺}=n\sum_{i=1}^{m}t_i \qquad （公式4-1）$$

式中：$T_{顺}$表示一批零件顺序移动的加工周期；n表示零件加工批量；t_i表示第i工序的单件工序时间；m表示零件加工的工序数。

例4.1　已知一批零件n=4，$t_1=10$，$t_2=5$，$t_3=15$，$t_4=20$，$t_5=10$，求一批零件的加工周期$T_{顺}$（时间单位为分）。

解：$T_{顺}=4\times(10+5+15+20+10)=240$（分）

（二）平行移动方式

平行移动方式是指一批零件中的每个零件在上道工序加工完毕后，立即转移到下道工序去继续加工，形成前后工序交叉作业的移动方式。采用平行移动方式，一批零件的加工周期$T_{平}$为：

$$T_{平}=\sum_{i=1}^{m}t_i+(n-1)\,t_L \qquad （公式4-2）$$

式中：$T_{平}$表示一批零件平行移动的加工周期；n表示零件加工批量；t_i表示第i工序的单件工序时间；t_L表示各道工序中最长的单件工序时间；m表示零件加工的工序数。

例4.2　已知一批零件n=4，$t_1=10$，$t_2=5$，$t_3=15$，$t_4=20$，$t_5=10$，求一批零件的加工周

期$T_{平}$（时间单位为分）。

解：$T_{平}$=（10+5+15+20+10）+（4−1）×20=120（分）

（三）平行顺序移动方式

平行顺序移动方式是指一批零件在上道工序尚未全部加工完毕，就将已加工好的一部分零件转送到下道工序去加工，使下道工序能连续加工完该批零件的移动方式。

顺序移动方式中零件运输次数少，设备利用充分，管理简单，但加工周期长；而平行移动方式加工周期短，但运输频繁，设备空闲时间多且零碎，不便利用。综合两者的优点，可采用平行顺序移动方式。平行顺序移动方式要求每道工序连续进行加工，但又要求各道工序尽可能平行加工。其具体做法是：

（1）当$t_i<t_{i+1}$时，零件按平行移动方式转移；

（2）当$t_i \geq t_{i+1}$时，以i工序最后一个零件的完工时间为基准，往前推移（n−1）t_{i+1}作为零件在第i+1工序的开始加工时间。

采用平行顺序移动方式，一批零件的加工周期$T_{平顺}$为：

$$T_{平顺}=\sum_{i=1}^{m} t_i+(n-1)\left(\sum t_L-\sum t_s\right) \quad \text{（公式 4-3）}$$

式中：$T_{平顺}$表示一批零件平行顺序移动的加工周期；n表示零件加工批量；t_i表示第i工序的单件工序时间；t_L表示比前、后工序的单件工序时间都长的工序；t_s表示比前、后工序的单件工序时间都短的工序。

例4.3　已知一批零件n=4，t_1=10，t_2=5，t_3=15，t_4=20，t_5=10，求一批零件的加工周期$T_{平顺}$（时间单位为分）。

解：$T_{平顺}$=（10+5+15+20+10）+（4−1）×（10+20−5）=135（分）

3种移动方式各有优缺点，它们之间的比较见表4-3。

表4-3　**零件在加工过程中3种移动方式的比较**

项目	顺序移动	平行移动	平行顺序移动
生产周期	长	短	中
运输次数	少	多	中
设备利用	好	差	好
组织管理	易	中	难

在实际生产过程中，选择零件在加工过程中的移动方式时需要考虑零件的大小、加工时间的长短、批量的大小以及生产单位专业化的形式等条件。一般来讲，大零件宜采用平行移动，小零件宜采用顺序移动或平行顺序移动（见表4-4）。

表4-4　**选择零件移动方式需考虑的因素**

方　式	零件尺寸	加工时间	任务期限	批量大小	专业化形式
顺序移动	小	短	松	小	工艺专业化
平行移动	大	长	紧	大	对象专业化
平行顺序移动	小	长	紧	大	对象专业化

第三节 生产计划

现代企业生产都是社会化大生产，企业内部的分工协作日益精细，企业要想顺利开展生产经营工作，必须依据一定的计划要求、按照统一的步骤进行。计划是管理的首要职能。没有计划，企业一切都会陷入混乱。依靠计划来管理企业的生产经营活动，叫作计划管理。计划管理是一个循环往复的过程，通常包括计划编制、计划执行、计划检查和计划改进四个阶段。计划管理涉及企业生产、销售、供应、设备、财务、人力等方面。

一、年度生产计划

（一）企业计划管理的内容

企业有各种各样的计划，这些计划一般可以分为发展计划、年度生产计划与生产作业计划3个层次。发展计划涉及产品发展方向、生产发展规模、技术发展水平等。年度生产计划是在计划年度内在现有资源条件下所从事的生产经营活动应该达到的目标，如产量、品种、产值和利润等。生产作业计划是确定日常的生产经营活动的安排。三个层次的计划有不同的特点（见表4-5）。

表4-5 不同层次计划的特点

计划指标	发展计划	年度生产计划	生产作业计划
计划期	长（≥5年）	中（1年）	短（月、旬、周）
计划的时间单位	年（粗）	月、季（中）	工作日、班次、小时、分（细）
空间范围	企业、公司	工厂	车间、工段、班组
详细程度	高度综合	综合	详细
不确定性	高	中	低
管理层次	企业高层领导	中层，部门领导	低层，车间领导
特点	涉及资源获取	资源利用	日常活动处理

（二）年度生产计划在计划管理中的作用

企业发展计划主要是指导企业长远发展的规划，一经制定就不应轻易修改。要实现发展计划的宏伟目标，最重要的就是依靠每一年度生产计划的顺利完成，对于企业的生产管理工作而言，就是要按照每一年度生产计划对所有生产工作进行管理。年度生产计划是实现企业年度经营目标的最重要的计划之一，是企业生产活动的指挥棒，是编制生产作业计划、物资供应计划、劳动工资计划和技术组织计划等的重要依据。各种职能计划又是编制成本计划和财务计划的依据。

（三）年度生产计划指标体系

年度生产计划的主要指标有：

（1）品种指标。这主要解决“生产什么”的问题。它是指企业在计划期内应该生产的产品品名、型号、规格。企业确定品种指标是编制年度生产计划第一个要解决的问题，它对于满足社会的相关需求和企业的生存发展具有非常重要的意义。

（2）质量指标。这主要解决“生产到什么程度”的问题。它是指企业在计划期内生产的产品应该达到什么质量标准。企业要最大限度地满足社会需求，应该从设计、制造、使用、服务等方面去设计质量指标，常采用统计指标来衡量，如一等品率、合格品率、废品率、返修率等。

(3) 产量指标。这是解决企业“生产多少”的问题。它明确企业在计划期内生产出的产品数量。它可以用辆、台等表示；对于品种、规格很多的系列产品，也可用主要技术参数计量，如米、千瓦等。

(4) 产值指标。这是用货币表示的产量指标，能综合反映企业生产经营活动成果，以便不同行业进行比较，可用总产值、净产值等计量。

(5) 出产期。这是为了保证按期交货而确定的产品出产期限。科学确定出产期对企业很重要。出产期与交货期太紧，有关因素一变动就容易受影响而造成不能按期交货，这会给企业带来损失；出产期太松，既不利于争取顾客，还会造成企业的人力、物力、生产能力的浪费。

对于订货型生产企业，关键要确定交货期和产品价格；对于备货型生产企业，关键要确定品种和产量。

(四) 制订计划的一般步骤（如图4-1所示）

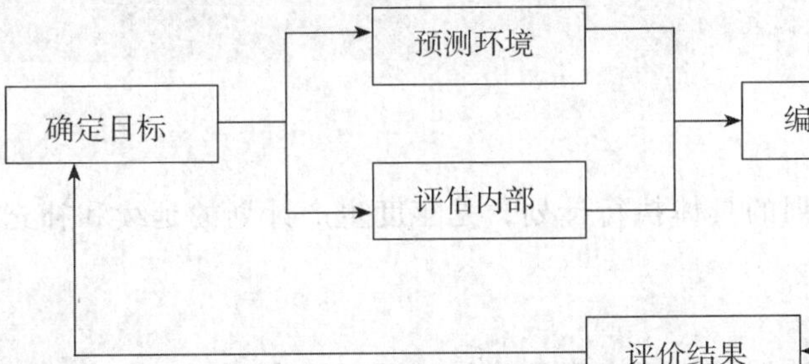

图4-1 制订计划的一般步骤

(1) 确定目标。根据上期计划执行的结果和本期企业经营的要求确定目标。

(2) 预测环境。预测国内外各种政治因素、经济因素、社会因素和技术因素综合作用于产品市场的情况，找出实现目标的有利因素和阻碍目标实现的不利因素。

(3) 评估内部。分析企业内部资源与实现目标之间的关系，主要包括设备完好率、生产技术准备、物资库存、原料、动力、工人状况、产品开发等。

(4) 编制计划。拟订多个可实现目标的可行计划，并从中选择一个最优计划。

(5) 实施计划。按照计划要求开展工作。

(6) 评价结果。检查目标是否达到，如未达到，要及时找出原因，采取补救措施，以及根据实际情况的变化，考虑对计划进行适当的修订。

(五) 生产能力

生产能力是指在一定时期内（通常是一年），企业在先进合理的技术组织条件下所能生产一定种类产品的最大数量。

对于流程式生产，生产能力是一个较清晰的概念。如某化工厂年产300万吨强碱，这是由设备的能力和实际运行时间来决定的。对于加工装配式生产，生产能力则是一个较模糊的概念。不同的产品组合表现出的生产能力是不一样的。大量生产、品种单一，可用具体产品数表示生产能力；大批生产、品种数少，可用代表产品数表示生产能力；多品种、中小批量生产，则只能以假定产品的产量来表示生产能力。

生产能力有设计能力、查定能力和现实能力之分。设计能力是建厂或扩建后技术文件中设计规定应该达到的最大产量；查定能力是企业运营一段时期后，原设计能力已不能真实反映实际状况，重新调查核实的生产能力；现实能力为现在企业实际可达到的生产能力。现实能力是编制年度生产计划的依据，是生产能力的上限。

代表产品是结构与工艺有代表性，且产量与劳动量乘积最大的产品。在多品种生产企业里，产品的结构、工艺、劳动量差别很大，难以确定代表产品，这时可采用假定产品。假定产品是按各种具体产品工作量比重构成的一种实际上不存在的产品。

生产能力与生产任务平衡包括3个方面内容：将生产任务与生产能力进行比较；按比较的结果采取措施；计算生产能力利用指标。

小知识4-3

学习效应

学习效应是指当一个人重复地从事某一项工作时，由于熟练程度不断提高和通过学习不断积累经验，从而使继续从事该项工作所需的时间随着重复次数的增加而逐渐减少，在降低到一定水平后才趋于稳定。

二、生产作业计划

（一）生产作业计划的含义

生产作业计划是企业生产计划的具体执行计划，是年度生产计划的延续和补充，是企业组织日常生产活动的依据。

生产作业计划有以下特点：

（1）计划期较短。生产作业计划具体规定到月、旬、周、工作日、班次、小时等。

（2）计划的内容具体。生产作业计划把规定的任务分解落实到车间、工段、班组等。

（3）计划的单位小。生产作业计划的计划单位是产品的部件、零件、工序。

小思考4-2

生产作业计划在实施过程中难免出现一些不可预见的妨碍计划完成的干扰因素，为保证计划的顺利完成，需要对计划实施全过程的监督，请问应该监督哪些内容？

答案：为保证计划的顺利完成，需要对计划实施全过程的监督，应该监督的内容包括：生产作业准备工作检查；生产过程实时监控；生产作业统计；生产调度工作；生产作业计划完成情况考核。

（二）编制生产作业计划的期量标准

期量标准，即作业计划标准，是指对生产作业计划中的生产期限和生产数量，经过科学分析后精确计算制定出来的一套标准数据。

由于企业的生产类型、生产组织形式千差万别，因而采用的期量标准也各不相同。大量流水生产的期量标准有节拍、流水线工作指示图表、在制品定额等；成批生产的期量标准有批量、生产间隔期、生产周期、生产提前期、在制品定额等；单件小批量生产的期量标准有生产周期、生产提前期等。在此着重介绍批量、生产间隔期、生产周期、出产提前期、在制品定额。

1.批量和生产间隔期

批量是指一次投入（或产出）相同产品、零部件的数量。生产间隔期是指前后相邻两批同种产品、零部件投入（或产出）的时间间隔。批量和生产间隔期之间的关系可以用下列公式表示：

批量=生产间隔期×平均日产量

生产间隔期=批量÷平均日产量

在年度生产计划既定的条件下，加大批量，生产间隔期就会相应延长；减少批量，生产间隔期就会相应缩短。

2.生产周期和出产提前期

生产周期是指从原材料投入到产成品出产为止所经历的全部时间。出产提前期是指产品、零部件在各工艺阶段投入的时间比最后出产成品的时间所提前的天数。

制定出产提前期有两种情况：

（1）前后工序的生产批量相同。

本工序投入提前期=本工序出产提前期+本工序生产周期

本工序出产提前期=后工序投入提前期+保险期

（2）前后工序的生产批量不同。

本工序投入提前期=本工序出产提前期+本工序生产周期

本工序出产提前期=后工序投入提前期+保险期+（本工序生产间隔期－后工序生产间隔期）

3.在制品定额

在制品定额是指在一定生产技术组织条件下，各生产环节为保证生产正常进行所占用的最低限度的在制品定额。

补充阅读资料4-2

滚动计划法

滚动计划法是一种将短期计划、中期计划和长期计划有机结合起来，根据近期计划的执行情况和环境变化情况，定期修订未来计划并逐期向前推移的方法。由于在计划工作中很难准确地预测未来发展中各种影响因素的变化，而且计划期越长，这种不确定性就越大，因此若硬性地按几年前制订的计划执行，可能会导致重大的损失。滚动计划法则可避免这种不确定性带来的不良后果。

滚动计划法的具体做法是：在制订计划时，同时制订未来若干期的计划，但计划内容采用近细远粗的办法，即近期计划的内容尽可能详尽，远期计划的内容则较粗；在计划的第一个阶段结束时，根据该阶段计划执行情况和内外部环境变化情况，对原计划进行修订，并将整个计划向前滚动一个阶段；以后根据同样的原则逐期滚动。

滚动计划法适用于任何类型的计划。其优点是：

（1）使计划更加切合实际，由于滚动计划相对缩短了计划期，加大了对未来估计的准确性，从而提高了近期计划的质量。

（2）使长期计划、中期计划和短期计划相互衔接，保证能根据环境的变化及时地进行调节，并使各期计划基本保持一致。

（3）大大增强了计划的弹性，从而提高了组织的应变能力。

滚动计划法的缺点主要是刚开始时的编制工作量较大，要同时编制若干期计划。

资料来源 邢以群. 管理学［M］. 4版. 杭州：浙江大学出版社，2016.

第四节 生产设备管理

随着现代科学技术在企业的广泛应用，生产设备的精密程度、复杂程度越来越高以及经济价值日趋增大，生产对设备的依赖性越来越大。产品的质量、数量、品种、交货期、成本和企业的效率、效益、安全、环保等都会受到设备的直接影响。设备一投入生产就开始磨损，甚至会发生故障。如何科学、合理使用，有效计划管理生产设备，已经成为企业的一项非常重要的经营管理工作，也是摆在企业管理者和科学技术人员面前的一个重要课题。

一、设备管理和设备维修

设备是企业生产产品和提供服务的物质基础，设备管理和设备维修的好坏将直接影响企业竞争能力和经济效益。

（一）设备和设备管理

设备，通常指机器装备，实质是企业生产中使用的各种起到工具作用物体的总称。

“设备”一词的含义非常广泛。它包括生产设备、动力设备、传导设备、运输设备和科研设备等。

从设备在生产中的作用看，可以把企业生产中使用的设备分为以下5类：

（1）生产工艺设备，用于改变劳动对象形状、性能，发生直接生产行为的设备，如数控机床。

（2）辅助生产设备，为生产服务的设备，如动力、运输设备。

（3）试验研究设备，用于科学研究的设备，如光谱仪。

（4）管理用设备，用于经营管理的设备，如计算机、复印机。

（5）公用福利设备，用于职工福利的设备，如交通班车。

设备管理是指依据企业生产经营的目标，通过相应的技术、经济和组织保障，对处于寿命周期内的设备所进行的综合管理。

设备寿命周期是指设备从规划购置、安装调试、使用维修、更新改造及报废回收全过程所经历的时间。

设备管理主要涉及设备的物质运动形态和价值运动形态，具体内容包括：

（1）根据企业未来经营目标和现时生产需要，制定设备使用管理的系统规划。

（2）合理选择、购置、安装、调试设备。

（3）正确、合理使用投入生产运行的设备。

（4）及时检修，精心维护，定期保养设备，保证设备正常运行。

（5）适时改造和更新设备。

（6）加强设备备件的管理。

（7）加强设备档案和信息的管理。

（二）设备维修

什么是维修？英国标准3811号给“维修（maintenance）”下的定义是：“各种技术行动与相关的管理行动相配合，其目的是使一个物件保持或者恢复达到能履行它所规定功能的状态。"在企业里需要维护的对象主要是为生产产品服务的一切设施和系统。

二、设备维修发展概述

（一）设备维修体制的发展简介

设备维修体制的发展过程一般可划分为5个阶段（见表4-6）。

表4-6 设备维修体制发展的5个阶段

阶段	产生时间	应用做法	先进性	局限性
1.事后修理	历史悠久	1.设备发生故障后进行修理 2.在小型、一般设备中采用，已被先进设备维修制度代替	1.简便易行 2.修理成本较低	1.故障随机发生，缺乏准备，修理时间长 2.修理无计划，打乱生产计划，影响交货期
2.预防维修	第二次世界大战—1953	1.以预防为主，做好维护保养 2.加强日常检查和定期检查 3.根据零件磨损规律和检查结果，在故障发生前有计划修理	1.加强日常维护保养，延长设备有效使用寿命 2.修理有计划，便于做好修理准备工作 3.设备修理停歇时间缩短，设备利用率提高	1.维修工作量大 2.过分维修保养 3.修理成本高
3.生产维修	1954—1959	1.根据设备重要性选用维修保养方法 2.重点设备采用预防维修 3.一般设备采用事后修理	1.集中力量做好重要设备的维修保养工作 2.节省维修费用 3.提高企业生产经营效果	1.维修工作量较大 2.修理成本较高 3.维修管理工作要求较高
4.维修预防	1960—1969	1.在设备设计、制造阶段就考虑维修问题，以便在以后的使用中，最大可能地减少或不发生设备故障 2.一旦故障发生，维修工作也能顺利进行	1.提高设备的可靠性和易修性 2.维修预防是设备维修体制方面的一个重大突破	1.解决设备的先天不足是相对困难的 2.对设备管理工作提出更高的要求
5.设备综合管理	1970至今	在设备维修预防的基础上，从行为科学、系统理论的观点出发，又形成了设备综合管理的概念。设备综合工程学，或叫设备综合管理学，英文原名是Terotechnology	1.对设备实行全面管理 2.设备管理的一次革命 3.日本在引进学习中，结合生产维修的实践经验，创造了全面生产维修制度，它是日本式的设备综合管理	1.企业管理工作重新规划，难度大，要求严 2.投入大、成本高

（二）设备综合工程学

如今设备正朝着大型化、组合化、精密化、网络化等方向发展，而自动化程度较高，现代化生产会增加废水、废气、废渣等的排放，这对环境的影响日益严重。高度机械化、自动化的设备一旦发生故障，就会打乱生产计划，影响交货期。严重的设备故障不但形成大量的次品、废品，甚至还会造成人身安全事故，给企业带来巨大的经济和人员损失。设备的磨损、腐蚀、损坏会造成检查、清洁、修理等维护人员的增加和维护成本的提高。所有这些都对设备管理提出了新的课题，设备综合工程学就是在这种形势下产生和发展起来的。设备综合工程学包括以下内容：

（1）把设备的经济寿命周期费用作为研究目的。以寿命周期费用作为评价标准，就是要求在选购设备时，既要考虑购置费等一次性投入成本，也要考虑维护费等长期性使用成本。当然，单纯考虑寿命周期费用还不够，还要求设备的综合效率要高，即设备在整个寿命周期内的输出与输入之比要高。

（2）运用工程技术、人机工程、管理数学、经济学、心理学等多方面的知识，对设备进行全面的、综合的管理。

（3）从设计阶段开始研究提高设备的可靠性、维修性设计，以提高设计的质量和效率。

（4）设备综合工程学运用系统的观点和方法进行设备管理，并以设备的寿命周期作为管理研究的对象。

（5）加强设备信息管理，强调设备的设计、使用和费用的信息反馈。

三、生产维护

设备维修的理论主要有两种基本观点：

第一种观点建立在摩擦学基础之上，研究机械磨损规律的“设备修理周期结构”理论。这种理论认为，随着磨损的延续和磨损量的增加，会造成机器零件表层破坏和几何形状改变，严重的会造成设备动作失调和工作精度的下降，丧失工作能力，导致故障发生。

第二种观点是建立在故障物理学基础之上，研究故障规律和设备可靠性的“故障分析与状态管理”理论。这种理论认为，设备的故障除了磨损的原因之外，还有外部工作环境如温度、压力、振动等，以及内部工作条件如内应力、疲劳及老化等多种原因。

（一）零件的磨损规律

所有设备都是由零件组合而成的。任何一个零件丧失了功能，都会或多或少地影响设备的正常工作，如果是关键零件出了问题，则必然使设备出现故障。所以，了解和掌握零件的磨损规律，对于保证设备在生产过程中正常运转、为生产服务具有非常重要的意义。零件的磨损规律如图4-2所示。

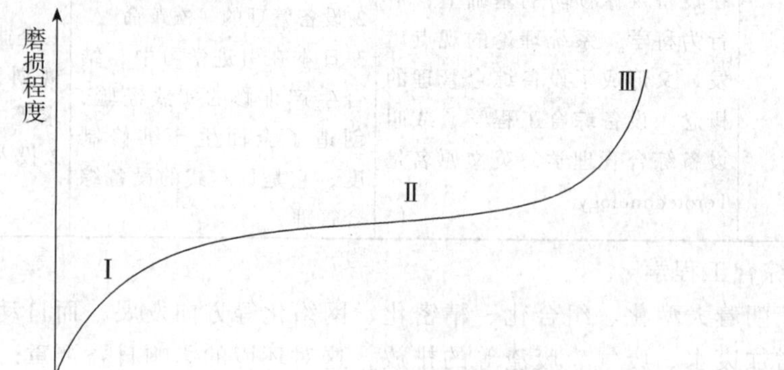

图4-2 零件的磨损规律

零件从使用到报废一般经历三个阶段，具体见表4-7。

表4-7　　**零件磨损的三个阶段**

阶　段	表　现	作　用	指导意义
1.初期磨损	1.零件的表面宏观几何和微观几何都要发生明显变化 2.磨损速度很快 3.初期磨损期较短	1.俗称“跑合”“磨合”，对设备没有危害 2.合理的磨损有利于设备今后使用	了解设备的特征，合理运用初期磨损
2.正常磨损	只要工作稳定，磨损比较缓慢	1.这一阶段代表零件的寿命周期 2.正常使用和保养，有利于延长零件的使用寿命	1.加强日常保养 2.及时清扫、润滑
3.急剧磨损	1.正常磨损关系被破坏 2.磨损速度非常快 3.零件在短时间内丧失作用	1.不及时更换会导致设备失常 2.严重的造成事故，导致设备报废	1.及时检查、提前预防 2.发现问题，马上更换 3.总结经验，指导工作

（二）设备故障曲线

根据设备出现故障的基本规律，人们归纳总结出了设备故障曲线（如图4-3所示）。

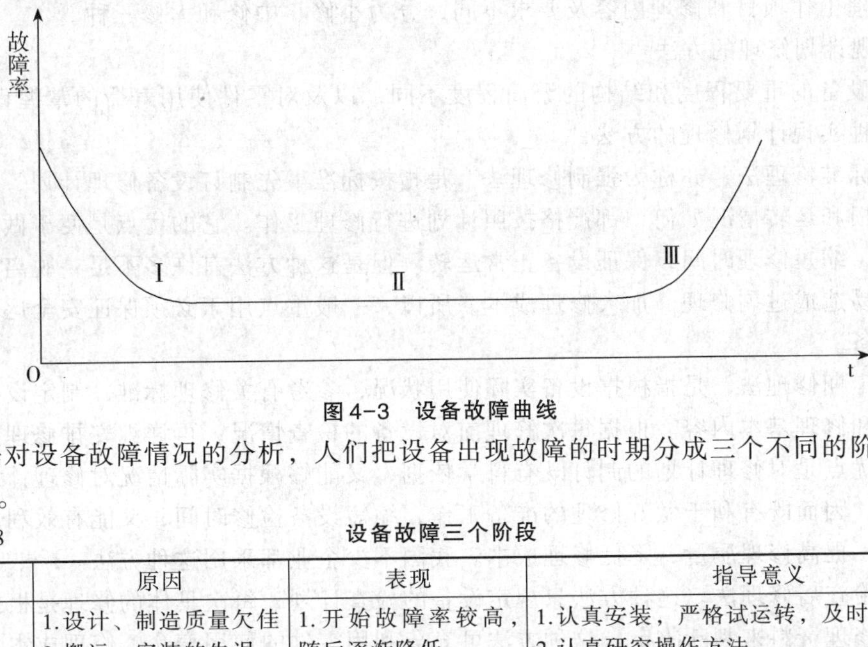

图4-3　设备故障曲线

根据对设备故障情况的分析，人们把设备出现故障的时期分成三个不同的阶段，具体见表4-8。

表4-8　　**设备故障三个阶段**

阶段	原因	表现	指导意义
1.初期故障	1.设计、制造质量欠佳 2.搬运、安装的失误 3.磨合不好 4.操作者失误	1.开始故障率较高，随后逐渐降低 2.经过一段时间，故障率就稳定	1.认真安装，严格试运转，及时消除缺陷 2.认真研究操作方法 3.反馈设计、制造的缺陷给制造单位 4.抓好培训，让操作者熟练掌握操作技能
2.偶发故障	1.维护不好 2.操作失误 3.原材料不达标 4.意外因素	1.设备正常运转，故障率低 2.出现故障，往往是偶然因素造成	1.使用可靠性高的设备 2.掌握设备性能 3.搞好日常维护保养 4.定期维修
3.耗损故障	1.使用时间长 2.零件老化	1.故障率上升 2.损耗加剧	1.设备处于不正常状态 2.停机检修，更换损坏零件，恢复设备原有性能 3.做好设备的预防性修理 4.进行改革性维修

四、设备维护体制

设备管理的主要目的就是要使设备始终处于完好状态，保证生产的顺利进行，为此就要做好设备维护的各项工作。根据设备出现故障的基本规律，人们提出了一些设备维护的方式：

（一）计划预防修理制

计划预防修理制简称计划预修制。它是进行有计划的维护、检查和修理，以保证设备经常处于完好状态的一种技术组织措施。它是苏联在20世纪50年代建立起来的一种维修制度，我国在第一个五年计划期间引入，工业企业从20世纪50年代开始普遍推行，目前还有许多企业仍在使用。

1.计划预修制的内容

计划预修制是根据零件的一般磨损规律和设备故障规律，有计划地进行维修，在故障发生之前修复或更换已磨损或老化的零部件。计划预修制的主要内容包括对设备的维护和计划修理。设备维护的主要工作内容有日常维护、定期清洗换油、定期检查。设备计划修理由于修理工作项目和修理内容及要求不同，分为小修、中修和大修三种。

2.实现计划修理的方法

由于设备的重要程度和结构的繁简程度不同，以及对零件使用寿命的掌握程度不同，一般有三种实现计划修理的方法：

（1）标准修理法，亦称为强制修理法，是指按标准事先制订设备修理计划，不管设备的实际磨损和运转情况如何，都严格按照计划进行修理工作。它的优点是便于做好修理前准备工作，缩短修理时间，保证设备正常运转。但是这种方法有许多不足，脱离设备实际状况，容易造成过剩修理，加大修理成本。所以，一般重点用于必须保证安全运转和特别重要的设备。

（2）定期修理法，是指根据设备实际使用状况，参考有关修理标准，制定设备修理的计划时间和修理基本内容。根据每次修理前对设备的检查情况，再详细安排修理计划的内容。它的优点是对修理计划的制订既有科学依据，又能够根据实际情况对修理计划做出适当的调整。因而既有利于做好修理的准备工作，缩短设备检修时间，又能有效利用零件的使用寿命，提高修理质量，降低修理成本。我国不少企业都采用这种方法。

（3）检查后修理法。这种方法只规定设备的检查计划，每次具体的修理是根据检查结果和历史修理资料来判断决定。这种方法可充分利用零件的使用寿命，修理成本低。但是因为每次修理都是根据检查的结果，有可能由于主观判断错误而导致决定不正确，同时也增加了修理前准备工作的难度，延长设备停歇时间。一般在缺乏修理标准或对一般的设备维修时使用。

计划预修制是一种比较科学的预防维修制，但还不完善，既有可能过剩修理，也有可能出现错失修理的情况，不能很好解决修理计划和设备实际相配合的问题。

（二）全员生产维修制（total productive maintenance，TPM）

TPM是日本企业界在生产维修制的基础上，吸收欧美最新的维修研究成果，在1971年提出的动员全企业人员参加的“全面”生产性维修。TPM理论的出现是现代设备管理走向成熟的一个重要标志。

1.TPM的基本思想

（1）全效益。这是要求设备在整个的寿命周期内的费用最小、输出最大，即设备综合效率最高。

（2）全系统。这是对设备从设计、制造、使用、维修、改造到更新全程的管理，故又称全过程管理。

（3）全员参加。凡是与设备的规划、设计、制造、使用、维修有关的部门和人员都参与到设备管理中。

所以，TPM是指全员参加的、以提高设备综合效率为目标的、以设备一生为对象的生产维修制。

2.TPM的基本特征

（1）以提高设备综合效率为目标。

（2）建立以设备一生为对象的生产维修总系统。

（3）涉及设备的规划、使用、保养等所有部门。

（4）从最高领导到第一线工人全体成员参加。

（5）加强生产维修保养思想教育，开展班组自主管理活动，推广生产维修。

3.TPM的主要内容

（1）点检制度。首先由技术人员、维修人员共同制定出点检卡，并向操作人员讲解点检方法。操作人员在上班后的5~10分钟，根据点检卡的内容逐项进行检查。15分钟后，维修人员逐台看点检卡，若有标记设备运转不良的符号，立即进行处理。根据日本丰田公司的统计，有80%的故障都是由操作人员在日常点检时发现的。

（2）定期检查。对设备建立彻底的预防维修体制，按照检查手册检查设备状况，及时发现问题并处理，确保设备运转正常。

（3）计划修理。在运转部门自主保养的基础上，设备的保养部门根据维修计划，有针对性地对设备的劣化进行复原以及设备的改善保养。

（4）改善维修。对设备的某些结构进行改进修理，主要用于经常发生故障的设备。

（5）故障修理。打破传统的“我操作，你维修”的分工概念，操作人员能自主维修。维修人员主要负责控制设备的过度耗损和主要停机问题，最大限度地发挥出设备的性能和机能。

（6）记录分析。这是TPM的一项重要内容，尤其是“平均故障间隔时间”分析很受日本企业的重视。它把各项维修作业的发生时间、现象、原因、所需工时、停机时间等都记录下来，做成分析表，通过分析找出故障次数多、间隔时间短、维修工作量大、对生产影响大的设备和零件，把它们作为维修保养的重点对象。

（7）经常教育。开展“5S”活动。5S是指整理（seiri）、整顿（seiton）、清扫（seiso）、清洁（seiketsu）、素养（shitsuke），主要目的是从思想上建立良好的工作作风。因为再先进的方法也要靠人去执行（特别是第一线的操作工人）。因此TPM特别重视对员工的经常性教育，不仅仅从技术上，更重要的从职业道德和敬业精神上开展不懈的教育活动，使员工能够自觉按照工作标准开展生产。

补充阅读资料4-3

5s现场管理

5s就是整理（seiri）、整顿（seiton）、清扫（seiso）、清洁（seiketsu）、素养（shitsuke）。以上5项内容在日语的发音中，都以“S”开头，故称为5S法。5S起源于日本，1955年，日本从宣传口号“安全始于整理整顿，终于整理整顿”开始，推行了前“2S”，而后逐步随生产控制和品质控制的需要，提出后续“3S”，即“清扫、清洁、素养”。直到1986年，首本关于5S的专著问世，5S对整个日本现场管理模式起到关键性作用，成为日式企业独特的管理方法。

根据企业的进一步发展需要，我国企业结合安全生产活动，在原来5S的基础上增加了安全（safety）要素，发展形成“6s”。还有的企业加上节约（save）形成“7s”，也有的加上习惯化（shiukanka）、服务（service）及坚持（shikoku）形成“10S”。但是万变不离其宗，所谓“6S”“7S”“10S”都是从“5S”衍生出来的。

资料来源　张平亮. 现代生产现场管理［M］. 2版. 机械工业出版社，2016.

自工业革命以来，随着工业化社会的发展、生产力水平的飞速提高，工业化创造出了巨大的物质财富，对人类社会的发展做出了巨大的贡献。20世纪80年代以后，由于世界各国经济体制的趋同，企业全球性扩张活动半径加大，信息技术的进步减少了远距离控制的成本，这些促成了经济全球化的发展。企业资源计划（enterprise resource planning，ERP）、敏捷制造（agile manufacturing）、大规模定制（mass customization，MC）、业务流程再造（business procedure reengineering，BPR）、6Sigma质量突破模式、供应链管理（supply chain management，SCM）、客户导向的运作管理、物流管理（logistics management）等全新的运作理念和方法，引起了企业的极大重视，并形成了生产管理发展的新趋势。

但是经济的全球化、生产的社会化也带来了不少令世人必须面对的严峻现实。全球化的工业化大生产消耗着大量的各种资源，地球的资源是有限的，许多稀有资源和物种已经濒临消耗殆尽的境地。同时，生产使自然环境遭受污染、遭到破坏，这些都直接影响和威胁着全人类的生存。所以，“可持续发展”已经成为21世纪人类社会要继续发展都必须遵循的根本策略。

如何贯彻“可持续发展”的方针，是企业管理特别是生产管理面临的全新课题。目前已经出现“绿色制造”“绿色服务”“清洁生产”的理论和实践，这些都是“可持续发展”策略的具体实施。可以预期在新世纪里生产管理将会以更新的面貌出现，必将有更大和更快的发展，一定会为促进社会的繁荣发展做出巨大的贡献。

观念应用4-1　大规模生产观念的更新：大规模定制

随着客户需求的多样性，传统大规模生产已经无法适应快速多变的市场需求。20世纪90年代以后，一种既能够具有大规模生产低成本、短交货期效益，又能够根据客户的特殊要求进行定制产品的生产应运而生，这就是大规模定制。它能够很好地实现客户的个性化和大规模生产的有机结合，是现代工业发展的一个必然趋势。

第五节 准时化生产与精益生产

一、准时化生产

（一）准时化生产方式的含义

准时化（just in time，JIT）生产方式是日本在20世纪五六十年代研究和开始实施的生产管理方式，是一种有效地利用各种资源、降低成本的准则，是指在需要的时间和地点生产必要数量与完美质量的产品和零部件，以杜绝超量生产，消除无效劳动和浪费，达到用最少的投入实现最大产出的目的。

JIT生产系统以准时生产为出发点，首先揭示出生产过量的浪费，进而暴露出其他方面的浪费（如设备布局不当、人员过多），然后对设备、人员等资源进行调整。如此不断循环，使成本不断降低，计划和控制水平也随之不断提高。

20世纪80年代，随着日本企业在国际市场竞争中的不断增多，JIT生产方式被作为日本企业成功的秘诀受到广泛的关注，现在JIT生产方式已在许多国家推广、运用，它是精益生产方式的核心。

（二）准时化生产方式的内容和目标

1.准时化生产方式的内容

JIT生产方式由以下三方面内容组成：

（1）JIT生产方式的新思维。

JIT生产方式之所以成功，首先是由于它大胆地向传统管理观念提出了挑战，使得生产管理的观念发生了巨大的变化。JIT生产方式的新思维是JIT生产方式最基本的方面。

（2）JIT生产系统设计与计划技术。

为达到准时生产、杜绝浪费、合理利用资源，在JIT生产系统中要进行广义的生产系统设计。JIT生产系统设计与计划技术体现JIT生产方式的新思维，同时为JIT生产方式的生产现场管理与控制打下基础。

（3）JIT生产现场管理。

JIT生产的零部件只有当后续工序提出要求时才生产，是一种“拉动”的生产方式，后道工序需要多少，前道工序就生产或供应多少。它将传统生产过程中前道工序向后道工序送货，改为后道工序根据“看板”向前道工序取货。看板系统是JIT生产现场控制技术的核心。

2.准时化生产方式的目标

JIT生产方式的目标是彻底消除无效劳动造成的浪费。用专业化的术语来说明，JIT生产方式寻求达到以下目标：

（1）废品量最低（零废品）。

（2）准备时间最短（零准备时间）。

（3）库存量最低（零库存）。

（4）搬运量最低。

（5）机器损坏率低。

（6）生产提前期短。

（7）批量小。

（三）准时化生产的现场控制——看板管理

1.看板管理

看板管理是一种生产现场物流控制系统，是通过看板的传递或运动来控制物流的一种方法。

JIT生产作业计划的主要特征是：它只向总装配指示顺序计划，除此之外，不再向其他工序指示顺序计划。但是，应该尽量使总装配之前的各工序，即加工工序、毛坯工序、外协及供应部门等，都大体了解本工序（部门）每月需要生产（供应）的数量。这样，在现场除总装配以外，其他工序都不领取生产计划表。也可以说，对各加工、子装配过程没有统一的生产指示，它们需要生产什么、生产量多少、何时工作等都由看板进行控制。

2.看板的形式和分类

实际生产管理中使用的看板形式很多，常见的有塑料夹内装的卡片或类似的标识牌，运送零件小车、工位器具或存件箱上的标签，指示部件吊运场所的标签，流水生产线上各颜色的小球或信号灯，电视图像等。

看板可分为五大类，即工序内看板、信号看板、工序间看板、外协看板和临时看板。

（1）工序内看板是指某工序进行加工时所用的看板。这种看板用于装配线以及即使生产多种产品也不需要实质性的作业更换时间（作业更换时间接近于零）的工序，例如机加工工序等。

（2）信号看板是在不得不进行成批生产的工序之间所使用的看板，信号看板挂在成批制作的产品上，当该批产品的数量减少到基准数时摘下看板，送回到生产工序，然后生产工序按该看板的指示开始生产。

（3）工序间看板是指企业内部后工序到前工序领取所需的零部件时所使用的看板。

（4）外协看板是针对外部的协作厂家所使用的看板。对外订货看板上必须记载进货单位的名称、进货时间、每次进货的数量等信息。

（5）临时看板是在设备保全、设备修理、临时任务或需要加班生产等时候所使用的看板。与其他种类的看板不同的是，临时看板主要是为了完成非计划内的生产或设备维护等任务，因而灵活性比较大。

二、精益生产（LP）

（一）精益生产方式的含义

精益生产方式是指运用多种现代管理方法和手段，以社会需求为依据，以充分发挥人的积极性为根本，有效配置和合理使用企业资源，以彻底消除无效劳动和浪费为目标，最大限度地为企业谋取经济效益的生产方式。

（二）精益生产方式的主要内容

（1）在生产系统方面，以作业现场具有高度工作热情的“多面手”（具有多种技能的工人）和独特的设备配置为基础，将质量控制融汇到每一道生产工序中去；生产起步迅速，能够灵活敏捷地适应产品的设计变更、产品变换以及多品种混合生产的要求。

（2）在零部件供应系统，采取与大量生产方式截然不同的方法，在运用竞争原理的同时，与零部件供应厂家保持长期稳定的全面合作关系，包括资金合作、技术合作以及人员合作（派遣、培训等），形成一种“命运共同体”。

（3）在产品的研究与开发方面，以并行工程和团队工作方式为研究开发队伍的主要组织形式与工作方式，以“主查”负责制为领导方式，强调产品开发、设计、工艺、制造等不同部门之间的信息沟通和同时并行开发，这种并行开发还扩大至零部件供应厂家，充分利用它们的开发能力，以缩短开发周期降低成本。

（4）在流通方面，与顾客及零售商、批发商建立一种长期的关系，使订货与工厂生产系统直接挂钩；极力减少流通环节的库存，以迅速、周到的服务最大限度地满足顾客的需求。

（5）在人力资源的利用上，形成一套劳资互惠的管理体制，并以QC小组、提案制度、团队工作、目标管理等一系列具体方法，调动和鼓励员工进行“创造性思考”，并注重培养和训练工人以及管理人员的多方面技能，由此提高员工的工作热情和工作兴趣。

（6）从管理观念上说，总是把现有的生产方式、管理方式看作改善的对象，不断地追求进一步降低成本、降低费用、质量完善、缺陷为零、产品多样化等目标，追求尽善尽美。

总而言之，这是一种资源节约型、劳动节约型的生产方式。

（三）精益企业

全面实行精益生产的企业是精益企业。精益企业包括以下五个方面的含义：

（1）产品。产品必须精细。

（2）生产过程。要加快生产过程，提高对市场变化的响应速度。

（3）工厂布置。尽可能少地占用并最有效地利用土地和空间。

（4）组织。精益企业具有全新的组织以及人际关系，在企业内部，不仅要求彻底改变机构臃肿、人浮于事的状态，而且要对劳动分工做出调整。

（5）环境。精益企业是污染小的企业，这也是精益的一个含义。

本章小结

本章介绍了生产管理的发展历史及其在企业管理中的作用，解释了生产和生产管理的基本含义。企业只有管理好生产过程的空间和时间组织，才能为满足社会需求和创造自身价值打下坚实的基础。

要想顺利开展生产经营工作，还必须依据计划，按照统一的步骤进行。计划是管理的首要职能。计划管理是一个循环往复的过程，通常包括计划编制、计划执行、计划检查和计划改进四个阶段，生产计划管理涉及企业的年度生产计划和生产作业计划等方面。

随着生产设备的复杂程度日趋增高，生产对设备的依赖性越来越大，产品的生产和企业的效益都受到设备的直接影响。设备一投入生产就开始磨损甚至会发生故障，因此认识零件磨损规律和设备故障规律，合理运用计划预修制和全员生产维修制等计划预防修理制度，是企业的一项非常重要的经营管理工作。

采用现代管理方法和手段，加强企业生产管理，提高企业管理水平，是企业提升自身竞争力的必然要求。准时化（JIT）生产及精益生产（LP）是现代企业加强生产管理的重要手段和方法。

主要概念与观念

主要概念

生产管理　生产过程　设备管理　准时化（JIT）生产　精益生产（LP）

主要观念

生产过程组织　企业生产计划管理　全员生产维修制

基本训练

知识题

简答题

1.什么是生产管理？为什么说它是企业管理的基本职能？

2.生产过程组织的基本要求是什么？

3.计划预防修理制的内容是什么？

4.现代企业加强生产管理的重要手段和方法有哪些？

知识应用

1.现在企业都开始意识到顾客是企业利润之本，为此必须提高顾客的满意度和忠诚度，但许多企业认为这应属于市场部门的事情，和生产部门关系不大。你认为正确吗？

2.如何处理计划的稳定性与现实的变化性之间的关系？

3.近年来出现了一些什么样的生产管理新趋势？出现这些趋势的原因是什么？

技能题

已知要加工一批零件，$n=4$，$t_1=15$，$t_2=12$，$t_3=9$，$t_4=25$，$t_5=18$，求该批零件的顺序移动方式、平行移动方式、平行顺序移动方式的加工周期（时间单位为分）。

能力题

案例分析

工夫在“诗”外——神奇的“5S”管理

接受5S挑战

K公司与中国香港某公司洽谈的合资项目，是在引进新的数字印刷设备和工艺的同时，改造公司的印刷信息系统。但谈判并不顺利，对方对K公司的工厂管理提出了很多在侯总看来太过“挑剔”的意见，如车间和仓库里的纸张、油墨、工具的摆放不整齐，地面不清洁……

后来，对方还执意将“引入现代企业生产现场管理的5S方法”作为一个必要的条件写进合同。刚开始，公司侯总觉得对方有点“小题大做”，“不就是打扫卫生，把环境搞得优美一些”，与现代管理根本就不沾边。不过，为了合资能顺利进行，侯总还是满口答应下来。

“鸡毛蒜皮”的震撼

从字面上说，5S是指5个以日语单词的罗马注音“s”为开头的词汇，分别是清理(seiri)、整顿（seiton)、清扫（seiso)、清洁（seiketsu)、素养（shitsuke)。这5个词听上去非常简单，刚开始大家很不以为然。

几天后，对方派来指导5S实施的Mak先生通过实地调查，用大量现场照片和调查材料使K公司的领导和员工受到了一次强烈的震撼。

Mak发现，印制车间地面上总是堆放着不同类型的纸张，有在用的，也有“不知道谁搬过来的”；废弃的油墨躺在角落，拆下的辊筒沾满油腻；要找到一件合适的工具得费很大的周折。仓库里的情况也好不到哪里。

Mak还检查了侯总引以为荣的MIS系统，发现电脑系统里面的文件同样混乱不堪。“在这种情况下，”Mak直率地问侯总，“你如何确保产品的质量？如何确信电脑里的数据是真实的？如何增强员工的荣誉感和使命感？”最后一个问题，Mak指的是墙上贴的一个落着灰尘的标语：“视用户为上帝，视质量为生命。”

两大步骤

Mak把推进5S的工作分为两大步骤，首先是推进前3个“S”，即清理、整顿、清扫。

随着3S的逐步深入，车间和办公室的窗户擦干净了，卫生死角消失了，文件柜和电脑系统的文件、目录也有了全新的面貌，人们的心情似乎比过去好多了。

当然这还不是5S管理的全部。按Mak的建议，公司开始了推进5S管理的第二步骤，即推行后两个“S”：清洁，素养。Mak进一步说明，后两个“S”其实是公司文化的集中体现。很难想象，客户会对一个到处是垃圾的公司产生信任感；也很难想象，员工会在一个纪律松弛、环境不佳、浪费随处可见的工作环境中产生巨大的责任心，并确保生产质量和劳动效率；更不用说在一个“脏、乱、差”的企业中，信息系统会发挥巨大的作用。

“零”报告

几个月后，公司好像“焕发了青春”，带给侯总的是一系列“零报告”：发货差错率为零，设备故障率为零，事故率为零，客户投诉率为零，员工缺勤率为零，浪费为零……

当侯总带领客户参观时，在参观者啧啧的称赞中，侯总感到，引进一套先进设备的背后，原来是如此浅显又深奥的修养“工夫”，真应了那句老话：工夫在“诗”外。

资料来源 作者根据教学资料改编.

问题：

1.5S所表达的意思听上去非常简单，但为什么会对K公司的文化产生深远的影响？

2.将5S方法写进合同，开始侯总觉得是“小题大做”。这反映了侯总的什么思想？

3.Mak把推进5S的工作分为两大阶段，请问，这样实施5S方法有何作用和意义？

第五章　质量管理

学习目标

了解质量管理发展史中各阶段的特点；掌握质量和质量管理的概念；明确管理、质量管理、全面质量管理的相互关系；掌握质量管理的基本方法。

第一节　质量与质量管理

一、质量管理发展史

20世纪，人类跨入了以加工机械化、经营规模化、资本垄断化为特征的工业化时代。在过去的整整一个多世纪中，质量管理的发展大致经历了三个阶段：

（一）质量检验阶段

20世纪初，人们对质量管理的理解还只限于质量的检验。质量检验所使用的手段是各种的检测仪器仪表等，方式是严格把关，进行百分之百的检验。

质量检验是在成品中挑出废品，以保证出厂产品质量。但这种事后检验把关，无法在生产过程中起到预防、控制作用。废品已成事实，很难补救，并且百分之百的检验，增加检验费用。生产规模进一步扩大，在大批量生产的情况下，其弊端就凸显出来。1924年，美国的休哈特提出了控制和预防缺陷的概念，并成功地创造了“控制图”，把数理统计方法引入到质量管理中，将质量管理推进到新阶段。

（二）统计质量控制阶段

这一阶段的特征是数理统计方法和质量管理的结合。

第二次世界大战开始以后，统计质量管理得到了广泛应用。这是由于战争的需要，美国军工生产急剧发展，尽管大量增加检验人员，但产品积压待检的情况日趋严重，有时又不得不进行无科学根据的检查，结果不仅废品损失惊人，而且在战场上经常发生武器弹药的质量事故，如炮弹炸膛事件等，对军队士气产生了极坏的影响。在这种情况下，美国军政部门强制生产武器弹药的厂商推行统计质量管理的方法并收到了显著效果。第二次世界大战结束后，许多民用工业也纷纷采用统计质量管理，并取得了成效。

但是，统计质量管理也存在着缺陷，它过分强调质量控制的统计方法，使人们误认为“质量管理就是统计方法”“质量管理是统计专家的事”，使多数人感到高不可攀、望而生畏。同时，它对质量的控制和管理只局限于制造和检验部门，忽视了其他部门的工作对质量的影响。这样，就不能充分发挥各个部门和广大员工的积极性，制约了它的推广和运用。这些问题的解决又把质量管理推进到一个新的阶段。

（三）全面质量管理阶段

20世纪50年代以来，生产力迅速发展，科学技术日新月异，出现了很多新情况。如科学技术和工业生产的发展，对质量要求越来越高；在管理理论上出现了“行为科学法”，主张改善人际关系，调动人的积极性，突出“重视人的因素”，注意人在管理中的作用；随着市场竞争，尤其是国际市场竞争的加剧，各国企业都很重视“产品责任”和“质量保证”问题，加强内部质量管理，确保生产的产品使用安全、可靠等。

由于上述情况的出现，仅仅依赖质量检验和运用统计方法已难以保证和提高产品质量，这促使“全面质量管理”的理论逐步形成。最早提出全面质量管理概念的是美国通用电气公司质量经理费根鲍姆。1961年，他出版了《全面质量管理》一书。该书强调执行质量职能是公司全体人员的责任。他提出：“全面质量管理是为了能够在最经济的水平上并考虑到充分满足用户要求的条件下进行市场研究、设计、生产和服务，把企业各部门的研制质量、维持质量和提高质量的活动构成为一体的一种有效体系。”

20世纪60年代以来，费根鲍姆的全面质量管理概念逐步被世界各国所接受，在运用时各有所长，在日本被称为全公司质量管理（company-wide quality control，CWQC）。我国自1987年推行全面质量管理以来，在实践上、理论上都有所发展，也有待于进一步探索、总结、提高。

综上所述，随着生产力和科学技术的发展，质量管理的理论日趋完善，更趋科学性，更具实用性。各国在运用质量管理理论时，都各有所长。随着国际贸易的发展，产品的生产销售已打破国界，不同民族、不同国家有不同的社会历史背景，质量的观点也不一样，这往往会形成国际贸易的障碍或鸿沟，需要在质量上有共同的语言和共同的准则。

二、质量

（一）质量的概念

ISO 9000：2000版标准对“质量”做出以下定义：一组固有特性满足要求的程度。术语“质量”可使用形容词如差、好或优秀来修饰。“固有的”（其反义是“赋予的”）就是指在某物种中本来就有的，尤其是那种永久的特性。

1.关于固有特性

（1）特性指“可区分的特征”。特性可有多种类别，如物理的（如长度、重量、硬度、强度等）、化学的（如溶液的pH值、卫生指标等）、感观的（如气味、手感、噪音、色彩等）、行为的（如礼貌、诚实、正直等）、时间的（如准时性、可靠性、可用性等）、功能的（如汽车的最高速度）等。

（2）特性可以是固有的和赋予的。固有的就是指某事或某物中本来就有的，尤其是那种永久的特性，如螺栓的直径、物体的重量或接通电话的时间等技术特性。赋予特性不是固有特性，不是某事或某物中本来就有的，而是完成产品后因不同的要求对产品所增加的特性，如产品的价格、运输方式、售后服务要求等。

2.关于要求

要求是指“明示的、通常隐含的或必须履行的需求或期望”。

（1）“明示”的要求可理解为“规定的要求”，包括对产品固有特性的要求（如汽车的动力性、经济性、制动性、舒适性等，电视机的分辨率、安全性等，服务业的及时性、卫生、文明礼貌等），对产品的交付要求（如包装、交货期、交货地点与运输方式等），对产品交付后活动的要求（如售后服务等）。这类要求通常以合同、传真、协议、口头订单等方式予以规定。

(2)“通常隐含”的要求是指组织、顾客和其他相关方的惯例或一般的做法，所考虑的要求或期望是“不言而喻”的。如在高原使用的各种机器、用具应考虑到如何能在空气稀薄条件下保持正常使用；在腐蚀性空气环境中工作的各种机电设备和零部件应进行盐雾试验；在服务业中，保持交通运输服务的正点率、通信服务的接通率、餐饮服务的等候时间、银行服务的保密性。

(3)“必须履行”的要求是指法律法规的要求，强制性标准的要求。如汽车尾气排放要遵循环保法，食品制作应遵循食品卫生法。由于法律法规有动态性、地域性等特征，因此企业应重视对法律法规发布、变更信息的及时掌握，以及当产品进入国际市场应遵守WTO的法规性文件及相关国家的法律。

(4) 要求可由不同的相关方提出，必须兼顾各相关方的要求；要求可以是多方面的，当需要特指时可采用修饰词表示，如产品要求、过程要求、质量管理体系要求、顾客要求、相关方要求、法规要求、标准/规范要求等。

小思考5-1

20世纪70年代末80年代初，在中国未普及电视机的时候，日本电视机进入中国市场。虽然日本的产品技术先进且在日本国内及欧美市场都很畅销，但反而不如中国国产电视机受欢迎。这一事件说明质量概念的哪一要求不可忽视？

答案：说明他们忽视了当时中国电视机普及率很低，在大多数场合一台电视可能会在广场上供很多人观看，因而产生的对电视机音箱功率要特别大的潜在要求。

（二）质量概念的特点

(1) 质量的广义性。在质量管理体系所涉及的范围内，产品、过程和体系都具有固有特性，都要满足顾客或供方的要求，因此就形成了产品质量、过程质量、体系质量。

(2) 质量的相对性。顾客可能对同一产品的不同功能提出不同的需求，也可能对同一产品的同一功能提出不同的需求。需求不同，质量要求就不同。满足需求越充分，质量就越好。

(3) 质量的时效性。由于顾客对供方的产品、过程和体系的需求或期望是不断变化的，如原先被顾客认为质量好的产品会因为顾客需求的提高而不再受到顾客的欢迎，因此组织应不断地调整对质量的要求。

补充阅读资料5-1

质检总局公布2018年第一批产品质量

近期，质检总局组织开展了2018年第一批羊绒针织衫、运动头盔、衬衫、笔记本电脑、电热水壶、纸尿裤（片、垫）、卫生巾（含卫生护垫）、电能表8种产品质量国家监督抽查。

本次共抽查465家企业生产的470批次产品（不涉及出口产品），发现不合格产品36批次，涉嫌假冒、无CCC证书产品6批次，涉嫌假冒、无CCC证书产品已移送相关部门处理。36批次不合格产品中，羊绒针织衫12批次产品不合格，不合格项目涉及甲醛含量、pH值、耐碱汗渍色牢度、纤维含量；运动头盔4批次产品不合格，不合格项目涉及佩戴装置稳定性、佩戴装置强度性能和吸收碰撞能量性能；衬衫8批次产品不合格，不合格项目涉及纤维含量项目；电热水壶5批次产品不合格，不合格项目涉及对触及带电部件的防护、输入功率和电流、电源连接和外部软线、接地措施；纸尿裤（片、垫）1批次产品不合格，不合格项目涉及产品渗透性能（滑渗量）；电能表6批次产品不合格，不合格项目涉及基本误差、潜动、高频电磁场抗扰度、交流电压试验。

本次国家监督抽查全面落实产品质量监督抽查制度改革的要求，首次实行招标入围、抽检分离、市场买样和视频监控等多项改革举措。一是采用招标入围的方式，公开、公正、科学地遴选承检机构。二是深化"双随机"抽查工作机制，采用双随机软件，随机确定承检机构，随机确定被抽查企业，对承检机构与被抽查企业进行随机匹配。三是实行市场买样和生产企业抽样相结合，对羊绒针织衫、运动头盔、衬衫、笔记本电脑、纸尿裤（片、垫）、卫生巾（含卫生护垫）等6种产品采用市场买样。四是全面实施抽检分离，生产企业抽样由企业所在地质量技术监督部门负责实施，市场买样由不承担该产品检验任务的机构实施。五是全面实行视频可视化监控，实行远程监控抽样全过程，提供可追溯性的证据。六是继续突出抽查产业集聚区，对电热水壶、纸尿裤（片、垫）、电能表等产品集中产区的生产企业进行了重点抽查。

针对产品质量国家监督抽查中发现的问题，国家质检总局已责成各省（自治区、直辖市）质量技术监督部门（市场监督管理部门）按照有关法律法规的规定，对本次抽查中不合格产品的生产企业依法进行责令整改、限期改正等处理措施；针对本次抽查中反映出的不合格产品检出率较高的产品，加大后续跟踪监督检查力度；针对集中产区继续开展质量整治和质量提升活动，通过标准宣贯、技术帮扶、公共检测服务等多种措施，督促企业落实质量安全主体责任，促进产品质量的整体提升。

资料来源 质检总局.质检总局公布2018年第一批产品质量 国家监督抽查36家不合格企业情况[EB/OL].（2018-03-13）[2019-01-06]. http://samr.aqsiq.gov.cn/zjxw/zjxw/zjftpxw/201803/t20180313_514329.htm.

三、质量管理

ISO 9000：2000版标准对"质量管理"一词做了如下定义：在质量方面指挥和控制组织的协调活动。指挥和控制与质量有关的活动，通常包括质量方针和质量目标的建立、质量策划、质量控制、质量保证和质量改进。全面质量管理是基于组织全员参与的一种质量管理形式。

（一）管理和质量管理

任何组织都要从事经营，并承担社会责任，因此每个组织都要考虑自身的目标，为了实现目标，组织会对各个方面实行管理，如行政管理、人力资源管理、财务管理、技术管理、质量管理、营销管理等。质量管理是组织各项管理内容中的一项，质量管理应与其他管理相结合。组织的质量目标与其他目标（如增长、资金、利润、环境及职业卫生与安全等）相辅相成。

（二）质量策划

质量策划是质量管理的一部分，致力于制定质量目标并规定必要的运行过程和相关资源实现质量目标。

质量策划的主要内容是制定质量目标。质量策划的类型有很多，包括的类型主要有质量管理体系策划、产品及过程策划、产品的设计开发策划等。组织通过质量策划做出正确的决策，对组织的质量管理体系和产品质量满足顾客及相关方的需求与期望起着十分关键的作用。质量策划是组织各级管理者的重要职责，在质量策划中，各级管理者运用数据分析的方法进行识别、分析和做出正确的抉择，通过实施，确保组织质量目标的实现。

（三）质量控制

质量控制是质量管理的一部分，致力于满足质量要求。

质量控制的主要内容是制定一系列过程的控制要求并实施，如文件和记录控制、设备和工作环境控制、设计开发控制、采购控制、生产控制、检验控制等。其目的是为了使产品、过程或体系的固有特性满足规定的要求。

质量控制贯穿于产品形成和体系运行的全过程。每一过程都有输入、转换和输出三个环节，通过对三个环节实施有效控制，对产品质量有影响的各个过程才能处于受控状态，稳定持续地提供符合规定要求的产品。

质量控制不是质量检验。质量检验是质量控制中必不可少的重要组成部分。

（四）质量保证

质量保证是质量管理的一部分，致力于提供质量要求会得到满足的信任。

质量保证的主要内容是提供客观证据证实已经达到规定的质量要求的各项活动，目的是取得顾客和其他相关方的信任。

质量保证定义的关键词是“信任”。这种信任是在订货前建立起来的，顾客不会与其不信任的组织订货。质量保证不是买到不合格品以后的保修、保换、保退。

质量保证和质量控制既有联系又有区别。质量控制是质量保证的前提。只有有效地实施质量控制，在此基础上才能提供质量保证。两者的区别在于目的不同。质量控制的目的是为了满足质量要求；质量保证的目的是通过提供客观证据来提供信任。

（五）质量改进

质量改进也是质量管理的一部分，致力于增强满足质量要求的能力。

质量改进是质量管理永恒的主题。质量改进的范围很广，包括产品的性能改进、过程的流程再造、体系的改进等。组织建立质量管理体系的目的是不仅要满足顾客对体系的要求、预防不合格产品发生和提供使顾客满意的产品，而且应利用优秀的管理模式来改进、完善质量管理体系。因此，除了定期评价质量管理体系如内部审核、管理评审外，还应按照优秀的质量管理体系或管理模式进行自我评定，以评价组织的业绩，识别需要改进的领域，努力实施持续改进，使质量管理体系提高到一个新的水平。

小思考 5-2

质量检验、质量控制、质量保证的区别是什么？

答案：质量控制包含了质量检验，同时是质量保证的前提。质量保证和质量控制两者的区别在于目的不同。

第二节　全面质量管理

一、全面质量管理的概念

1956年，美国通用电气公司质量经理费根鲍姆首先提出了“全面质量管理（total quality control，TQC）”的概念。他于1961年出版的《全面质量管理》一书中首先对全面质量管理做出了如下的定义：“全面质量管理是为了能够在最经济的水平上并考虑到充分满足用户要求的条件下进行市场研究、设计、生产和服务，把企业各部门研制质量、维持质量和提高质量的活动构成为一体的一种有效体系。”费根鲍姆认为执行质量职能是公司全体人员的责任，公司的全体人员都应承担质量的责任；为保证产品满足用户要求，企业不仅要控制产品制造过程，还要对产品质量产生、形成、实现的全过程进行质量管理；解决问题的方法多种多样，不仅限于检验和数理统计方法；质量应当是最经济的水平与充分满足用户要求的完美统一，离开经济效益和质量成本去谈质量是没有实际意义的。

在20世纪的最后十几年中，经过长期而广泛的实践、积累、总结和升华，全面质量管理成为全球企业界的共同实践。全面质量管理逐渐由早期的TQC演变为TQM（total quality management），它已经不再局限于质量职能领域，已演变为一套以质量为中心的、综合的、全面的管理方式和管理理念。所以，1994年版ISO 9000族标准中将全面质量管理（TQM）定义为：“一个组织以质量为中心，以全员参与为基础，目的在于通过让顾客满意和本组织所有成员及社会受益而达到长期成功的管理途径。”该含义强调TQM是对一个组织进行管理的途径，除了这种途径以外还有别的管理途径；质量概念不仅包括产品质量，还包括全部管理目标，如提高产品质量、缩短生产周期、降低采购成本等；TQM的思想是以全面质量为中心，全员参与为基础，目的是追求组织的持久成功，使顾客、社会、员工、供方或合作伙伴等相关方持续满意和受益。

小知识5-1　**朱兰的质量管理学说**

“事实证明，TQM带给企业一个强烈的呼声、一种新的工作动力、一种新的管理方法，为此，我们对TQM必须全力以赴，再接再厉。因为TQM给我们的企业经营提供了一种新的管理方法和体系。”

——朱兰（Juran）

二、全面质量管理的要求

我国专家总结实践中的经验，提出了“三全一多样”的观点，认为推行TQM，必须要满足“三全一多样”的基本要求，即全范围的质量管理、全过程的质量管理、全员的质量管理、多方法的质量管理。

（一）全范围的质量管理

它不仅仅限于生产中的产品质量，还包括与产品质量相关联的各项工作质量，如方针决策质量、生产和采购成本质量、交货期质量、售后服务质量等。质量不仅包括交付给顾客的最终产品质量，还包括形成产品过程的工序质量。因此，全面质量管理中的用户不仅包括产品出厂后的直接用户，而且包括企业内部前后工序，提倡树立“下道工序为上道工序的用户意识”。

（二）全过程的质量管理

任何产品的质量都有一个产生、形成和实现的过程。这个过程由多个相互联系、相互影响的环节所组成，每一个环节都或轻或重地影响着最终的质量状况。要保证和提高产品质量，就必须把影响质量的所有环节和因素都控制起来。因此，全面质量管理的范围应当是产品质量产生、形成和实现的全过程，包括市场调研、设计开发、生产作业、销售、售后服务等全部有关过程。换句话说，要保证产品的质量，不仅要搞好生产或作业过程的质量管理，还要搞好销售、设计和使用等过程的质量管理。

（三）全员的质量管理

全面质量管理的基本原理是对生产和服务提供全过程的控制，而全过程的质量活动都是通过不同岗位的责任者实施和完成的。因此，组织中任何一个环节、岗位的责任者的工作质量都会对产品质量有着直接或间接的影响，产品质量是组织各方面、各部门、各环节工作质量的综合反映。产品质量人人有责，因此全面质量管理要求人人关心产品质量，人人做好本职工作，全员参与质量管理，这样才能生产出令顾客满意的产品。

（四）多方法的质量管理

影响产品质量的因素有很多，包括人、物质、技术、管理、内部环境、市场环境等因素。要把一系列的因素系统地控制起来，就必须根据不同因素对产品质量产生的影响，广泛、灵活地运用多种多样的现代化管理方法来解决质量问题。其中使用较多的方法是系统工程思想和统计技术。常用的统计方法有所谓的老七种工具，包括因果图、排列图、直方图、控制图、散布图、分层图、调查表；还有新七种工具，包括关联图法、KJ法、系统图法、矩阵图法、矩阵数据分析法、PDPC法、矢线图法。此外，一些新方法近年来被广泛关注，具体包括质量功能展开（QFD）、田口方法、故障模式和影响分析（FMEA）、六西格玛管理等。

由于TQM的实施由企业内部自发组织进行，依靠的是员工的自觉性和制度的执行来完成，缺少外部力量进行推动和监督，因此TQM的制度很难得以保持和改进。同时，随着国际贸易的迅猛发展、供应链的产生和发展、外购外协活动的频繁，使某一个企业同时存在多种顾客成为可能。为保证获得持续稳定质量的产品，企业必须接受顾客的审核。为降低因顾客审核而产生的成本，企业通过第三方机构的认证以提供给顾客充足的信任成为许多企业达成的共识。于是，企业贯彻ISO 9000标准，进行质量认证成为当今质量管理的潮流。

第三节 ISO 9001认证

一、ISO 9000族标准的产生及发展

（一）ISO 9000族标准的产生

为了适应经济全球化的趋势，1979年，ISO/TC176（国际标准化组织/质量管理和质量保证技术委员会）组织各国的质量和标准化专家，经过艰苦的工作，用了近7年时间，终于完成了第一套质量管理和质量保证国际标准的制定工作。ISO于1986至1987年发布了

以下标准，称为1987年版ISO 9000系列国际标准：

ISO 8402：1986《质量——术语》；

ISO 9000：1987《质量管理和质量保证标准选用指南》；

ISO 9001：1987《质量体系——设计、开发、制造、安装和服务的质量保证模式》；

ISO 9002：1987《质量体系——生产和安装的质量保证模式》；

ISO 9003：1987《质量体系——最终检验和试验的质量保证模式》；

ISO 9004：1987《质量管理和质量体系要素——指南》。

1987年版ISO 9000系列国际标准的认证标准包括3个，即ISO 9001：1987、ISO 9002：1987和ISO 9003：1987。

（二）ISO 9000族标准的发展

1.1994年版ISO 9000族标准

1990年，ISO/TC176开始对ISO 9000系列标准进行修订，于1994年发布了27个标准和技术文件，取代了1987年版6项ISO 9000系列标准，称为族标准。1994年版ISO 9000族标准的认证标准也有3个，即ISO 9001：1994、ISO 9002：1994和ISO 9003：1994。

2.2000年版ISO 9000族标准

为了进一步提高标准使用者的竞争力，促进组织内部工作的持续改进，ISO/TC176成立了战略规划咨询组（SPAG），于1996年广泛征求了全世界标准使用者的意见；1997年吸纳了国际上最受尊敬的质量管理专家的意见整理为8项质量管理原则，为2000年版ISO 9000族标准的修订奠定了理论基础。

2000年12月15日，ISO正式发布了2000年版ISO 9000族的4个核心标准：

ISO 9000：2000《质量管理体系——基础和术语》

ISO 9001：2000《质量管理体系——要求》

ISO 9004：2000《质量管理体系——业绩改进指南》

ISO 19011：2000《质量和（或）环境管理体系审核指南》

ISO 9001：2000是2000年版ISO 9000族标准的其中一个核心标准，也是唯一一个认证标准。ISO 9001：2000转化为国家标准是GB/T 19001：2000。

3.2008年版ISO 9000族标准

为了更加明确地表述2000年版ISO 9001标准的内容，并加强与ISO 14001：2004标准的相容性，TC176决定对2000年版ISO 9001标准进行修正。2008版ISO 9000族核心标准为：

ISO 9000：2005《质量管理体系——基础和术语》（在2005年就修订完毕并发布，我国是在2008年才等同采用）；

ISO 9001：2008《质量管理体系——要求》；

ISO 9004：2009《质量管理体系——业绩改进指南》；

ISO 19011：2011《质量和（或）环境管理体系审核指南》。

2008年版ISO 9000族标准的认证标准也只有一个，即ISO 9001：2008，转化为国家标准是GB/T 19001：2008。

二、实施ISO 9000族标准的作用

（1）有利于提高产品质量，保护消费者利益。

通过质量管理体系的运行，要求企业对生产和服务提供过程的关键工序进行严格控制，可以减少乃至杜绝不合格品的产生，提高了产品质量，有效保护消费者的权利。

（2）为提高组织的运作能力提供了有效的方法。

实施ISO 9000族标准，可以将社会宏观管理与微观管理密切结合，将职责与权限密切结合，营造企业良好的运行氛围和运行机制，使全面质量管理理念成为企业管理的核心。

（3）有利于增进国际贸易，消除技术壁垒。

实施国际质量管理体系标准能为国际技术合作提供通用的语言和准则，企业通过取得国际质量管理体系认证，获得参与国际贸易的重要通行证，有效增强市场竞争能力。

（4）有利于组织的持续改进和持续满足顾客的需求与期望。

根据ISO 9000族标准持续更新的要求，企业通过改造生产的过程和工艺技术，设计和开发新产品、新的工艺流程，从而持续地满足顾客的需求与期望。

（5）有助于提高组织的信誉和形象。

通过质量管理体系认证对任何企业来说既是压力，也是动力。企业通过运用ISO 9000族标准，建立和健全质量管理体系，不断提高产品质量和服务质量，履行对顾客和社会的承诺，有助于提高自身信誉，赢得社会的认可。

补充阅读资料5-2

国内首张ISO 29990证书颁发
我国职业教育迈向高质量发展

近日，TüV南德意志集团（以下简称TüV南德）在北京为新疆特变电工培训学院（以下简称新疆特变电）颁发了ISO 29990:2010（《非正规教育与培训的学习服务 学习服务提供者基本要求》，以下简称ISO 29990）认证证书。

据悉，这是国内获颁的首张ISO 29990证书。它不仅是新疆乃至国内职业教育领域质量管理的一个里程碑，标志着我国职业教育行业管理理念开始实现与国际标准的接轨，还预示着我国职业教育行业正在迈向一个新的、追求高质量发展的阶段。

ISO 29990是由国际标准化组织制定发布的职业教育质量管理领域的国际标准。作为全球第一套面向职业教育与培训机构、社区大学等各种非学历教育学习服务提供者所建立的质量管理认证标准，该标准代表了非正规教育及培训等学习服务领域的国际通行要求。

资料来源 王惜纯.国内首张ISO 29990证书颁发 我国职业教育迈向高质量发展［EB/OL］.（2018-01-16）［2019-01-08］. http://finance.china.com.cn/industry/20180116/4510425.shtml.节选.

三、ISO 9001标准的基本要求

ISO 9001：2008标准以“PDCA”和“过程方法”为指导思想，很好地体现了全面质量管理的理念，标准从以下几个方面对组织提出了要求：

（一）文件要求

组织应按照标准要求建立质量管理体系并形成文件，建立的文件包括质量手册、程序文件、规范文件、质量记录。文件的结构如金字塔形状（如图5-1所示）。

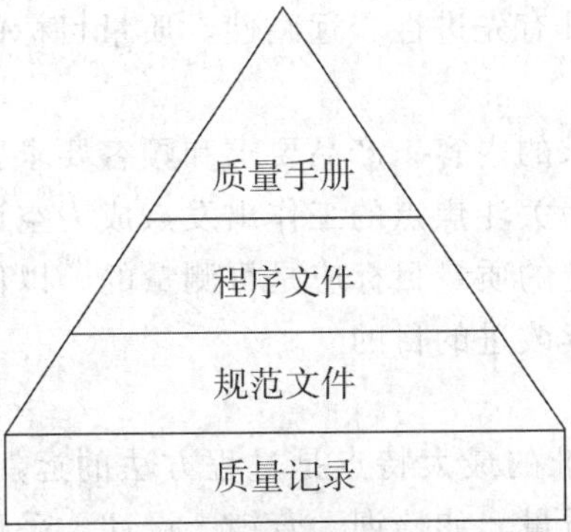

图5-1　文件的结构

质量手册（面）：纲领性文件，由顾客和公司领导使用。

程序文件（线）：标准性文件，由部门使用。

规范文件（点）：操作性文件，由岗位使用。

质量记录（痕）：鉴证性文件，由各层次使用。

（二）质量方针

质量方针是组织正式发布的该组织总的质量宗旨和方向。质量方针制定的目的是组织的最高管理者通过制定质量方针，统一组织的宗旨和方向，动员全员参与实现总目标。

1.质量方针的内容要求

（1）与组织的宗旨相适应。最高管理者应建立组织统一的宗旨和方向。质量方针是组织的总方针、宗旨和方向的一个有机的组成部分。除质量管理以外，还有经营管理、环境管理、财务管理、风险管理等。组织的各种管理体系都应统一协调、统筹兼顾、系统优化，取得组织的最大效益。

（2）包括对满足要求和持续改进质量管理体系有效性的承诺。质量方针应体现满足要求，使顾客及其他相关方满意，而且持续改进质量管理体系的有效性和提高效率。

（3）提供制定和评审质量目标的框架。质量方针应通过质量目标，层层分解落实，才能把主体思路体现到行动中，实现管理承诺。

2.质量方针的管理要求

（1）在组织内得到沟通和理解。通过质量方针在组织内的沟通和理解，创造一个良好的内部环境，以使整个组织从领导到员工为实现组织的目标而做出贡献。

（2）评审其持续的适宜性。最高管理者应适时（如通过管理评审）评价质量管理体系的适宜性、充分性、有效性，并持续改进，体现PDCA循环。

（3）质量管理的八项原则可作为制定质量方针的基础。

（4）按照文件控制要求对质量方针的制定、批准、评审和修订实施控制。

（三）质量目标

质量目标是指在质量方面所追求的目的。

质量目标的内容要求：

（1）最高管理者应确保在组织的相关职能和层次上建立质量目标。组织不仅要建立总体的质量目标，还应建立各部门的质量目标。

（2）依据质量方针，具有先进性、远瞻性。质量目标的制定不能脱离质量方针，应和质量方针保持一致。

（3）包含满足产品要求的内容。产品要求和顾客要求紧密联系，若质量目标中未体现满足产品要求，则以顾客为关注焦点的工作出发点成为空话。

（4）可测量。组织制定的质量目标应是可测量的，以便于检查。同时，组织通过对质量目标的统计可以达到持续改进的目的。

（四）过程要求

2008年版ISO 9001标准的最大特点是过程方法的运用。在产品形成的过程中存在各种各样的过程影响着产品质量，如培训、营销、设计、采购、生产、检验、售后服务、不合格控制等，如将过程中的活动、相关的资源进行管理，可以更高效地得到期望的结果。过程方法的运用体现了预防为主的思想。例如：

1.控制产品实现的策划质量

组织应对产品实现所需的过程进行策划和开发。策划和开发的内容包括产品的质量目标和要求，过程、文件和（提供）资源的需求，产品所要求的验证、确认、监视、检验和试验活动以及产品接收准则，所需的记录等。

2.控制与顾客有关的过程

为生产出满足顾客和国家法律法规要求的产品，组织的销售部门应确定与产品有关的要求，包括顾客明示和未明示的要求、国家法律法规要求及组织其他要求。为了按时、按质、按量地交付产品给顾客，组织应在签订合同或接收订单前进行评审。同时，组织应做好与顾客的售前、售中、售后沟通工作。

3.控制设计开发质量

设计开发新产品具有风险性，同时设计开发过程的质量对产品质量的影响很大，为降低设计开发的风险，避免先天性的不合格和缺陷产生，组织应控制设计开发过程的质量。通过市场调查、设计评审、设计验证、设计确认等活动，确保设计开发输出满足设计开发输入的要求，满足产品符合使用者的要求。

4.控制采购的质量

组织采购的原材料、外购件、外协件质量直接影响最终产品的质量，因此组织通过控制采购的质量来控制原材料、外购件、外协件质量。组织应通过供方评价、复评来选择合格供应商，在采购前提供充足的采购信息，对采购的原材料、外购件、外协件进行验收等活动，保证生产产品所需的原材料、外购件、外协件符合规定的质量要求。

5.控制生产过程的质量

确定并执行适宜的生产方法，使用适宜的设备，保证生产所需的工作环境，对操作员工进行资格鉴定和培训，控制影响质量的工艺参数，使用监视和测量设备进行检验，对交付后的活动如售后服务实施控制。

6.控制检验

按照产品实现的策划要求建立原材料检验、半成品检验、成品检验的文件并按照文件要求执行，确保产品质量符合规定要求，防止不合格的原材料、外购件、外协件投入生产，防止不合格的半成品流入下道工序，防止不合格成品交付给顾客。

7.控制标识和可追溯性

采用标志、标签、文字记录、涂颜色油漆等方法建立产品标识、检验试验状态标识、可追溯性标识。

8.控制产品防护

在内部处理和交付到预定的地点期间，组织应针对原材料、半成品、成品在标识、搬运、包装、贮存和保护等环节实施保护，以防止丢失、错用、损坏、变质等。

9.控制监视和检测装置的质量

组织应使用经按要求进行校准或检定的检测装置，确保检验和试验结果的有效性，防止因检测手段不合格造成对产品质量不正确的判定。

10.控制不合格品

组织应确定和实施控制不合格品文件，可通过返工、降级使用、拒收、报废等措施降低或消除不合格品产生的风险。

11.培训

组织应确定影响产品质量的工作人员的任职要求，通过培训或转岗、调岗等措施满足岗位需要。积极开展员工岗位技能培训，评价培训的有效性，努力提高员工的质量意识。

（五）持续改进要求

持续改进的手段有质量方针、质量目标、审核结果、数据分析、纠正和预防措施以及管理评审等。使用较多的手段是纠正和预防措施。当发现不合格或潜在不合格时，评审不合格，确定（潜在）不合格的原因，评价确保（潜在）不合格不再发生的措施的要求，确定和实施所需的措施，记录所采取措施的结果，评审所采取的（预防）纠正措施。

质量管理的要求通过文件的形式表达，组织在建立文件以后应严格按照文件要求执行。对质量管理体系文件的要求是：该做的要写到，写到的要做到，写到的要说到，说、写、做要一致。

四、企业开展ISO 9001认证的程序

（1）组建ISO 9001推行组织；

（2）对全体员工进行宣传，创建贯标气氛；

（3）对企业现状进行识别、诊断；

（4）依据诊断结果进行质量管理体系策划；

（5）对各级员工开展ISO 9001标准培训；

（6）依据策划结果编写质量管理体系文件；

（7）对质量管理体系文件开展宣传、发布、试运行；

（8）依据试运行结果更新质量管理体系文件；

（9）选择、培训内审员；

（10）开展内部质量体系审核，关闭内审中的不合格项；

（11）进行管理评审。

若质量管理体系运行的时间符合规定的要求，企业认为体系符合标准要求，可申请外部认证。

(1) 企业选择合适的认证机构并提出认证申请书；
(2) 认证机构受理认证申请；
(3) 认证机构制订审核方案；
(4) 认证机构委托审核机构进行现场审核前的策划和准备；
(5) 审核机构进行现场审核；
(6) 企业对不符合项按要求进行整改；
(7) 认证机构验证不符合项整改效果；
(8) 认证机构颁发证书；
(9) 实施监督审核和管理。

本章小结

质量管理的发展史是全面质量管理产生和发展的过程。全面质量管理吸收了质量检验阶段和统计质量阶段的优点，成为现代质量管理的重要方法和手段。

质量不仅包括产品实体的质量特性，还包括顾客要求。质量管理是企业管理的一项内容，包括质量策划、质量控制、质量保证、质量改进等活动。

全范围、全过程、全员、多方法是全面质量管理的特点。

ISO 9001认证是一种依靠外部力量推动所进行的质量管理方法。组织结合行业特点将ISO 9001标准要求转化为文件化的质量管理体系，有效地控制影响产品质量的各个过程（包括销售、设计、采购、生产、检验、售后服务等），确保人、机、料、法、环等处于受控状态，保证产品质量符合规定要求。

主要概念与观念

主要概念

质量　质量管理　全面质量管理

主要观念

全面质量管理要求　ISO 9001标准要求

基本训练

知识题

简答题

1.有人认为，质量管理主要依靠检验手段来完成。你同意这种观点吗？

2.请分析TQC和TQM的区别。

知识应用

1.ISO 9001标准有哪些要求？

2.企业质量管理的基础工作主要包括哪些方面？

技能题

请你收集已通过认证企业的质量管理体系文件，并调查如何编写质量管理体系文件。

能力题

案例分析

本田公司的质量战略

美国一向有“装在轮子上的国家”之称，汽车制造业十分发达，底特律市以汽车城而著称。但是，日本的本田公司不仅将自己的产品打进了美国的汽车市场，而且在美国的俄亥俄州建立了一家汽车装配厂（以下简称HAM），成为第一家在美国制造日本小汽车的日本汽车制造商。

日、美两国的文化背景很不相同，本田公司怎么能在美国市场上取得如此巨大的成功呢？这应该归功于它的质量战略。

本田公司在打进美国市场之前，曾细致地研究过德国大众汽车公司在美国失败的原因。德国大众汽车公司在20世纪50年代和60年代，曾是最大的小轿车出口商和第一个在美国制造外国小轿车的德国汽车制造商。但由于它对质量不够重视，在引擎还没有消灭瑕疵时便迫不及待地推出“野兔”牌小汽车，因潜伏着大量事故隐患，致使每家汽车代销商都拒绝进货。后来，它虽然在设计和工艺上做了改进后推出了改良的“野兔”车，但美国人已经形成了大众汽车质量低劣的观念，败局无法挽回。1987年大众汽车公司只好关闭其在宾夕法尼亚州的汽车制造厂，灰溜溜地撤离了美国。

20世纪70年代中晚期，本田公司吸取大众汽车公司的教训，为在美国推出本田公司第一辆阿考特牌轿车做准备，首先派遣一批工程师到洛杉矶地区研究美国的高速公路，逐次测量每一段路面的宽度和各岔路口的进出坡道，然后回日本模拟铺设几英里的高速公路，连各处接缝等细节都模拟得惟妙惟肖。这就使得阿考特牌轿车能完全适应美国的道路状况，美国买主驾驶起来感到得心应手。1985年9月，本田公司开设在俄亥俄州的HAM开始在美国本土制造日本汽车，并且源源不断地推出新型号轿车。总裁本田宗一郎始终把保证质量和尽量满足顾客需求放在第一位。他强调：“当我们开始在美国制造小汽车时，所做的第一件事就是在生产流水线试运行时严格检查，如果HAM生产出的小汽车质量比不上在日本制造的，那么我们良好的质量声誉就全毁了。”因此，HAM生产汽车从一开始就把重点放在工艺质量上而不是产量上。每辆新车在出厂前都经过严格测试，包括两英里的实际行驶里程试验，而大多数汽车制造厂只采用抽样行驶试验。本田公司采取这种做法，曾承受了一些损失。但是，由于质量过硬，赢得了消费者的信赖，本田公司最终大获其利。要保证汽车的质量，必须领先于技术新潮流。本田公司拨出年收入的5%用于研究和开发，而一般汽车制造厂家平均只拨出年收入的3.5%。本田公司还十分注意信息反馈。当他们了解到妇女们驾驶汽车抱怨方向盘太重时，就在6个月内将推出的第二代“序幕”车装上了电动方向盘。1985年1月，美国的《轿车和驾驶员》杂志将本田公司的阿考特牌轿车列入十大轿车排行榜，并称道：“阿考特车是世界汽车工业有史以来最接近于全世界通用的小轿车。”

资料来源　佚名.033质量战略［EB/OL］.（2014-10-13）［2018-12-26］. http：//www.doc88.com/p-9189497277489.html.节选.

问题：

1.本田公司是如何确定汽车产品质量的？

2.本田公司是如何进行质量管理的？

第六章　物流管理

学习目标

掌握物流的概念；了解现代物流产生的背景；熟悉物流的构成要素；对物流管理主要方面有一个基本的认识。

第一节　物流与物流系统

一、物流概述

物流是一门新兴的学科，它最初起源于美国，当时所研究的主要内容是企业为了把产品顺利销售出去而进行的一系列运输、仓储、包装等活动，使用的也是physical distribution（PD）一词，意为实体配送。第二次世界大战期间，美军后勤组织运用了一套科学方法，成功地将各种战略物资及时、准确地送至全球各地，为美军实施全球化战略提供了保障，这套方法在军事上被称为logistics（后勤）。第二次世界大战后，这套后勤补给的方法经发展，运用在企业的采购、生产与销售的业务流程中，并取得了巨大的经济效益。PD的概念也逐渐被logistics取代，logistics最终成为物流的代名词。

小思考6-1

物流概念从physical distribution被logistics取代，从单词的意思上看，“后勤”比“实体配送”提出哪些更高的要求？

答案：现代物流概念从“实体配送”发展到“后勤”，其中对物流提出更高的要求，即高效、准确、以消费者或服务客体为中心，提供优质服务。

（一）流通

流通作为一种经济形式而存在，是伴随着商品生产和商品交换的历史而产生与发展的。在商品经济的初级阶段，由于商品的品种、数量很少，生产者和消费者往往通过比较直接的渠道建立交换关系，流通的形态是初级的。随着生产水平的提高，专业化的工厂越来越多，规模也越来越大，商品的品种和数量都大大地增加了。由于生产地点和消费地点逐渐分离，生产者想要直接和消费者见面销售自己的商品是很困难的，往往要通过市场这个环节，即流通领域的过渡，才能将商品转移到消费者手中。

流通过程要解决两方面问题：一是对象物从生产者所有转变为用户所有，解决所有权的更迭问题；二是要解决对象物从生产地转移到使用地以实现其使用价值，也就是实现物的流转过程。前者被称为商流，后者被称为物流。

1.商流

对象物所有权转移的活动称为商流。在商流中的物资也称为商品，商流活动一般称为贸易或交易。商品通过交易活动由供给方转让给需求方，这种转让是按价值规律进行的。商流的研究内容是商品交换的全过程，具体包括市场需求预测、计划分配与供应、货源组织、订货、采购调拨、销售等。其中，既包括贸易决策，也包括具体业务及财物的处理。

2.物流

物流是指对象物从供给方向需求方的转移。这种转移既要通过运输或搬运来解决空间位置的变化，又要通过储存、保管来调节双方在时间节奏方面的差别。物流中“物”泛指一切物质资财，有物资、物体、物品的含义；而物流中的“流”泛指一切运动形态，有移动、运动、流动的含义，特别是把静止也作为一种形态。

物流系统中的“物”不改变其性质、尺寸、形状。也就是说，物流活动和加工活动不同，不创造“物”的性质效用，但是它克服了供给方和需求方在空间与时间方面的距离，创造了空间价值和时间价值，在社会经济活动中起着不可缺少的作用。

观念应用6-1　物流的空间效应

山西省的煤与泥土、石块等自然物一样，被埋藏在深山中。它只有经过采掘、输送到北京等地才能用来作为发电、取暖的燃料，成为重要的物资。它的使用价值是通过运输克服了空间距离才得以实现的，这就是物流的空间效应。

3.商流和物流的关系

商流和物流都是流通的组成部分，二者结合才能有效地实现商品由供方向需方的转移过程。商流和物流关系密切，相辅相成。一般在商流发生之后，即所有权的转移达成交易之后，对象物必然要根据新货主的需要进行转移，这就促使相应的物流活动出现。物流是产生商流的物质基础，商流是物流的先导。二者相辅相成，密切配合，缺一不可。只有在流通的局部环节，在特殊情况下，商流和物流才可能独立发生。一般而言，从全局来看，商流和物流总是相伴发生的。

（二）商物分离

1.商物分离的概念

尽管商流和物流的关系非常密切，但是它们各自具有不同的活动内容和规律。在现实经济生活中，进行商品交易活动的地点，往往不是商品实物流通的最佳路线必经之处。如果商品的交易过程和实物的运动过程路线完全一致，往往会发生实物流路线的迂回、倒流、重复等不合理现象，造成资源和运力的浪费。商流一般要经过一定的经营环节来进行业务活动；而物流则不受经营环节的限制，它可以根据商品的种类、数量、交货要求、运输条件等，使商品尽可能由产地通过最少环节，以最短的物流路线，按时、保质地送到用户手中，以达到降低物流费用、提高经济效益的目的。

综上所述，在合理组织流通活动中，实行商物分离的原则是提高社会经济效益的客观需要，也是企业现代化发展的需要。对于商物分离的模式，通过图6-1进一步加以说明，图6-1（a）表示商物合一的流通网络，而图6-1（b）则表示商物分离的流通网络。在图中每一圆圈称为网络的结点，在结点处发生货物的发送、停止、存放或者信息的发生、终结、处理、加工等活动。结点之间的实线箭头表示物流，虚线表示信息流，这些结点和虚实线及箭头就构成了网络。

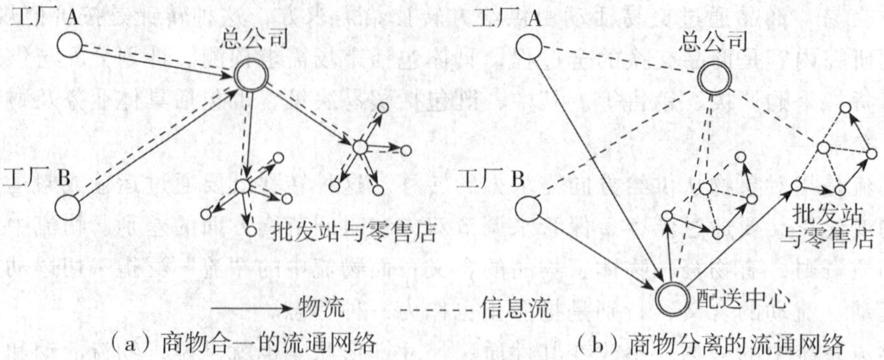

图6-1 商物分离的模式

图6-1（a）的网络比较简单，总公司从工厂购得商品送至批发站，批发站再将商品分别送到各零售店，信息流和物流完全一致。

图6-1（b）的网络是商物分离的模式。其运作过程如下：

（1）零售店对批发站以电话方式订货，订货信息通过电话回路或计算机网络传达给总公司的信息中心，信息中心确认库存商品可以满足订货需要时，向配送中心下达出库指示。

（2）配送中心根据要求向零售店按计划以回路配送的方式进行送货。同时配送中心将商品出入库的有关数据传达给总公司的信息中心，商品库存量的减少数据和在库状况记入信息中心的数据库。

（3）在库存量减少到一定水平时，总公司对工厂下达向配送中心补充商品的指令或是发出订货的指令，以保证配送中心功能的实施。

2.商物分离的特点和优点

商物分离模式的特点包括以下几方面：

（1）保管。取消总公司仓库和营业仓库分散保管方式而代之以配送中心集中保管。

（2）输送。原先是从工厂仓库至总公司仓库，再到批发站仓库，最后到零售店，是商物一致的三段输送。而在商物分离模式中是由工厂仓库至配送中心，然后直接送至零售店的两段输送。

（3）配送。原是分别向各零售店送货，现改为回路配送。

（4）信息系统。信息不再由总公司、批发站和工厂分头处理，而是由信息中心集中处理，用现代化通信系统对各环节进行控制。

商物分离的优点可列举如下：

（1）为了营业方便，公司批发站一般设在都市的繁华地区，而配送中心可以设在郊外。工厂之间的大批货物输送较为便利，可以缓和市内交通的拥挤。

（2）配送中心的仓库规模大，物流作业集中。同一地点处理的物流量大，便于采用机械化、自动化的保管设施和装卸机械，大幅度地提高了物流活动生产率，同时也可以降低物流成本。

（3）配送中心实行回路配送，提高了运输设备利用率，降低了运输费用，对用户的服务质量也得到了改善。

(4) 商物分离使各部门的职能单纯化，可以提高工作效率。实现商物分离必须创造一定的条件，如商品标准化、合同标准化等，还应该建设完善的信息系统，保证总公司、工厂、配送中心以及批发站等之间的信息交换协同统一。

(三) 现代物流的概念

“logistics”来源于法语的“logistique”，即“宿营”，是有关军队移动、供应、宿营的军事用语。其含义是指军队的后勤保障，即将粮食、服装、军火等军需物资与人员按时、保量、保质地补充到指定的地点。“logistics”由军事用语转变为经济用语后，其含义也发生了一些变化，存在着多种定义。

从各种对现代物流的定义来看，现代物流具有以下特点：

(1) 将向顾客提供的物流服务目标体现在现代物流的定义中，强调了物流为顾客服务的重要性。

(2) 现代物流的活动范围极其广泛，既包括原材料采购与供应阶段的物流，也包括生产阶段的物流、销售阶段的物流、退货阶段的物流及废弃物处理阶段的物流等整个生产、流通、消费过程的全部物流活动。

(3) 现代物流不仅重视效率，更重视效果，即强调物流过程中的投入（成本）与产出（增加销售额或利润）之间的对比关系。

(4) 现代物流不仅强调物流各构成要素的整体最佳，还强调物流活动与其他生产经营活动之间的整体最佳。

(5) 现代物流更强调库存的一体化管理、信息管理及按需生产。

(6) 现代物流强调生产、销售、物流是企业经营的三大支柱，并将物流视为与生产、销售相并列的企业经营战略之一。

对现代物流的定义都强调了物流活动的“有效性”，以及对物流活动的“计划、执行与控制”。根据各国对现代物流的定义，现代物流是指基于满足顾客需求，以及对成本与效益的考虑而进行的涉及生产、销售、消费全过程的物品及其信息的系统流动过程。

小知识6-1 **军事战争与logistics**

在历史上，因“logistics”而导致战争失败与胜利的例子很多。例如，素有战争天子之称的拿破仑也因缺乏强大的“logistics”能力而吃了败仗。拿破仑在1812年5月率领60万大军远征莫斯科时，虽然取得了一时的胜利，但是终因其后勤保障不得力而于当年10月19日兵败莫斯科。第二次世界大战期间，美国军队从各部门选拔出第一流的人才充实到“logistics”部门。该部门对驻扎在太平洋各岛屿上的日军的战略部署进行了彻底的调查，据此进行了军事资源的最佳组合，对人员、武器装备、粮食等军需物资进行了全方位的计划与供应，从而取得了太平洋对日作战的最终胜利。

二、物流系统

物流系统是指在一定的时间和空间里，由所需输送的物料和包括有关设备、输送工具、仓储设备、人员以及通信联系等若干相互制约的动态要素构成的具有特定功能的有机整体。

小知识6-2

“系统”一词来源于古希腊的“system”，有“共同”和“给以位置”的含义。在人类社会中，任何事物都是以“系统”的形式存在的。

（一）物流系统的组成

物流系统由“物流作业系统”和支持物流信息流动的“物流信息系统”两大部分组成。物流作业系统包括运输、保管、搬运、包装、流通加工等诸多活动。物流信息系统包括对物流作业系统中的各种活动下达命令、实时控制和反馈协调等信息活动。物流作业系统中各活动是相互牵制、相互制约的关系，任何一个环节处理不好将影响整个物流作业的效益。只有通过物流信息系统，从整体上对各活动做统筹安排，实时控制，并根据反馈信息做出迅速调整，才能保证物流作业系统的高效、畅通和快捷。

观念应用6-2

一些先进的科学技术成果被运用于物流作业系统，如磁悬浮列车、自动立体式仓库、机器人、机械手等，它们的应用大大提高了物流作业系统的运作效率。物流信息系统中，先进技术的应用有计算机、网络、GPS（全球卫星定位系统）、GIS（地理信息系统）、RF（射频技术）、QR（快速反应系统）等。

物流作业系统和物流信息系统之间存在一定的层次关系，表现为物流信息系统对物流作业系统下达指令，物流作业系统反馈信息给物流信息系统。物流信息系统处在物流作业系统的上层，起着调控管理的作用。它们之间密不可分，相互依赖、相互配合，以实现整个物流系统的目标。

（二）物流系统的目标

1.“6S”目标

（1）服务性（service），即在为顾客服务方面要求做到无缺货、无货物损伤和丢失等现象，且费用便宜。

（2）快捷性（speed），要求把货物按照顾客指定的地点和时间迅速送到。为此可以把物流设施建在供给地区附近，或者利用有效的运输工具和合理的配送计划等手段。

（3）安全性（safety），即尽量保证货物运输途中的安全，装卸、搬运过程中的安全和保管阶段的安全；尽可能地减少客户的订货断档。

（4）有效地利用面积和空间（space saving）。虽然我国土地费用比较低，但也在不断上涨。特别是对城市市区面积的有效利用必须加以充分考虑。应逐步发展立体化设施和有关物流机械，求得空间的有效利用。

（5）规模适当化（scale optimization）。应该考虑物流设施集中与分散的问题是否适当，机械化与自动化程度如何合理利用，情报系统的集中化所要求的电子计算机等设备的利用等。

（6）库存控制（stock control）。库存过多则需要更多的保管场所，而且会产生库存资金积压，造成浪费，因此必须按照生产与流通的需求变化对库存进行控制。

上述物流系统化的目标简称为“6S”，要发挥以上物流系统化的效果，就要进行研究，使物流作业合理化、现代化，从而降低其总成本。

2.“7R”目标

密西根大学的斯麦基教授倡导的物流系统的目标由“7R”组成：right quality（优良的质量），right quantity（合适的进量），right time（适当的时间），right place（恰当的场所），right impression（良好的印象），right price（适宜的价格），right commodity（适宜的商品）。

第二节　物流构成要素

物流活动（物流的要素）一般包括有运输、仓储、装卸搬运、包装、流通加工和物流信息等内容。

一、运输

（一）运输的作用

运输的任务是对物资进行较长距离的空间移动。物流部门通过运输解决物资在生产地点和需要地点之间的空间距离问题，从而创造商品的空间效益，实现其使用价值，以满足社会需要。运输是物流的中心环节之一，是物流最重要的功能之一。

（二）运输方式及特点

陆地、海洋和天空都可以作为运输活动的空间，运输的主要方式有以下几种：

1.铁道运输

它是陆地长距离运输的主要方式。由于其货车在固定轨道路线上行驶，可以自成系统，不受其他运输条件的影响，具有按时刻表运行、轨道行驶阻力小、不需频繁地启动制动、可重载高速运行及运输单位大等优点，从而使运费和劳务费降低。但由于在专用路线上行驶，而且车站之间距离比较远，因此其缺乏机动性。此外，运输的起点和终点常常需要汽车进行转运，增加了搬运次数。

2.汽车运输

它是最普及的一种运输方式。其最大优点是空间和时间方面具有充分的自由性，不受路线和停车站的约束，只要没有特别的障碍（如壕沟、过窄的通道等），汽车都可以到达。因此，可以实行从发货人到收货人之间门对门直达输送。由于减少了转运环节，货物包装可以简化，货物损伤、丢失和误送的可能性很小。但汽车运输的运输单位小，运输量和汽车台数与操作人员数成正比，产生不了大批量输送的效果。运费和劳务费较高，特别是长距离输送中缺点较为显著。此外，由于在运行中司机自由意志起主要作用，因此容易发生交通事故，对人身、货物、汽车本身造成损失。由于汽车数量的增多，产生交通阻塞，使汽车运行困难，同时产生的废气、噪音也造成了环境污染。

3.船舶运输

它有海运和内河航运两种。利用水路运送货物，在大批量和远距离的运输中价格便宜，可以运送超大物和超重物。运输路线主要利用自然的海洋与河流，不受道路的限制，在隔海的区域之间是代替陆地运输的主要方式。但水上航行的速度比较慢，航行周期长（海上运输有时以几个月为周期）。此外，易受天气影响，航期不能保证，建设港湾也要花费高额费用。

4.航空运输

其主要优点是速度快。由于时间短，货物损坏少，因此特别适合一些保鲜物品的输送。但是航空运输的费用高，离机场距离比较远的地方利用价值不大。

5.管道运输

自来水和城市煤气的运输配送方式是与人们生活密切相关的管道运输。它的主要优点是：基本没有运动部件，维修费便宜。管道一旦建成，可以连续不断地输送大量物资，不费人力，运输成本低。管道铺设可以不占用土地或占地较少。此外，具有安全、事故少、公害少等优点。管道运输的缺点是在输送地点和输送对象方面具有局限性。它一般适用于气体、液体，如天然气、石油等，但是也发展到粉粒体的近距离输送，如粮食、矿粉等。

二、仓储

（一）仓储的作用

仓储在物流系统中起着缓冲、调节和平衡的作用，是物流的另一个中心环节。仓储的目的是克服产品生产与消费在时间上的差异，使物资产生时间上的效果。它的内容包括储存、管理、保养、维护等活动。产品从生产领域进入消费领域之前，往往要在流通领域停留一定时间，这就形成了产品储存。在生产过程中原材料、燃料、产品备件和半成品也需要在相应的生产环节之间有一定的储备，作为生产环节之间的缓冲，以保证生产的连续进行。

（二）仓库的功能

（1）防止断档。缩短从接受订单到送达货物的时间，以保证优质服务，同时又要防止脱销。

（2）降低物流成本。在适当的时间补充与需求量相适应的合理的货物量，以降低物流成本，消除或避免销售波动的影响。

（3）保证生产的计划性、平稳性，以消除或避免销售波动的影响。

（4）展示功能。

（5）储备功能。

补充阅读资料6-1

富阳供电优化仓储，牢守“第三利润源”

为努力提高物流效率，浙江富阳供电公司（以下简称富阳供电）积极转变仓储管理模式，从物流布局和资产管理两方面降本增效。2014年7月7日，富阳供电成功实现对公司内场口、江南两个二级物资仓储点的合并工作。这是该公司提高物资管理效率、降低生产成本，打造“第三利润源”的举措之一。

（1）精简仓储网络，提高货物周转率。富阳供电原有二级物资仓储点26个，过分密集的布局不仅增加了货物运输的次数，随之带来仓储管理成本不断增加。对此，该公司对各二级物资仓储点的资产数据、流动数据和各仓储点之间的距离、车辆往来效率数据等进行周密分析，将26个二级物资仓储点缩减为3个，同步提高仓容利用率和运输效率。同时，为有效保护电力产品、节约资源，该公司对价值较高的电力生产物资，通过本部仓库直接配送的形式，尽量减少其在二级物资仓储点的存放、装卸和搬运次数，从而防止在二次搬运过程中对其造成的损坏。

（2）盘活利库在先，物资高效调配。为真正实现仓储点库存信息的透明、公开，同时有效加强内控，富阳供电配合使用SAP系统与已领待耗物资管理平台，两套信息系统相互“对账”，形成完整的监督体系。同时该公司强化统计分析工作，对月度库存情况、物资出入库情况以及单项物资周转率进行分析，实时更新未履约合同数量，掌握潜在库存数据，定期发布相关信息，督促工程部门加快物资领用，将库存压力提前释放。为避免形成新的积压库存物资，该公司建立需求计划准确性管理机制，物资部门与工程部门主动对接，按照年度综合计划安排，从设计阶段出发，减少由于物资需求不准确、设计变更而造成的物资过量采购，加强物资计划提报过程中的利库监控，定期统计、核实库存物资情况，共享利库物资信息，严把采购关口，从源头控制积压物资的形成。

截至目前，该公司仓容利用率较2013年提高近88.4%；库存资源周转加快，库存占用资金由2013年的708万元缩减至当前的621万元，库存下降12.29%，实现了“零积压”。

资料来源　佚名.富阳供电优化仓储 牢守“第三利润源”[EB/OL].（2014-08-05）[2019-01-06]. http://www.chinawuliu.com.cn/xsyj/201408/05/292424.shtml.

三、装卸搬运

（一）装卸搬运的意义

装卸搬运是指在同一地域范围内进行的、以改变物的存放状态和空间位置为主要内容与目的的活动。具体说，其包括装上、卸下、移送、拣选、分类、堆垛、入库、出库等活动。物流的主要环节，如运输和存储等是靠装卸搬运活动联结起来的，物流活动其他各个阶段的转换也要通过装卸搬运联结起来，由此可见，在物流系统的合理化中，装卸搬运环节占有重要地位。装卸搬运不仅发生次数频繁，而且作业内容复杂，又是劳动密集型的作业，其所消耗的费用在物流费用中也占有相当大的比重。

（二）装卸搬运作业的构成

装卸搬运作业有对输送设备（如辊道、车辆）的装上、装入、卸下和卸出作业，也有对固定设备（如保管货架等）的出库、入库作业等。

（1）堆放拆垛作业。堆放（装上、装入）作业是指把货物移动或举升到装运设备或固定设备的指定位置，再按所要求的状态放置的作业；而拆垛（卸下、卸出）作业则是其逆向作业。

（2）分拣配货作业。分拣作业是在堆垛作业前后或配送作业之前把货物按品种、出入先后、货流进行分类，再放到指定地点的作业。而配货作业则是把货物从所指定的位置按品种、下一步作业种类、发货对象进行分类的作业。

（3）搬送、移送作业。它是为了进行装卸、分拣、配送活动而发生的移动物资的作业，包括水平、垂直、斜行搬送，以及几种组合的搬送。

四、包装

（一）包装的功能

（1）保护——保持质量。

（2）定量——形成基本单位。

（3）标识——容易识别。

（4）便利——处理方便。

（5）促销——具有广告效力，唤起购买欲望。

（二）包装材料的类别

（1）纸和纸板品。

（2）塑料制品。

（3）木制容器。

（4）金属容器。

（5）其他。

五、流通加工

（一）流通加工的概念

在流通过程中辅助性的加工活动称为流通加工。流通与加工的概念本属于不同范畴。加工是改变物质的形状和性质、形成一定产品的活动；而流通则是改变物质的空间状态与时间状态的活动。流通加工则是为了弥补生产过程加工不足，更有效地满足用户或本企业的需要，使产需双方更好地衔接，将这些加工活动放在物流过程中完成而成为物流的一个组成部分。流通加工是生产加工在流通领域中的延伸，也可以看成流通领域为了更好服务而在职能方面的扩大。

（二）流通加工的形式

流通加工的形式有以下几种：

（1）为了运输方便，如铝制门窗框架、自行车、缝纫机等若在制造厂装配成完整的产品，在运输时将耗费很高的运输费用，一般都是把它们的零部件，如铝制门窗框架的杆材、自行车车架和车轮等分别集中捆扎或装箱，到达销售地点或使用地点以后，再分别组装成成品，这样会使运输方便而且经济。而作为加工活动的组装环节是在流通过程中完成的。

（2）由于顾客要求的多样化，所以必须在流通部门按照顾客要求进行加工，如平板玻璃以及铁丝等，在商店根据顾客所需要的尺寸临时配置。

（3）为了综合利用，在流通中将货物分解、分类处理。如猪肉和牛肉等在食品中心进行加工，将肉、骨分离。其中肉只占65%左右，向零售店输送时就能大大提高输送效率；骨头则送往饲料加工厂，制成骨粉加以利用。

因此，流通加工这一环节的发展，使流通与加工总体过程更加合理化。流通加工的内容一般包括袋装、定量化小包装、挂牌子、贴标签、配货、拣选、分类、混装、刷标记等。生产的外延流通加工包括剪断、打孔、折弯、拉拔、挑扣、组装、改装、配套以及混凝土搅拌等。

六、物流信息

物流活动进行中必要的信息为物流信息。信息是事物的内容、形式及其发展变化的反映。因此，物流信息和运输、仓储等各个环节都有密切关系，在物流活动中起着神经系统的作用。加强物流信息的研究才能使物流成为一个有机系统，而不是各个孤立的活动。一些物流技术发达的国家都把物流信息工作作为改善物流状况的关键而给予充分的注意。在物流中对各项活动进行计划预测、动态分析时，还要及时提供物流费用、生产情况、市场动态等有关信息。只有及时收集和传输有关信息，才能使物流通畅化、定量化。

综上所述，物流系统是由运输、仓储、装卸搬运、包装、流通加工、物流信息等环节组成的。物流系统的效益并不是它们各个局部环节效益的简单相加，因为各环节的效益之间存在相互影响、相互制约的关系，也就是交替损益的关系。任何一个环节的过分削弱都会影响到物流系统链的整体强度。重视系统观念，追求综合效益最佳，是物流学的最基本观点之一。

观念应用6-3 我国南北方的物流差距

从总体上看，南北方的物流规模（货运量、货物周转量、物流领域就业量）相差不大，物流资源也互有优势。南方水上物流与公路物流资源相对丰富，而北方则拥有较丰富的铁路物流资源。但是，南方物流的产业化程度与物流产业的劳动效率要高于北方。这主要是由于南方沿海地区的物流产业化程度与物流产业的劳动效率较高的原因。

第三节 物流管理基本原理

一、物流战略

（一）物流战略的概念

任何一家企业要想取得物流管理的成功，首先要明确企业的物流战略。战略是站在目标和远景的高度来指导某项行动的。

物流战略包括三个目标：成本最小、投资最少和服务改善。

成本最小是指降低可变成本，主要包括运输和仓储成本。面对诸多竞争者，企业应达到何种服务水平是早已确定的事情，成本最小就是在保持服务水平不变的前提下选出成本最小的方案。当然，利润最大一般是企业追求的主要目标。

投资最少是指对物流系统的直接硬件投资最小化从而获得最大的投资回报率。在保持服务水平不变的前提下，企业可以采用多种方法来降低企业的投资。例如，不设库存而将产品直接送交客户，选择使用公共仓库而非自建仓库，运用JTT策略来避免库存或利用第三方物流服务等。

服务改善是提高竞争力的有效措施。随着市场的完善和竞争的激烈，顾客在选择企业时除了考虑价格因素外，及时、准确到货也越来越成为企业的有力的筹码。当然高的服务水平要有高成本来保证，因此权衡综合利弊对企业来说是至关重要的。服务改善的指标值通常用顾客需求的满足率来评价，但最终的评价指标是企业的年收入。

（二）物流战略实施计划

物流战略的实施由战略实施计划来支持。战略实施计划是指导物流战略管理的重要过程。物流战略实施计划主要包括四个方面的问题：顾客服务水平、物流设施分布、库存和运输。这四方面是设计物流系统不可分割的整体（如图6-2所示）。

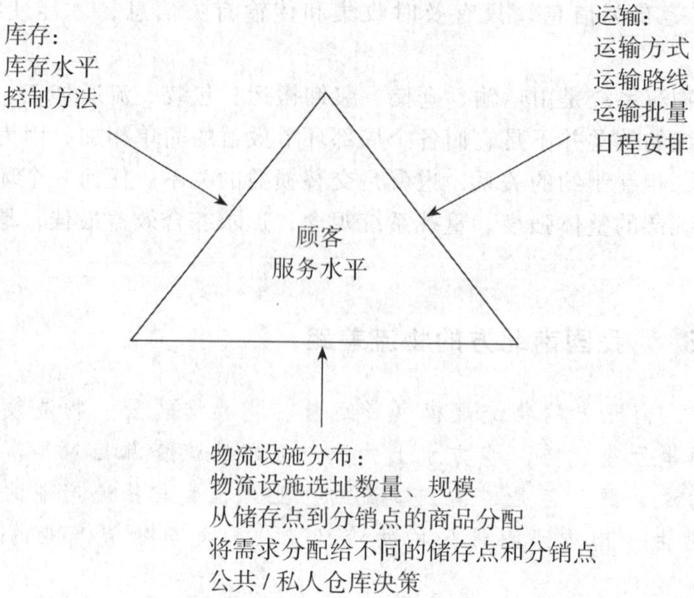

图6-2 物流决策三角

物流系统的顾客服务水平是较其他因素更要引起关注的方面。若将服务定在较低的水平，企业则可使用较便宜的运输方式和在较少的地方设置库存；否则，则要求运输和库存都有足够的保障。

物流设施分布包括产品从工厂、分销商或中间库存到顾客整个产品供应的活动和相应的费用。存货和分销地点的地理分布构成了物流系统的骨架，选择何种分销方式直接影响物流的费用。于是，物流设施分布要解决的问题就是找到费用最小或获利最大的产品分销方式。

库存指的是货物的库存采取何种管理方式。其中，将总的存货分配到不同的分销地点还是通过持续供货的方法，是两种不同的存货方式。采取不同的库存管理方法决定了物流设施的分布决策。

运输所涉及的问题包括运输方式的选择、运输批量、运输路线和日程安排。这些决策受物流设施分布的影响，同时在做物流决策时也应考虑到运输的问题。库存水平的大小也与运输批量有关。

二、物流成本

（一）物流成本与物流成本管理

物流成本是指物资在空间位移（含静止）过程中所耗费的各种劳动和物化劳动的货币表现。具体地说，它是物资在前面介绍的各种物流作业流程中所支出的人力、财力和物力的总和。加强对物流成本的管理，对降低物流成本、提高物流活动的经济效益具有非常重要的意义。

所谓物流成本管理，不是管理物流成本，而是通过成本去管理物流，可以说是以成本为手段的物流管理，通过对物流活动的管理降低物流费用。

（二）物流成本的特征

（1）多数物流成本未进行物流费用计算，而是混杂在制造成本、销售成本及一般经费中，难以明确掌握。

补充阅读资料6-2

“物流成本冰山”学说

“物流成本冰山”学说是由日本早稻田大学西泽修教授提出来的。他在研究物流成本时发现，现行的财务会计制度和会计核算方法都不能掌握物流费用的实际情况，因而人们对物流费用的了解是一片空白，甚至有很大的虚假性，他把这种情况比作“物流成本冰山”。冰山的特点是大部分沉在水面下，而露在水面上的仅仅是冰山的一角。物流成本便是一座冰山，其中沉在水面下的是我们看不到的黑色区域，而我们看到的不过是物流成本的一部分（如图6-3所示）。

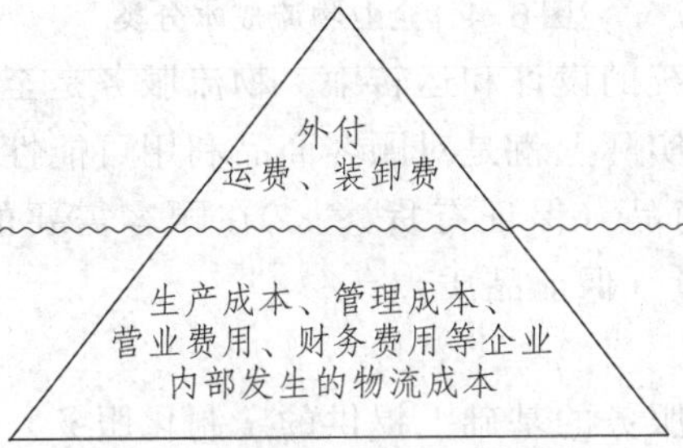

图6-3　“物流成本冰山”理论示意图

资料来源　唐文登，谭颖.物流成本管理［M］.重庆：重庆大学出版社，2015.

（2）物流成本的乘法效应。物流成本的削减对企业利润的增加具有乘法效应。

（3）物流成本的效应背反。在物流功能之间，一种功能成本的削减可能引起其他功能成本的增加，由于各种物流成本的相关性，必须考虑整体最佳成本，即追求物流总成本的最小化。

（4）物流成本的核算超越单个组织的边界。物流成本的计算范围，各企业均不相同；并且企业内部在降低物流成本的问题上，不能仅仅局限在某一部门，必须处理好各环节之间的“效应背反”问题。

（三）物流成本的分类

从不同的角度观察，就会有不同的物流成本分类方式。这里从企业角度来看，物流成本可以这样分：最狭义的物流成本，是仅把生产厂家向外部支付的物流费用算作物流成本。除此之外，若再加上企业内消费的物流费用，则是一般的生产企业的狭义物流成本。当在此基础上再将材料的物流费用包括进来的话，就形成了生产企业广义物流成本。除这些制造企业物流费用外，再将销售业的物流费用也包括进来，才是最广义的物流成本。企业物流成本分类如图6-4所示。

三、物流服务

（一）物流服务的重要性

这里说的物流服务不仅指企业向外提供的服务，还包括企业享受的来自外部的物流服务。这是因为企业低成本的实现往往涉及商品生产、流通的全过程，除了受生产原材料、零部件、人力成本等各种有形因素影响外，物流服务方式等软性要素的选择对其也具有相当大的影响。物流服务水平直接影响着企业的市场份额和物流总成本，并最终影响其盈利

- 最广义的物流成本
  - 生产企业广义物流成本
    - 狭义物流成本
      - 最狭义的物流成本
        - 支付运费
        - 支付仓储费
        - 包装材料费
        - 其他向企业外支付的物流费用
      - 本企业内部运费
      - 本企业内部仓储费
      - 包装间接费
      - 其他本企业内消费的物流费用
    - 材料物流费用
  - 销售业的物流费用

图6-4 企业物流成本分类

能力。因此，在企业物流系统的设计和运转中，物流服务是至关重要的环节。

我们所说的物流服务，实际上就是对顾客商品利用可能性的一种保证。它包含了三种要素：①有顾客所期望的商品（保证有货）；②在顾客需要的时间内传递商品（保证送货）；③达到顾客要求的质量（保证品质）。

（二）物流的增值服务

增值服务是在基本物流服务的基础上提供的定制化服务。增值服务用于满足顾客的特殊需求，体现企业竞争优势。它主要包括以顾客为核心的增值服务、以促销为核心的增值服务、以制造为核心的增值服务、以时间为核心的增值服务。

1.以顾客为核心的增值服务

以顾客为核心的增值服务是指利用第三方专业人员向买卖双方提供配送产品的各种可供选择的服务。如企业直接送货到顾客家、按零售商要求的明细产品规格提供持续配送服务等。

2.以促销为核心的增值服务

以促销为核心的增值服务是指利用独特的销售点展销台等的配置，旨在刺激销售的各种服务，包括直接邮寄促销、销售点广告宣传、促销材料的物流支持等。

3.以制造为核心的增值服务

以制造为核心的增值服务是指通过独特的产品分类和递送来支持制造活动的服务。不同顾客的实际设施和制造装备都是独特的，在理想状态下，配送和逆向物流可按照顾客要求定制。如按要求装配成套机械以满足特定顾客的需求，又如为支持各种促销方案进行相同产品的不同包装。一般而言，这些增值服务由专业人员承担，它意味着单位成本的增加，但同时大大降低在生产中的预期风险，使顾客服务得到极大改善。

4.以时间为核心的增值服务

时间是获取竞争优势的关键。以时间为核心的增值服务是采用准时化制度，通过专业人员对配送前的存货进行分类、组合、排序。其目的是要在总量上最低限度地减少搬运次数和检验次数。它消除了不必要的仓库设施与重复劳动，极大限度地提高了服务的速度。

本章小结

物流管理在企业中的地位随着企业经营规模的扩大越发显示出它的重要性。本章简明而清晰地阐述了物流的概念、物流各项功能以及物流管理的几个方面。

物流的概念源于美国，各国对物流的定义有所差别。本书将现代物流定义为：基于满足顾客需求，以及对成本与效益的考虑而进行的涉及生产、销售、消费全过程的物品及其信息的系统流动过程。

物流的管理不是解决某一环节的问题，每一问题的出现都牵涉一个大的系统。物流系统包括物流作业系统和物流信息系统。重视系统观念，追求综合效益最佳，是物流学的最基本观点之一。在物流系统中包含着几个主要活动，它们是运输、仓储、装卸搬运、包装、流通加工、物流信息等。对它们管理的关键问题是统筹安排，实现各环节的合理化。

物流管理是指为以最低的物流成本达到顾客所满意的服务水平，对物流活动进行的计划、组织、协调与控制。它涉及多个层面的内容，如战略管理、成本管理、服务管理等。

主要概念与观念

主要概念

现代物流　物流管理

主要观念

现代物流产生的必要性　物流系统的构成

基本训练

知识题

简答题

1. 商流和物流分别如何定义？

2. 描述物流实施计划的制订过程。

知识应用

1. 阐述商流与物流的关系。

2. 阐述传统物流与现代物流的区别。

3. 阐述物流成本与物流服务的关系。

技能题

画出商流与物流分离的图形。

能力题

案例分析

青啤集团现代物流管理

青啤集团引入现代物流管理方式，加快产成品走向市场的速度，同时使库存占用资金、仓储费用及周转运输费用在一年多的时间里降低了3 900万元。

1998年第一季度，青啤集团以“新鲜度管理”为中心的物流管理系统开始启动，当时青岛啤酒的产量不过30多万吨，但库存就高达3万吨，限产处理积压，按市场需求组织生产成为当时的主要任务。青啤集团将“让青岛人民喝上当周酒，让全国人民喝上当月酒”作为目标，提出了优化产成品流通渠道的具体做法和规划方案。

青啤集团首先成立了仓储调度中心，对全国市场区域的仓储活动进行重新规划，对产品的仓储、转库实行统一管理和控制。由提供单一的仓储服务，到对产成品的市场区域分部、流通时间等全面的调整、平衡和控制，仓储调度成为销售过程中降低成本、增加效益的重要一环。以原运输公司为基础，青啤集团注册成立具有独立法人资格的物流有限公司，引进现代物流理念和技术，并完全按照市场机制运作。作为提供运输服务的“卖方”，物流有限公司能够确保按规定要求，以最短的时间、最少的开支和最经济的运送方式将产成品送至目的地。

同时，青啤集团应用建立在Internet信息传输基础上的ERP，筹建了青岛啤酒集团技术中心，将物流、信息流、资金流全面统一在计算机网络的智能化管理之下，建立起各分公司与总公司之间的快速信息通道，及时掌握各地最新的市场库存、货物和资金流动情况，为制定市场策略提供准确的依据，并且简化了业务运行程序，提高了销售系统运作效率，增强了企业的应变能力。同时青啤集团还对运输仓储过程中的各个环节进行了重新整合、优化，以减少运输周转次数，压缩库存，缩短产成品仓储和周转时间等。其具体做法如：根据客户订单，产成品从生产厂直接运往港、站；省内订货从生产厂直接运到客户仓库。仅此一项，每箱的成本就下降了0.5元。青啤集团同时对仓储的存量做了科学的界定，并规定了上限和下限。上限为1.2万吨。低于下限发出要货指令，高于上限不再安排生产，这样使仓储成为生产调度的“平衡器”，从根本上改变了淡季库存积压、旺季市场断档的尴尬局面，满足了市场对新鲜度的需求。

目前，青啤集团仓库面积由70 000多平方米下降到29 260平方米，产成品库存量平均降到6 000吨。

这个产品物流体系实现了环环相扣：销售部门根据各地销售网络的要货计划和市场预测，制订销售计划；仓储部门根据销售计划和库存及时向生产厂传递要货信息；生产厂有针对性地组织生产；物流公司则及时地调度运力，确保交货质量和交货期；销售代理商在有了稳定的货源供应后，可以从人、财、物等方面进一步降低销售成本，增加效益。

资料来源　作者根据教学资料改编.

问题：

1. 请分析青啤集团的新鲜度管理对物流提出了哪些要求。

2. 青啤集团是如何满足市场需求的？

第七章　财务管理

学习目标

理解财务管理的概念、目标和内容；了解财务管理的特点、环节、环境、基本原则、价值观念，成本、费用和利润的计算；掌握筹资管理的方式和资产管理的要点及进行财务分析的基本方法和指标。

第一节　财务管理概述

一、财务管理的概念和特点

（一）财务管理的概念

财务管理，是企业以再生产过程中客观存在的财务活动和财务关系为基础而产生的企业组织财务活动、处理与各方面财务关系的一系列经济工作的总称。

（二）财务管理的特点

1.价值管理

财务管理区别于其他管理活动的最主要的特点在于它是一种价值管理。它主要利用资金、收入、成本、利润等价值指标，运用财务管理的方法来组织企业中价值的形成、实现和分配，并处理这种价值运动中的经济关系。

2.综合性管理

财务管理的另一特点是具有很强的综合性。企业生产经营活动各个方面的效果，大多可以通过反映资金运动过程和结果的各项价值指标体现出来，而及时组织资金供应，有效使用资金，严格控制生产耗费，大力增加收入，合理分配收益，又能够促进企业有效开展经营活动，不断提高经济效益。

二、财务管理的目标和内容

（一）企业财务管理的目标

企业财务管理的目标是理财活动所希望实现的结果，是评价理财活动是否合理的基本标准。不同的财务管理目标，应采用不同的财务管理运行机制。

1.利润最大化目标

利润最大化目标是指通过企业财务管理活动，不断增加企业利润，使企业利润达到最大。企业财务管理人员在进行管理的过程中，应以此原则进行决策和管理。将利润最大化作为企业财务管理目标有合理的一面，即有利于企业经济效益的提高，但也存在以下问题：①没有考虑利润的取得时间和资金的时间价值；②企业在追求利润时容易产生短期行为；③没有科学地考虑获取利润和所承担风险的关系；④没有考虑所取得的利润与投资额的关系。

2.每股盈余最大化目标

这种观点把企业的净利润和股东投入的资本联系起来考察。将每股盈余最大化作为企业财务管理目标，可以避免“利润最大化”的缺点，但也存在如下问题：①没有考虑风险因素；②没有考虑每股盈余取得的时间。

3.股东财富最大化目标

股东财富最大化目标是指通过财务上的合理运营，使企业股东的财富达到最大化。股东财富最大化可演化为股票价格最大化，这是因为股东财富是由其所拥有的股票价格决定的，即股票价格达到最高点时，股东财富也达到最大化。股东财富最大化目标与利润最大化目标相比，具有以下优点：①股东财富最大化目标便于计量、考核和奖惩；②股东财富最大化目标能够克服企业在追求利润时的短期行为；③股东财富最大化目标能够科学地考虑风险因素。

但是，股东财富最大化目标仍存在一些问题：①适用范围小，只适合上市公司；②考虑问题的范围窄，忽视了股东以外的企业其他关系人的利益。

4.企业价值最大化目标

企业价值最大化目标是指通过企业财务上的合理运营，采用最优的财务政策，充分考虑资金的时间价值、风险与报酬的关系，以求企业整体价值达到最大。将企业价值最大化作为财务管理的目标的优点是：①扩大了考虑问题的范围，并且注重在企业发展中的各方的利益关系；②科学地考虑了风险和报酬之间的关系；③考虑了取得报酬的时间，并能用时间价值原理进行计量；④能够克服企业在追求利润时的短期行为。

企业进行财务管理，就是要正确比较报酬与风险之间的得失，努力实现二者之间的平衡，使企业价值达到最大。所以，企业价值最大化目标体现了对经济效益的深层次认识，成为现代财务管理的最优目标。

（二）企业财务管理的内容

财务管理是基于企业生产过程中客观存在的财务活动和财务关系而产生的，是合理组织资金运动、处理财务关系的一项经济管理活动，是企业管理的重要组成部分。企业财务管理的内容主要包括筹资管理、资产管理、成本费用管理、收入和利润管理、分配管理以及财务分析等。

三、财务管理的主要环节

（一）财务预测

财务预测，是指根据财务活动的历史资料，充分考虑企业的现实条件和要求，对企业未来的财务活动和财务成果做出科学预测的过程。通过财务预测，企业可测算未来不同经营方案在不同经营条件下所能达到的理财目标，为企业决策提供可靠的依据。

企业财务预测环节包括：明确预测对象和目标，收集和整理资料，确定预测的方法，进行科学合理的预测。

（二）财务决策

财务决策，是指在财务预测的基础上，对已提出的多个方案进行定性和定量分析，在进行科学的、经济的及技术的充分论证后，得出正确结论，从而选择最佳方案。

（三）财务计划

财务计划，是指运用科学的技术手段和数学方法，对财务目标进行综合平衡，制定和协调各项主要计划指标。财务计划是财务决策所确定的经营目标的系统化、具体化和数量化，是落实财务目标和措施、控制财务活动、分析生产经营活动效果的依据。企业财务计划主要包括资金筹措计划、固定资产投资计划及折旧计划、流动资产周转计划、成本费用计划、对外投资计划、收入和利润分配计划等。

（四）财务控制

财务控制，是指在财务管理过程中，利用有关信息和特定手段，对企业的财务活动施加影响或调节，以便实现计划所确定的财务目标。财务控制包括事前控制、事中控制、事后控制三种。

（五）财务分析

财务分析，是指以核算资料为主要依据，对企业财务活动的过程和结果进行调查研究，评价财务计划的完成情况，分析影响因素，挖掘企业潜力，提出改进措施。财务分析的一般程序是：进行对比，做出评价，因素分析，抓住关键，拟订措施，改进工作。

四、财务管理的环境

研究企业财务管理环境的目的在于使企业财务管理人员懂得，在进行各种财务活动时，应充分考虑各种环境因素的变化，做出相应的财务管理措施，以达到财务管理的预定目标。

（一）企业财务管理的外部环境

企业财务管理的外部环境，是指存在于企业外部、对企业财务活动具有影响的客观因素的综合。在市场经济条件下，企业财务管理的外部环境包括以下几个方面：

1.宏观经济环境

宏观经济环境是指国家各项经济政策、经济发展水平及经济体制等对财务管理工作的影响。经济政策包括财政、税收、物价、金融等各个方面的政策。这些政策都会对企业的经营和财务管理工作产生重要影响。企业在进行财务决策时，必须充分考虑有关经济政策对企业本身的影响。经济发展水平越低，财务管理水平也越低。经济体制是指针对有限资源进行配置而制定并执行决策的各种机制。在社会主义市场经济体制下，我国企业筹资、投资的权利归企业所有，企业必须根据自身条件和外部环境做出并实施财务决策。

2.金融环境

金融环境是企业重要的环境因素，金融机构、金融市场和利息率等是影响财务管理的主要金融环境因素。金融机构包括银行和非银行金融机构。金融市场主要包括外汇市场、资金市场、黄金市场等。

3.法律环境

随着经济体制改革的深入，我国逐步建立了社会主义市场经济体制。企业的一切经济活动都以法律为依据，受法规的制约。因此，已颁布的各种法规对企业的财务活动有重大影响，财务人员必须熟悉这些法规，合理、合法地执行各项财务管理的职能，以实现企业管理的最优目标。

4.社会文化环境

社会文化环境包括教育、科学、文学、艺术、新闻出版、广播电视、卫生、体育、习俗以及同社会制度相应的权利和义务观念、道德观念、组织纪律观念、价值观念、劳动态度等。财务管理作为人类的一种社会实践活动，必然会受到社会文化环境的影响，只是社会文化环境的各方面对财务管理的影响程度有所不同：有的是间接产生影响，有的是直接产生影响；有的影响小，有的影响大。

（二）企业财务管理的内部环境

企业财务管理的内部环境是指企业内部客观存在的、对企业的财务活动能施加影响的所有因素的综合。企业财务管理的内部环境包括许多内容，其中对财务管理有重大影响的包括企业管理体制和经营方式、市场环境（内部）、采购环境和生产环境。在不同的企业内部环境约束下，企业应采取不同的财务政策和财务管理办法。

五、财务管理的原则与基础观念

（一）财务管理的原则

1.系统原则

财务管理从资金筹集开始，到资金投放使用、耗费，再到资金收回、分配，要经历几个阶段。这几个阶段组成相互联系的一个整体，具有系统的性质。为此，做好财务工作，必须从各阶段的协调和统一出发，这就是财务管理的系统原则。

2.平衡原则

这包括两个方面的平衡：一是指资金的收支在数量和时间上达到动态的协调平衡，从而保证企业资金的正常周转；二是指盈利与风险之间相互保持平衡，即在企业经营活动中必须兼顾和权衡盈利与风险两个方面。承认盈利一般寓于风险之中的客观现实，不能因追求盈利而不顾风险，也不能因害怕风险而放弃盈利，应该趋利避险，实现二者的平衡。

3.弹性原则

在财务管理中，必须在准确和节约的同时，留有合理的伸缩余地，以增强企业的应变能力和抵御风险能力。在实务中，常体现为实现收支平衡，略有节余。贯彻该原则的关键是防止弹性的过大或过小，因为弹性过大会造成浪费，而弹性过小会带来较大的风险。

4.成本效益原则

企业的理财目标是企业价值最大化，其内涵是在规避风险的前提下所得最大、成本最低，因而无论在筹资、投资及日常的理财活动中都应进行收益与成本的比较和分析。按成本效益原则进行财务管理时，在效益方面，既要考虑短期效益，又要考虑长期效益；在成本方面，既要考虑有形的直接损耗，又要考虑资金使用的机会成本，更要考虑无形的潜在损失。

5.利益关系协调原则

企业不仅要管理好财务活动，而且要处理好财务活动中的财务关系，如企业与国家、所有者、债权人、债务人、内部各部门以及员工个人等之间的财务关系，这些财务关系从根本上讲都是经济利益关系。因此，企业要维护各方的合法权益，合理、公平地分配收益，协调好各方的利益关系，调动各方的积极性，为同一个理财目标共同努力。

（二）财务管理的基础观念

货币时间价值和投资风险价值是现代财务管理的两个基础观念，在资金筹集管理、现金投放使用管理和资金分配管理中都必须加以考虑和应用。

1.货币时间价值

货币时间价值也称资金时间价值，是指作为资本投入的资金由于发生的时间不同，使得该资金具有不同的价值。

小思考 7-1

年初的100元和年末的100元价值是否相同？

答案：若不考虑货币时间价值，两者价值相同；如果考虑货币时间价值，则两者的价值肯定不同。比如，在年利率为15%的情况下，年初的100元相当于年末的115元（100+100×15%）。

2.投资风险价值

投资风险价值是指投资者由于冒着风险进行投资而获得的超过货币时间价值的额外收益，又称为投资风险收益、投资风险报酬。投资者所冒的风险越大，其要求的回报率也越高。投资风险价值可用风险收益额和风险收益率表示。风险收益率指风险收益额与投资额的比率。在不考虑通货膨胀的情况下，它包括两部分：一部分是无风险投资收益率，即货币时间价值；另一部分是风险投资收益率，即风险价值。在财务活动过程中，投资收益的取得必须以一定的风险控制为基础，保证盈利与风险之间的相互平衡。

第二节 资金筹集

一、资金筹集概述

（一）企业筹资的分类

企业筹资是指企业根据其生产经营、对外投资及调整资金结构等活动对资金的需要，通过一定的筹资渠道和适当的筹资方式获取及占用所需资金的一种行为。

企业筹集的资金按资金使用期限的长短分为短期资金与长期资金，按资金的来源渠道不同分为权益资金与负债资金。

（二）企业的筹资渠道和筹资方式

我国企业主要的筹资渠道包括：①国家财政资金；②银行信贷资金；③非银行金融机构资金；④其他单位资金；⑤社会和企业内部职工集资；⑥外商资金；⑦企业自留资金。

筹资方式是指企业筹措资金所采用的具体形式。目前，企业的筹资方式主要有吸收直接投资、发行股票、银行借款、发行债券、融资租赁、商业信用等。

二、权益资金的筹集

（一）吸收直接投资

吸收直接投资是企业按照共同经营、共担风险、共享利润的原则直接吸收国家、法人、个人、外商投入的资金的一种方式。出资方式既可以是现金、实物，也可以是工业产权、土地使用权等。

（二）发行普通股

普通股是股份有限公司发行的无特别权利的股份，是最基本、最标准的股份，是股东向公司承担责任和享受相应权利的股份。

普通股的基本特征包括：①没有到期期限，不能直接收回成本；②股利具有不确定性；③它是权益性证券。

小知识 7-1　　普通股股东的权利

普通股股东的权利主要包括：公司的管理权（包括表决权、查阅权、监督权、阻止越权的权利）、分享盈余权、股份转让权、优先认股权、剩余财产要求权。股东主要是以出资额为限对公司债务承担有限责任。

（三）发行优先股

优先股是具有某种优先权的股票，是股东权益的组成部分，具有债券和股票的双重特性。优先股的特征包括：①具有一定的优先权，即优先取得股息，优先分配公司的剩余财产等，故优先股的风险比普通股小；②股息预先确定，从公司税后利润中支付；③没有到期期限；④没有参与公司经营管理的权限。

三、负债资金的筹集

负债资金的筹集方式包括：①银行借款。它是指企业向银行或其他金融机构借入的需要还本付息的款项。②发行债券。公司债券是企业为筹集资金而发行的用以记载和反映债权债务关系的有价证券。③融资租赁。它又称资本租赁，是与租赁资产所有权相关的风险与收益在租赁业务发生时，由出租方转移至承租方的一种租赁方式。④商业信用。它是指商品交易中的延期付款或延期交货所形成的借贷关系，是企业在经营活动过程中自发形成的直接信用关系。

小知识 7-2　　融资租赁和经营租赁

融资租赁是指承租人按照租赁合同的规定，在租赁资产寿命的大部分时间内可以使用资产，出租人收取租金，但不提供维护、保养等服务，承租人在租赁期内对资产拥有实际控制权，租赁期满后，租赁物通常归承租人所有。融资租赁的优点主要是筹资速度快，限制条件少，资产淘汰风险小，税收负担轻，财务风险小；缺点是资金成本高，租金额通常要高于资产价值量的30%。

经营租赁是以不转让租赁资产所有权为前提的中短期租赁。在经营租赁中，出租人不仅要提供资产的使用权，而且应提供重大的维修和财产保险等服务。经营租赁的特点是租赁期短，一般不超过资产寿命的50%；承租人可随时提出租赁资产的要求；租赁合同灵活；不转让资产所有权；不构成承租人的负担。

小知识7-3 **各种负债资金筹集方式的比较**

（1）银行借款。其优点是筹资速度快，成本低，借款弹性好。其缺点是财务风险大，限制条款多，筹资数额有限。

（2）发行债券。其优点是相对于股票筹资，其资金成本低，不会分散所有者权益；相对于银行借款筹资，其筹资对象多、市场广。其缺点是筹资风险大，筹资成本高于银行借款，限制条件多。

（3）融资租赁。其优点是可以避开银行借款或发行债券对生产经营活动的限制，不需要企业支付大量的设备购入款，筹资风险较小。其缺点是成本较高。

（4）商业信用。其优点是形式多样，限制条件较少，款项容易取得，成本低。其缺点是期限较短，在放弃现金折扣时所付出的成本较高。

四、资金成本与资本结构

（一）资金成本

资金成本是指企业为筹集和使用资金而付出的代价，也称资本成本，包括筹资费用和使用费用（占用成本）两部分。筹资费用是指企业在生产经营过程中为获取资金而支付的费用，如向银行借款的手续费，股票、债券的发行费等，通常在筹资时一次性支付。使用费用是指企业在生产经营、投资过程中因使用资金而付出的代价，如向股东支付的股利、向债权人支付的利息等，是资金成本的主要内容。

资金成本的估算通常用绝对数和相对数两种方式表示。常用的方式是用相对数表示，即使用费用与实际筹得资金的比率，公式如下：

资金成本率=资金的占用费÷（筹资额−筹资费）

长期借款资金成本率=借款利息率×（1−所得税税率）÷（1−筹资费率）

现代公司进行投资，必须充分考虑资金成本，即使是使用自有资金，亦如外部筹资来对待，这是财务管理的一个很大的进步。

资金成本率作为计算各种投资指标的贴现率，直接用于评估投资方案值得与否。若资金收益率低于资金成本率，则该投资项目不可取。例如，某公司筹得利率为12%的长期资金，而项目投产后，年收益率仅为10%，则该项目不可取。

小思考7-2

阳光皮革制品有限公司拟借款100万元，借款的年利率是7%，期限是5年，筹资费为1万元，每年付息，到期还本，所得税税率为40%，则这笔资金的资金成本率是多少？

答案：该笔资金的资金成本率=7%×（1−40%）÷（1−1÷100×100%）=4.24%

（二）资本结构

资本结构是指企业各种资金的构成及其比例关系，尤其是指长期资金中债务资金和权益资金的比例关系。资本结构决策是企业筹资决策的核心问题。若企业资金中债务资金比重较大，则是高风险、高报酬的财务结构；反之，则是低风险、低报酬的财务结构。若企业负债过多，则会加大财务风险；企业负债过少，又将出现不能充分利用负债经营的作用提高企业盈利水平的情况。确定合理的资本结构需要综合考虑很多因素。

总之，所谓最佳资本结构，是指企业在一定时期内，使综合资金成本最低、企业价值最大化的资本结构。

第三节 资产管理

一、流动资产管理

（一）流动资产概述

企业的流动资产是指可以在一年或超过一年的一个营业周期内变现或耗费的资产，包括现金、交易性金融资产、应收账款和存货等。

（二）现金管理

现金是指可以立即投入流通的交换媒介，包括库存现金、各种形式的银行存款以及银行本票、银行汇票等。它具有普遍可接受性和最强的流动性等特点。在通常情况下，企业都持有一定量的现金。根据著名的英国经济学家凯恩斯的观点，企业持有现金的动机主要有交易动机、预防动机、投机动机。一般现金管理的内容包括以下三方面：

（1）编制现金预算。现金预算是现金管理的一个重要方法，目的是对预算期内重大的现金收支活动进行规划，根据对预算期（不宜过长）内各项业务活动产生的现金流入和现金流出的预期，确定该期间的现金余缺，并对有关短期投资和短期融资事先做出安排。

（2）确定最佳现金持有量。现金流动性最强而获利能力最弱。企业持有过多的现金，会降低企业的盈利水平；但若企业持有的现金过少，又可能出现现金短缺，加大财务风险。在现金持有量上存在着风险与报酬的权衡问题，确定最佳现金持有量的方法很多，如现金周转模式、存货模式和因素分析模式等。

（3）现金的日常控制。其包括加速收款、控制支出、合理持有现金、积极组织证券投资等。

（三）应收账款管理

应收账款是企业以赊销方式销售产品或提供劳务所形成的尚未收回的款项。它是企业为扩大销售、增加收入和盈利而采用的一种商业信用手段。企业在运用这一手段时要掌握好信用标准。在向客户赊销前，必须对其资产情况及其所能提供的物资担保、经营情况及偿债能力和信用程度进行分析和评估，以确定是否赊销及赊销额度与期限。应收账款发生后，企业应以正确的信用条件加快货款的回收，减少坏账、呆账损失。企业在进行应收账款管理时，还应建立坏账准备金制度。根据现行制度的规定，企业可以于年度终了按照年末应收账款的3%～5%计提坏账准备金，计入管理费用。

（四）存货管理

存货是指企业为销售和使用而储存的各种物品，包括各种原材料、燃料、包装物、低值易耗品、在产品、产成品等。存货管理的一个重要内容是确定经济订货批量。存货的成本包括取得成本、存储成本和缺货成本三种。经济订货批量是指一定时期储存成本和订货成本总和最低的采购批量。

补充阅读资料 7-1

存货管理的作用

存货作为一项重要的流动资产，它的存在势必占用大量的流动资金。一般情况下，存货占工业企业总资产的30%左右，商业流通企业则更高。其管理、利用情况如何，直接关系到企业的资金占用水平以及资产运作效率。因此，一个企业若要保持较高的盈利能力，应当十分重视存货的管理。在不同的存货管理水平下，企业的平均资金占用水平差别是很大的。采用正确的存货管理方法来降低企业的平均资金占用水平，提高存货的流转速度和总资产周转率，才能最终提高企业的经济效益。

因此，存货管理具有以下几个作用：①可以帮助企业的仓库管理人员对库存商品进行详尽、全面的控制和管理；②帮助库存会计进行库存商品的核算；③提供的各种库存报表和库存分析可以为企业的决策提供依据；④降低库存、减少资金占用，避免物品积压或短缺，保证企业经营活动的顺利进行。

二、非流动资产管理

非流动资产包括固定资产、长期待摊费用、长期股权投资、无形资产、其他非流动资产等。其中，固定资产和无形资产是其主体部分。

（一）固定资产管理

1.固定资产的概念

固定资产是指使用期限在一年以上、单位价值量在一定标准以上，并且在使用过程中能保持其原来物质形态的资产。

2.固定资产的分类

现行制度对固定资产是按其经济用途和使用情况进行综合分类的。采用这一分类方法，可把企业的固定资产分为：①生产经营用固定资产；②非生产经营用固定资产；③租出固定资产；④不需用固定资产；⑤未使用固定资产；⑥土地；⑦融资租入固定资产。

3.固定资产的日常管理

为了提高固定资产的使用效率，保护固定资产的安全、完整，固定资产的日常管理工作主要包括以下几个方面：①实行固定资产的归口分级管理；②健全固定资产核算记录；③按财务制度的规定计提固定资产折旧；④合理安排固定资产的修理；⑤科学地进行固定资产的更新；⑥定期考核固定资产的使用效果。

（二）无形资产管理

1.无形资产的概念及特点

无形资产是指没有实物形态的资产。这种资产一般具有较大的经济价值，能为企业带来超值收益。无形资产的特点包括：一般具有较大的经济价值，可以较长时间使用，能给企业带来较大的经济效益；无形资产所提供的经济效益具有较大的不确定性。

2.无形资产的内容

无形资产主要包括专利权、商标权、著作权、土地使用权和非专利技术等内容。无形资产的计价原则是依据实际的取得成本计价。无形资产的作用一般都有一定的有效期限，其损耗是客观存在的，因此无形资产应在有效期内进行摊销。

（三）其他长期资产管理

其他长期资产主要指长期待摊费用。长期待摊费用是不能全部计入当年损益，而应当在以后年度内分期摊销的各项费用。长期待摊费用实质上是一种费用，但由于数额较大、受益期较长，需要在一年以上的时期内分期予以摊销。其主要包括开办费、经营租入固定资产改良支出和其他长期待摊费用。

第四节 损益管理

一、成本管理

（一）成本费用概述

1.制造成本法

制造成本法是目前常用的计算和分配产品成本的方法。这种方法的特点是把企业一定期间的费用划分为产品制造成本和期间费用两部分，期间费用不计入产品成本而直接从当期损益中扣除。

2.制造成本

制造成本是企业生产经营过程中实际消耗的直接材料、直接工资、其他直接支出和制造费用。采用制造成本法计算出的产品成本，实际上只计算到车间为止所发生的与生产产品有关的费用。

3.期间费用

期间费用是发生在各个生产经营期间，应由该期损益直接承担的各种费用。换言之，期间费用与生产经营期间直接相关，必须从当期收入中一次性扣除，直接体现为当期损益，不计入产品成本。

《企业财务通则》规定，工业企业在生产经营期间所发生的管理费用、财务费用、销售费用，商品流通企业的管理费用、财务费用、经营费用，统称为期间费用。这些费用虽不计入产品成本，但必须从当期收入中得到补偿。

（二）成本管理的要求

（1）正确处理成本与产量、质量之间的关系。

（2）正确划分多种费用支出的界限，保证成本及各种费用计算的准确性。

（3）建立标准成本制度。在成本形成过程中实行全员控制，不断纠正偏差，找到降低产品成本的途径。

（4）加强成本管理的各项基础工作，如定额管理、成本的各项原始记录、计量管理、验收和物资收发领退管理，以及落实全面成本管理责任制、实施企业内部价格管理等。

（5）实施成本分析，及时发现和解决成本管理工作中的相关问题。

二、收入管理

（一）营业收入的含义

营业收入是指企业在生产经营活动中销售产品或提供劳务等所取得的收入，是企业一定时期经营成果的货币表现。企业的营业收入主要由主营业务收入和其他业务收入两部分组成。工业企业的主营业务收入是企业的基本业务收入，包括销售商品、产品和自制半成品以及提供工业性劳务所取得的收入。其他业务收入，即企业附营业务收入，包括销售原材料和固定资产、外购商品以及固定资产和包装物出租、无形资产转让、提供非工业性劳务所取得的收入。

（二）营业收入的管理

（1）做好营业收入的规划。企业应通过搜集市场信息，及时掌握市场需求变化情况，及时调整经营战略，做好业务规划，确保经营目标的实现。

（2）实施营业收入监控。企业应按照计划要求对生产经营活动的过程与结果进行监督管理，调整经营手段，增加销售途径，积极完成销售计划，以完成预定的经营目标。

（3）落实营收稽核。企业应及时、准确地对营收业务、营收数据、营收资金及其归集等进行稽查核对，并针对特定客户、特定产品开展专项稽核。

（4）完善营收资金日常管理。企业应做好销售预算，确定营收目标，建立营业收入目标责任制；掌握市场行情，合理确定产品价格；建立有效的销售信息系统；加强对销售合同的管理，做好货款结算与回收工作，尽可能减少坏账数量。

三、利润及利润分配管理

（一）利润及其构成

利润是企业在一定时期内生产经营成果的最终体现，在数额上表现为各项收入与支出相抵后的余额，是衡量企业经营管理水平的重要指标，包括营业利润、利润总额和净利润三部分。其计算公式如下：

营业利润=营业收入-营业成本-税金及附加-销售费用-管理费用-研发费用-财务费用-资产减值损失-信用减值损失+其他收益+净敞口套期收益收益+公允价值变动收益+资产处置收益+投资收益

利润总额=营业利润+营业外收入-营业外支出

净利润=利润总额-所得税费用

（二）利润分配

利润分配是利润管理中相当重要的一部分内容。根据《企业会计准则》和《企业财务通则》的规定，企业的利润分配必须按有关规定以如下顺序进行：

（1）支付被没收的财物损失和各项税收滞纳金与罚款。

（2）弥补以前年度的亏损，即弥补超过国家规定的税前利润抵补期限，应以税后利润弥补的亏损。

（3）提取法定盈余公积，即按税后利润扣除前两项后的10%提取。

（4）投资者分配利润。企业以前年度未分配的利润，可以并入本年度向投资者分配。

第五节　财务分析

企业财务分析是指根据企业的三大财务报表，获得反映企业发展趋势、竞争能力等方面的信息，计算投资收益率，比较经营风险，评价企业过去的经营业绩，衡量现在的财务状况，预测未来的发展趋势，决定投资策略。

一、企业财务报表

（一）资产负债表

资产负债表是反映企业在某一特定时点的资产、负债和所有者权益状况的财务报表。

它也反映企业在某一特定日期所拥有或控制的经济资源、所承担的义务和所有者对净资产的要求权。我国的资产负债表按账户式反映，资产=负债+所有者权益（也可以表示为：总资产=负债+净资产）。资产负债表能反映企业的规模大小、资产结构状况、资本投资状况、资本结构等。表7-1是S公司的资产负债表。

表7-1 **资产负债表**

编制单位：S公司 2017年12月31日 单位：万元

资　产	期末余额	年初余额	负债和所有者权益（或股东权益）	期末余额	年初余额
流动资产：			流动负债：		
货币资金	87 789	72 861	短期借款	107 799	93 600
交易性金融资产	0	160	交易性金融负债	−72	0
应收票据	19 234	19 274	应付票据	26 903	29 647
应收账款	148 122	76 975	应付账款	52 097	40 534
预付款项	38 583	35 217	预收款项	11 904	11 893
应收利息	0	0	应付职工薪酬	897	867
应收股利	0	0	应交税费	−5 350	8 380
其他应收款	51 602	85 892	应付利息	0	0
存货	83 071	65 609	应付股利	0	0
一年内到期的非流动资产	0	0	其他应付款	77 003	28 012
其他流动资产	0	0	一年内到期的非流动负债	0	10 000
流动资产合计	428 401	355 988	其他流动负债	0	0
非流动资产：			流动负债合计	271 181	222 933
可供出售金融资产	0	0	非流动负债：		
持有至到期投资	0	0	长期借款	72 187	62 247
长期应收款	0	0	应付债券	0	0
长期股权投资	107 693	107 493	长期应付款	0	0
投资性房地产	0	0	专项应付款	0	0
固定资产	77 176	76 023	预计负债	0	0
在建工程	3 183	2 424	递延所得税负债	4 128	0
工程物资	0	3 436	其他非流动负债	0	0
固定资产清理	0	0	非流动负债合计	76 315	62 247
生产性生物资产	0	0	负债合计	347 496	285 180
油气资产	0	0	所有者权益（或股东权益）：		
无形资产	4 230	3 735	实收资本（或股本）	50 000	50 000
开发支出	0	0	资本公积	59 936	59 936
商誉	0	0	减：库存股	0	0
长期待摊费用	0	0	盈余公积	23 199	23 199
递延所得税资产	3 680	1 944	未分配利润	143 732	132 728
其他非流动资产	0	0	所有者权益（或股东权益）合计	276 867	265 863
非流动资产合计	195 962	195 055			
资产总计	624 363	551 043	负债和所有者权益（或股东权益）总计	624 363	551 043

（二）利润表

利润表是反映企业一定会计期间的经营成果的报表，表明企业运用所拥有的资产进行获利的能力。我国一般采用多步式利润表格式。利润表主要反映以下内容：

（1）营业收入。它由主营业务收入和其他业务收入组成。

（2）营业利润。营业收入减去营业成本（主营业务成本、其他业务成本）、税金及附加、销售费用、管理费用、财务费用、资产减值损失，加上公允价值变动收益、投资收益，即为营业利润。

（3）利润总额。营业利润加上营业外收入，减去营业外支出，即为利润总额。

（4）净利润。利润总额减去所得税费用，即为净利润。

（5）其他综合收益的税后净额。其具体分为“以后不能重分类进损益的其他综合收益”和“以后将重分类进损益的其他综合收益”两类，并以扣除相关所得税影响后的净额列报。

（6）综合收益总额。净利润加上其他综合收益税后净额，即为综合收益总额。

（7）每股收益。普通股或潜在普通股已公开交易的企业，以及正处于公开发行普通股或潜在普通股过程中的企业，还应当在利润表中列示每股收益信息，包括基本每股收益和稀释每股收益两项指标。

表7-2是S公司的利润表。

表7-2　利润表

编制单位：S公司　2017年12月　单位：万元

项　目	本期金额	上期金额
一、营业收入	234 419	80 260
减：营业成本	195 890	63 599
税金及附加	6	160
销售费用	13 077	10 596
管理费用	8 574	5 247
财务费用	3 539	2 507
资产减值损失	0	0
加：公允价值变动收益（损失以“-”号填列）	72	0
投资收益（损失以“-”号填列）	63	5 657
其中：对联营企业和合营企业的投资收益	0	0
二、营业利润（亏损以“-”号填列）	13 468	3 808
加：营业外收入	19	301
减：营业外支出	88	3
其中：非流动资产处置损失	29	-131
三、利润总额（亏损总额以“-”号填列）	13 399	4 106
减：所得税费用	2 395	434
四、净利润（净亏损以“-”号填列）	11 004	3 672
五、其他综合收益的税后净额	（以下略）	（以下略）
（一）以后不能重分类进损益的其他综合收益项目		

续表

项　目	本期金额	上期金额
1.重新计量设定受益计划净负债或净资产的变动		
2.权益法下在被投资单位不能重分类进损益的其他综合收益中所享有的份额		
（二）以后将重分类进损益的其他综合收益		
1.权益法下在被投资单位可重分类进损益的其他综合收益中所享有的份额		
2.其他债权投资公允价值变动损益		
3.金融资产重分类转入损益的累计利得或损失		
4.现金流量套期损益的有效部分		
5.外币财务报表折算差额		
六、综合收益总额		
七、每股收益		
（一）基本每股收益		
（二）稀释每股收益		

（三）现金流量表

现金流量表是反映企业在一定会计期间内现金和现金等价物流入和流出情况的报表，表明企业获得现金和现金等价物的能力。企业有三种现金流：经营活动现金流、投资活动现金流和筹资活动现金流。依据现金流量表，可以分析企业支付股利的能力、资金增长潜力和偿债能力等。表7-3为S公司的现金流量表。

表7-3　**现金流量表**

编制单位：S公司　2017年12月　单位：万元

项　目	本期金额	上期金额
一、经营活动产生的现金流量：		
销售商品、提供劳务收到的现金	197 817	89 237
收到的税费返还	0	0
收到其他与经营活动有关的现金	186	304
经营活动现金流入小计	198 003	89 541
购买商品、接受劳务支付的现金	169 045	68 745
支付给职工以及为职工支付的现金	6 718	4 018
支付的各项税费	4 638	318
支付其他与经营活动有关的现金	10 311	10 977
经营活动现金流出小计	190 712	84 058
经营活动产生的现金流量净额	7 291	5 483
二、投资活动产生的现金流量：		
收回投资收到的现金	223	996

续表

项　目	本期金额	上期金额
取得投资收益收到的现金	0	0
处置固定资产、无形资产和其他长期资产收回的现金净额	2	4 708
处置子公司及其他营业单位收到的现金净额	0	0
收到其他与投资活动有关的现金	0	0
投资活动现金流入小计	225	5 704
购建固定资产、无形资产和其他长期资产支付的现金	4 252	275
投资支付的现金	0	444
取得子公司及其他营业单位支付的现金净额	0	0
支付其他与投资活动有关的现金	0	0
投资活动现金流出小计	4 252	719
投资活动产生的现金流量净额	−4 027	4 985
三、筹资活动产生的现金流量：		
吸收投资收到的现金	0	0
取得借款收到的现金	47 839	52 714
收到其他与筹资活动有关的现金	0	0
筹资活动现金流入小计	47 839	52 714
偿还债务支付的现金	33 600	38 700
分配股利、利润或偿付利息支付的现金	2 410	2 254
支付的其他与筹资活动有关的现金	164	0
筹资活动现金流出小计	36 174	40 954
筹资活动产生的现金流量净额	11 665	11 760
四、汇率变动对现金及现金等价物的影响	0	0
五、现金及现金等价物净增加额	14 929	22 228
加：期初现金及现金等价物余额	72 861	50 632
六、期末现金及现金等价物余额	87 790	72 860

二、企业财务分析的方法

（一）比较分析法

比较分析法是指对两个或几个有关的可比数据进行对比，揭示财务指标的差异和变动关系，在财务报表分析中是最基本、最常见的方法，最常用的有单个年度的财务比率分析、不同时期的财务报表比较分析、与同行业其他企业之间的财务指标比较分析三种。

（二）比率分析法

比较分析法相对简单，往往不能满足各利益相关方的需要。比如，管理者想了解企业的债务情况、盈利情况，比较分析法就显得力不从心了。特别是当会计核算方法发生变更时，或者两家企业的会计核算上存在差异时，就会大大降低可比性。这时候就要用到比率分析法，即对财务报表中彼此相关而性质不同的项目进行对比，求出比率，从而为相应的决策提供信息。

比率分析涉及公司管理的各个方面（比率指标也特别多），大致可分为以下几类：经营效率分析、短期偿债能力分析、长期偿债能力分析、盈利能力分析、投资收益分析、现金流量分析。

（三）因素分析法

因素分析法也叫因素替代法，是指以一定的财务指标为对象，分析、测算各个影响因素变化和财务指标变动之间的关系，从数量上确定各因素对财务指标的影响程度。在企业的经济活动中，财务指标具有高度的综合性，一种财务指标的变动往往是受多种因素共同影响的结果，管理者常需要了解财务指标的变动受哪些因素影响及其影响程度。

三、经营效率分析

经营效率，即企业经营管理中利用资金运营的能力，一般通过企业资产管理比率来衡量，主要表现为资产管理及资产利用的效率。

（一）存货周转率（存货周转次数）和存货周转天数

存货周转率=主营业务成本÷平均存货

存货周转天数=360÷存货周转率

（二）应收账款周转率和应收账款周转天数（应收账款回收期或平均收现期）

应收账款周转率=主营业务收入÷平均应收账款

应收账款周转天数=360÷应收账款周转率

影响应收账款周转率正确计算的因素有季节性经营、大量使用分期付款结算方式、大量使用现金结算方式、年末销售的大幅度增加或下降等。

（三）流动资产周转率

流动资产周转率=主营业务收入÷平均流动资产

流动资产周转天数＝360÷流动资产周转率

（四）总资产周转率

总资产周转率=主营业务收入÷平均资产总额

总资产周转天数=360÷总资产周转率

四、短期偿债能力分析

短期偿债能力也称为企业产生现金的能力，取决于近期可转变为现金的流动资产的多少。换句话说，流动资产的多少是考察企业短期偿债能力的关键。

（一）流动比率

一般认为，生产型企业合理的最低流动比率是2。影响流动比率的主要因素有营业周期、流动资产中的应收账款数额、存货的周转速度等。流动比率的计算公式为：

流动比率=流动资产÷流动负债

（二）速动比率

速动比率=速动资产÷流动负债

其中：速动资产=流动资产-存货-预付账款等

计算速动比率时，流动资产中要扣除存货，因为存货在流动资产中变现速度较慢，有些存货可能滞销，无法变现。至于预付账款，根本不具有变现能力，只是减少企业未来的现金流出量，所以理论上也应加以剔除，但实务中，由于它们在流动资产中所占的比重较小，计算速动资产时也可以不扣除。

用速动比率来判断企业短期偿债能力比用流动比率更能说明问题，因为它撇开了变现能力较差的存货。一般认为速动比率维持在1的水平比较好。在不同的行业，这个指标所应达到的标准也是不同的。影响速动比率可信度的重要因素是应收账款的偿债能力。

（三）保守速动比率（超速动比率）

保守速动比率=（现金+短期证券+应收账款净额）÷流动负债

显然，保守速动比率中考虑的是转变为现金能力最强的流动资产。

五、长期偿债能力分析

长期偿债能力，即企业偿付到期的长期债务的能力，通常用反映债务与资产、净资产的关系的负债比率来衡量。

（一）资产负债率（举债经营比率）

资产负债率=负债总额÷资产总额

（二）产权比率（债务股权比率）

产权比率=负债总额÷股东权益×100%

产权比率高，是高风险、高报酬的财务结构；产权比率低，是低风险、低报酬的财务结构。

资产负债率与产权比率具有相同的经济意义，两个指标可以相互补充。

（三）有形资产净值债务率

有形资产净值债务率=负债总额÷（股东权益-无形资产净值）

有形资产净值债务率指标的实质是产权比率指标的延伸，更谨慎、保守地反映了企业清算时债权人投入的资本受到股东权益的保障程度。该指标不考虑无形资产（商誉、商标、专利权以及非专利技术等）的价值，体现了谨慎和保守的原则。就长期偿债能力而言，有形资产净值债务率越低越好。

（四）已获利息倍数（利息保障倍数）

已获利息倍数=含税利润÷利息费用

只要已获利息倍数足够大，企业就有充足的能力偿付利息，否则相反。

小知识7-4

由于举债经营可以给企业带来财务杠杆利益，同时也增加了财务风险，因此对企业来说，资产负债率越高，企业扩大生产经营的能力和增加盈利的可能性就越高，但风险也随之增大，一旦经营不利，企业就可能陷入财务困境；否则相反。而对债权人来说，资产负债率反映了企业对长期债权人偿还债务的能力。资产负债率越低，资产对债权人的保障程度就越高，企业的长期偿债能力就越强；反之，资产负债率越高，资产对债权人的保障程度就越低。

（五）长期债务与营运资金比率

长期债务与营运资金比率=长期负债÷（流动资产-流动负债）

一般情况下，长期债务不应超过营运资金。

六、盈利能力分析

盈利能力，即企业的获利能力，是衡量企业财务成果的重要尺度，投资者能借以反映、判断企业的投资价值。投资者常采用如下指标对企业的盈利能力进行分析：

（一）毛利率

毛利率=（销售收入-销售成本）÷销售收入

毛利率是销售毛利与销售收入的比率，反映了企业的定价策略。毛利率与产品的性质有着密切的关系，高档名牌产品往往有较高的毛利率，而大众产品的毛利率则比较低。毛利率不直接反映企业的盈利能力。

（二）净利率

净利率=税后利润÷销售收入

净利率比较准确地反映了企业通过销售赚取利润的盈利能力。

（三）资产收益率

资产收益率=税后利润÷平均资产总额

资产收益率是用以衡量企业运用所有投资资源获取经营成效的指标。该比率越高，表明企业越善于运用资产。

（四）股东权益收益率

股东权益收益率=（税后利润-优先股股息）÷股东权益

股东权益收益率指标反映了普通股资本的净盈利能力，用以说明投资者委托企业管理人员应用其资金进行经营活动所能获得的投资回报率。

（五）主营业务利润率

主营业务利润率=主营业务利润÷主营业务收入

主营业务利润率指标反映了企业获利的稳定程度，主营业务利润率高，表明企业盈利稳定；反之，则表明企业盈利不稳定，投资风险大。

七、投资收益分析

投资收益分析是用以衡量投资者的收益、报酬的指标，这是投资者的最终目标，同时也是测试企业获利能力的指标之一。投资者常用如下指标进行投资收益分析：

（一）普通股每股净收益

普通股每股净收益=（税后利润-优先股股息）÷普通股股数

普通股每股净收益也称每股盈利。通过该指标，投资者不仅可以了解企业的获利能力，还可以通过普通股每股净收益的大小来预测每股股息和股息增长率，以此来判断股票的内在价值，进而预测股价的走势。

（二）股息发放率

股息发放率是分派的现金股利与普通股应得收益之比，反映企业的股利政策。其计算公式为：

股息发放率=普通股每股现金股利÷普通股每股净收益

（三）股利报酬率

股利报酬率是普通股每股现金股利与每股市价的比率。一般来说，股票投资的股利报酬率受银行利率水平变动的影响较大，利率高，股利报酬率亦高；利率低，股利报酬率亦低。因此，以谋利为目的的投资者应该关心该指标。其计算公式为：

股利报酬率=普通股每股现金股利÷普通股每股市价

（四）本利比、获利率

本利比=普通股每股市价÷普通股每股现金股利

获利率=普通股每股现金股利÷普通股每股市价

本利比是获利率的倒数。本利比和获利率表明单位股票投资额所能带来的投资利润水平。当其股利不变时，本利比与股价同方向变动，获利率与股价反方向变动，因此可以判断股价走势。

（五）市盈率

市盈率=普通股每股市价÷普通股每股净收益

市盈率又称为本益比或价格盈利比，是投资分析中极为重要的指标，可以反映投资者预期企业未来盈利成长的状况与股票价格的对应关系。其含义是将现有的股票市价当作投资本钱，按企业现有盈利水平，需要积累多少年才能赚回本钱，所以也称“回本期”。由于股价每天都波动，因此股票的市盈率也经常处于波动之中。股价越高，该股票的市盈率就越高；相反，股价回落，市盈率也跟着降低。从投资者的角度来看，其当然希望“回本期”越短越好，即希望买入市盈率低的股票。但是仅将市盈率作为投资决策的依据是不充分的，由于受不同行业、不同区域等的影响，可能会出现A企业市盈率高达50倍，但其投资价值却高于市盈率仅30倍的B企业。目前，国际公认的安全的市盈率标准为15倍。

（六）投资收益比率

投资收益比率=净收入÷资产总值

投资收益比率指标反映了投入的资本所能赚到净利润的能力。

（七）每股净资产

每股净资产=（股东权益-优先股股本）÷普通股股数

每股净资产又称为普通股账面价值，反映了普通股股东所拥有的资产价值，是股票市场价格中有实物资产作为支持的部分。如果每股净资产能够逐年提高，表明该企业的资产质量越来越好。

（八）净资产倍率

净资产倍率是上市企业股票每股市场价格与其每股净资产的比率。该指标可以衡量股票价格水平的合理性以及股票实际价值的高低。其计算公式为：

净资产倍率=该股票每股市场价格÷每股净资产

八、现金流量分析

（一）结构分析

1.现金流入结构分析

经营活动现金流入结构比率=经营活动现金流入量÷现金流入总额

2.现金流出结构分析

经营活动现金流出结构比率=经营活动现金流出量÷现金流出总额

主营业务成本现金支付率=经营活动现金流出量÷主营业务成本

3.流入流出比例分析

流入流出比例=经营活动现金流入÷经营活动现金流出

（二）偿债能力

1.流动现金偿付债务能力比率

流动现金偿付债务能力比率=经营活动现金净流量÷流动负债平均余额

2.现金偿付债务能力比率

现金偿付债务能力比率=经营活动现金净流量÷总负债平均余额

3.现金偿付利息保障倍数

现金偿付利息保障倍数=（经营活动现金净流量+付现利息支出+付现所得税）÷付现利息支出

（三）支付能力

1.每股营业现金净流量

每股营业现金净流量=经营活动现金净流量÷普通股股数

2.现金股利保障倍数

现金股利保障倍数=经营活动现金净流量÷现金股利

3.现金流量充足率

现金流量充足率=经营活动现金净流量÷（长期负债偿付额+固定资产购置额+股利支付额）

（四）盈利能力

1.销售现金收益率

销售现金收益率=经营活动现金净流量÷主营业务收入

2.总资产现金收益率

总资产现金收益率=经营活动现金净流量÷总资产平均余额

3.净资产现金收益率

净资产现金收益率=经营活动现金净流量÷净资产平均余额

4.净利润现金含量

净利润现金含量=经营活动现金净流量÷净利润

5.现金获利率

现金获利率=净利润÷现金及现金等价物平均占用额

（五）周转速度

1.现金结构比率

现金结构比率=现金及现金等价物÷流动资产

2.现金及现金等价物周转率

现金及现金等价物周转率=主营业务收入÷现金及现金等价物

3.资本现金净流量

资本现金净流量=经营活动现金净流量÷实收资本

（六）系统评价

$$\text{股东权益现金收益率}=\frac{\text{经营活动现金净流量}}{\text{主营业务收入}}\times\frac{\text{主营业务收入}}{\text{净投入成本}}\times\frac{\text{净投入成本}}{\text{股东权益}}$$

$$=\text{销售现金收益率}\times\text{投资收益率}\times\text{权益投资率}$$

本章小结

财务管理是企业组织财务活动、处理与各方面财务关系的一系列经济工作的总称。不同的财务管理目标，应采用不同的财务管理运行机制。

财务管理的内容主要包括筹资管理、资产管理、成本费用管理、收入和利润管理、分配管理、财务分析等。

筹资管理包括权益资金的筹集和负债资金的筹集。

资产管理包括流动资产管理和非流动资产管理。

损益管理包括成本管理、收入管理、利润及其分配管理。

财务分析的基本内容主要包括经营效率分析、短期偿债能力分析、长期偿债能力分析、盈利能力分析、投资收益分析、现金流量分析。

主要概念与观念

主要概念

财务管理　损益管理　财务分析

主要观念

筹资管理　成本费用管理　企业财务状况综合分析

基本训练

知识题

简答题

1. 什么是企业财务及财务管理?

2. 什么是资金成本？不同筹资方式的资金成本如何计算?

3. 如何进行企业偿债能力分析?

4. 现代财务管理的最优目标是什么?

知识应用

1. 现金管理包括哪几个方面?

2. 反映企业短期偿债能力的指标有哪些?

3. 企业具体的筹资方式有哪些？比较分析它们的优缺点。

技能题

根据表7-1、表7-2、表7-3中的数据，对S公司的经营效率、短期偿债能力、长期偿债能力、盈利能力、投资收益、现金流量的各项财务比率指标进行分析。

能力题

案例分析

企业生产经营状况综合评价

表7-4是对上海H食品厂2018年度会计报表进行分析后摘录的部分财务指标情况。

表7-4　**H食品厂2018年部分财务指标情况**

项目＼月份	1	2	3	4	5	6	7	8	9	10	11	12
流动比率	2.2	2.3	2.4	2.2	2.0	1.9	1.8	1.9	2.0	2.1	2.2	2.2
速动比率	0.7	0.8	0.9	1.0	1.1	1.15	1.2	1.15	1.1	1.0	0.9	0.8
资产负债率（%）	52	55	60	55	53	50	42	45	46	48	50	52
资产报酬率（%）	4	6	8	13	15	16	18	16	10	6	4	2
销售净利率（%）	7	8	8	9	10	11	12	11	10	8	8	7

问题：

1.该企业的生产经营有什么特点？

2.该企业流动比率和速动比率的变动趋势为什么会产生差异？怎样消除这种差异？

3.企业资产负债率的变化说明了什么问题？4月份55%的资产负债率说明了什么问题？

4.资产报酬率与销售净利率的变动趋势说明了什么问题？

5.企业在筹资和投资方面应该注意些什么？

第八章　人力资源管理

学习目标

理解人力资源管理的相关概念；领会人力资源管理的内容和特点；掌握人力资源管理的指导原则；了解人力资源管理的一般方法。

第一节　人力资源管理概述

一、人力资源的含义

人力资源是在一定区域范围内具有智力劳动能力和体力劳动能力的人的总和。对一个组织而言，人力资源是指在生产过程中投入的具有劳动能力的人的总量。人力资源的构成有两个要素：一是人力资源的数量。它是人力资源的总量的基本指标，体现人力资源的量的大小。二是人力资源的质量。它是人力资源的素质指标，体现人力资源的质的高低。

二、人力资源的特征

人力资源与物质资源相结合才能生产出新产品，相对于物质资源而言，人力资源有以下特点：

（一）人力资源的生物性

人力资源的载体是人，人是万物之灵，人统治着这个世界，但人毕竟是一种高等生物，也像其他生物一样有维持生理功能的需要。人力资源虽是知识、经验、智力与体力等劳动能力的总和，但它总是存在于人体之中，是有生命的“活”资源，与人的生理特征相联系。

（二）人力资源的能动性

人力资源与其他资源本质的区别就在于它的能动性。这种能动性体现在人的活动的两个方面：一方面是人的活动的目的性。人是有思想、情感和思维，能够有意识、有目的地利用其他资源去实现自己目标的高级生物。与人力资源相反，其他资源都是“死”的，总是处于被利用、被改造的地位。另一方面是人的活动的创造性。人类的创造性思维使得人类社会不断地向前发展，过去的许多梦想甚至是神话，如飞天、登月、入海等经过一代又一代人的努力，今天已经成为现实，人类的创造性使人类社会具有无限的发展潜力。

（三）人力资源的再生性

人力资源的再生性体现在两个方面：一方面，一些自然资源被消耗后一般不会再生出来，但人力资源不同，人力资源在劳动的过程中被消耗后还可以通过人类的自身繁衍而连续不断地再生出来。另一方面，人力资源在使用的过程中会发生有形和无形损耗。有形损耗是指人自身的疲劳和衰老；无形损耗是指人的知识和技能落后于社会和科技的发展，但是人可以通过继续教育不断更新知识、提高技能，通过工作可以积累经验，所以人力资源能够实现自我补偿、自我更新、自我丰富和发展，在使用的过程中实现其自身的增值。

（四）人力资源的时效性

人是人力资源的载体。人是有生命周期的，人的生命周期决定了人力资源开发的时效性。人力资源的开发、利用必须遵循人的生命周期的规律，以取得最好的效果。如果人的能力得不到及时的开发和利用，不仅荒废了人的年华，也浪费了最宝贵的人力资源。

（五）人力资源的社会性

人力资源的实质是一种社会资源，它总是与一定的社会环境相联系的，它的形成、配置、开发和使用都是一种社会活动。人总是在某一集体团队中从事劳动的，脱离了社会，人就不能正常地成长与发展，人类社会对人力资源的形成具有重要作用。

三、人力资源管理的含义

人力资源管理是根据心理学、社会学、管理学等揭示的人的心理及行为规律，运用现代化的科学方法，对可利用的潜在的人力资源进行合理的组织、培训、开发、调配，使人力与物力保持协调，同时对人的思想、心理和行为进行激励、控制，充分发挥人的主观能动性，使人尽其才、事得其人、人事相宜，以取得最大经济效益，实现组织的战略目标。

四、人力资源管理的内容

在一个组织中，凡是与人有关的事情都与人力资源管理有关。人力资源管理部门主要的工作内容涉及四个方面：选人、育人、用人和留人。

（一）选人

在人力资源管理的过程中，选人包括人力资源的计划和招聘。选人是人力资源管理工作中非常重要的第一步。选人者本身要有较高的素质和相应的专业知识。选人者只有知道什么是人才，才能招聘到真正的人才；选人者只有拥有相应的专业知识，才能鉴别人才。候选者来源应尽量广泛，一般情况下，候选者越多、来源越广泛，越容易选出合适的人才。被选者层次结构要适当，选人时应考虑最合适的人，并不是每个岗位都要选择最高层次的人才，有时高级人才反而干不好低层次的工作。

（二）育人

育人，即培育人才。在人力资源管理的过程中，育人包括人力资源的培训与开发。育人是人力资源管理的重要内容之一。育人要因材施教，每个人的素质、经历、知识水平不同，应针对每个人的特点，采用不同的培训内容和方式。育人要坚持实用的原则，一定要同实践联系起来，学以致用；要避免育人不当，要让那些需要提高技能、能够做出更大贡献的人得到培训的机会。

（三）用人

在人力资源管理的过程中，用人主要包括组织结构的设计及通过职务分析在每个职位上安排合适的人。

用人是人力资源管理的目标，只有用人用得好，组织工作才有成效。用人一定要坚持量才录用的原则，人才要安排在适当的岗位上，用人不当、大材小用和小材大用都对组织不利。大材小用会造成人才的浪费，小材大用会给组织造成损失。岗位设置应尽量使工作内容丰富化，枯燥、呆板的工作会使人感觉乏味，工作热情降低，从而降低工作效率。

（四）留人

在人力资源管理的过程中，留人主要是对人的工作绩效进行科学公正的评价，并给予合理的报酬和适当的激励。

留住人才是人力资源管理部门的重要职责，留不住人才是组织的损失，是人力资源管理部门的失职。因此，组织要做好如下三方面的工作：一是合理的薪酬。薪酬不仅是衡量一个人的贡献大小的指标，往往也是衡量一个人的价值能不能得到体现、事业是否成功的标准。二是个人的发展前景。个人对发展前景的预测对留住人才也很关键，人才有时会为了前途而放弃对金钱的过多要求，选择留在组织继续工作。三是组织文化。在一个有良好组织文化的组织里工作，人际关系和谐，心情较为舒畅，人才也乐于为组织做贡献。

五、人力资源管理学科的特点

人力资源管理是一门综合性、应用性学科，具有如下特点：

（一）综合性

人力资源管理的实质是对人的管理。由于人不仅涉及经济因素和政治因素，还涉及社会因素、组织因素、心理因素和生理因素等，因此人力资源管理不仅涉及经济学、社会学、管理学，还涉及心理学、生理学和人类学等。它是一门建立在多种学科基础上的学科。

（二）实践性

人力资源管理的理论和方法均来源于实践中对人的管理的经验，人力资源管理的研究注重实践，注重应用研究，注重回答和解决实践中提出来的对人的管理的各方面问题，并在实践中检验其理论与方法的科学性。

（三）动态性

科学技术在不断发展，社会也在不断地向前发展；环境在不断地变化，人对世界的认识也在不断深入。人力资源管理的研究也是这样，在研究和实践中发展、完善，在人力资源管理的研究和实践中，人们不断丰富、修正已有的观点和结论，从而推动这门学科不断地向前发展。

第二节　人力资源的规划与招聘

组织的生存和发展需要一支高素质的员工队伍，这支队伍的建立绝不是一朝一夕的事情。选到适合组织发展的人才、做好人力资源的规划与招聘、获取高质量的人才是人力资源管理的开端和重要环节。

一、人力资源的规划

（一）人力资源规划的含义

人力资源规划是指根据组织的战略规划，通过对组织未来人力资源的需求和供给状况进行分析和预测，采取职务制定、员工招聘、测试选拔、培训开发等手段，使组织的人力资源数量与质量能够满足组织发展的需要，从而保证组织的永续发展。

（二）人力资源规划的目的

人力资源规划的主要目的是使组织在适当的时候获得适当的人员，最终实现人力资源的最有效配置。其具体可分成两个方面：一方面，人力资源规划是为了满足变化的组织对各种人力资源的需求（包括数量、质量、层次和结构等）；另一方面，人力资源规划是为了最大限度地开发、利用组织内现有人员的潜力，使组织及其员工的需求得到充分满足。

（三）人力资源规划的内容

组织的人力资源规划工作不是一蹴而就的，它是一个从收集信息到发现问题、分析问题、解决问题的过程。这一过程包括以下几个环节：

（1）组织外部和内部环境分析。人力资源规划必须以组织的内外环境为依据，制定出不同的人力资源策略。外部环境如国家的政策、法律、人力资源的总体状况、竞争对手状况等；内部环境如组织内的人力资源状况、组织的战略目标等，是组织制定规划的硬约束。任何人力资源规划都必须考虑这些因素。

（2）人力资源的需求预测。在考虑组织内外部环境和组织战略目标的基础上，根据组织的实际情况，制定人力资源战略，确定组织的结构和工作设计。在此基础上，对组织发展中所需要的人力资源的数量、质量、层次和结构进行预测。

（3）人力资源的供给预测。它是组织在现有的内部和外部人员供给的基础上，根据组织的现有条件和发展战略，确定组织在将来的各个时点上的人数以及内部和外部人力资源的可供给量。

（4）人力资源的供需比较。通过对人力资源需求和供给的预测比较，确定人力资源的质量、数量、结构和分布等情况，制定出组织各个阶段的人力资源策略。

（5）供需不平衡的解决。在人力资源供需比较的基础上，制订人力资源供求的总计划及各项业务计划，提出调整人员供求的具体措施。

二、人力资源的招聘

（一）招聘的意义

招聘就是招募、选择和聘用组织所需要的人力资源。人力资源的招聘是确保组织生存和发展的一项经常性、必不可少的重要工作。人力资源招聘的意义重大，组织与组织之间的竞争，实质上是人才之间的竞争，从组织的内外部招聘到合适的高素质人才，可以为组织注入新的管理思想，带来新的技术，增添新的活力。招聘已成为组织创造经济效益的重要途径之一，也是组织自我宣传的过程；同时，也有利于人力资源合理流动，实现人力资源的最有效配置。

（二）招聘的原则

人力资源的招聘不仅是组织内部的事情，而且是一项经济性、社会性工作，在招聘中应注意如下三条原则：

（1）少而精原则。可不招的不招，可少招的少招，一定要人尽其用。

（2）效率优先原则。招聘也是一种商业行为，一定要考虑投入产出，降低成本；但不能一味地降低成本而达不到招聘的效果，把握好度很重要。

（3）公平竞争原则。只有通过公平竞争，才能使人才脱颖而出，才能吸引到真正的人才，才能起到对人才的激励作用。

（三）人才的来源

根据招聘对象的来源不同，招聘一般可分为内部招聘和外部招聘两种。

1.内部招聘

内部招聘是指由组织内部的人员来填补组织内部的职位空缺。内部招聘的方式主要有两种：一是工作调换，是指职务级别不发生变化，只是工作岗位变动，从而填补职位的空缺；二是提升，是指从组织内部提拔合适的人员到更高一级的工作岗位，填补职位的空缺。

内部招聘有如下优点：①内部人员对组织内部的环境和状况比较熟悉，能较快地适应新的工作；②管理者对组织内部的人员比较了解，招聘到的人员更加可靠，对人才的使用也更加熟悉；③为组织内部的员工提供可发展的机会，具有较好的激励作用，能调动员工的积极性，增强员工的责任感；④可以简化招聘程序，缩短招聘时间，节约招聘成本。

2.外部招聘

当组织内部提供的人员不能满足空缺职位的数量和质量要求时，就需要从组织外部招聘和补充人员。常见的外部招聘方式有三种：一是在高等院校招聘其毕业生；二是通过就业、人才服务机构或猎头公司招聘；三是通过网络、报纸、电视等媒体招聘。

外部招聘有如下优点：①人员的来源广泛，能招聘到高素质的人才；②可以招聘到组织所缺乏的新行业、新技术人才；③能给组织带来外部的先进管理思想与技术。

小思考8-1

在人才招聘会上，很多求职者抱怨找不到合适的企业，而企业则感叹招聘不到合适的人才，那么企业到底需要什么样的人才呢？

答案：①企业招人：不招最优秀的，而招最合适的。②企业用人：既有理论知识，又有实践经验。③企业培养：谦虚好学，有吃苦和创新精神。④专业人才：需要企业来培养，真正的技能是在实际操作中培养的。

人才是能创造利润、能为企业创造价值、能够促进企业发展的人。

（四）人力资源选拔的过程

人力资源选拔是指对应聘者的甄选。其一般程序如下：

（1）资格初审，是指通过审阅应聘者的应聘申请表和个人资料，判断应聘者是否符合职位的基本要求。为了更广泛地挑选人才，组织应让符合基本要求的应聘者均参与下一轮的竞争。

（2）面试，是指对于通过资格初审的应聘者，企业采用面试这个双向交流的方式来了解其知识、思想、经历、态度、进取心、应变能力、适应能力、领导能力、人际关系能力等，以对应聘者有更深层次的了解。面试是选拔人才的一个重要环节，对于层次较高的人才、富有挑战性的岗位、非常规性的工作，面试显得尤为重要。

（3）测试，也叫测评，主要包括智能测试、心理测试、性格测试、品格测试等，是在面试的基础上对应聘者进一步了解的一种手段。测试可以消除面试过程中主考官的主观因素对面试的影响，提高对应聘者认识的客观准确性。

（4）背景和资格的确认，是指人力资源部门对应聘者的背景和资格进行验证，包括核查其学历、工作经历、以往表现等。

（5）有关主管决定是否录用。

（6）体检。

（7）试用、正式录用。经过上述选拔合格后，就可以安排其在相应的岗位上试用。为了解其与拟安排岗位的适应程度，一般都有一个试用考察期。试用考察期的长短由工作性质决定，试用考核合格者则予以正式录用。

补充阅读资料8-1

某企业的员工招聘

某独资企业欲招聘若干管理人员，通知所有应聘者于某月某日某时整在位于某某大厦的公司总部统一面试。等到面试的那天，公司派人提前在该大厦大厅内接待前来应聘的人员，并请大家在大厅内等候。等到所有应聘者到齐之后，接待人员告诉大家一个不幸的消息：电梯坏了，所有应聘者由接待人员带领，爬几十层楼梯到公司的办公室参加面试。有些人听后立即就走了，有些人爬到一半后也放弃了，只有少数几个人坚持到最后。结果，就是这些坚持到最后的应聘者被录用了。事实上，电梯根本就没有坏，主考官就是想考一考应聘者是否具有吃苦耐劳和坚韧不拔的精神。

资料来源　蒋永忠，张颖．管理学基础［M］．4版．大连：东北财经大学出版社，2017.

第三节　人力资源的开发与培训

在组织的运行中，员工会因知识陈旧、观念老化、技术落后等而无法适应工作。人力资源像其他资源一样也会消耗磨损，但是人力资源具有再生性，人力资源的开发与培训是促使人力资源再生的重要途径之一。开发与培训是提高员工素质、开发员工潜能的重要手段。某种意义上说，从一个组织是否重视员工的开发与培训上看，就可以预测其未来的竞争力。

一、人力资源开发与培训的含义

人力资源开发与培训是指组织为了使员工获得或改进与工作有关的新知识、新观念、新技能、动机、态度和行为等，以利于提高员工的工作效率、提高组织的绩效所进行的有计划、系统的各种学习、教育和训练等。

二、影响人力资源开发与培训重要度的因素

影响组织人力资源开发与培训重要度的因素很多，一般而言，包括如下几种：

（1）组织的战略与前景。组织的战略与前景越远大，未来就需要越多的高素质人才，人力资源的开发与培训就越重要。

（2）组织的发展阶段。处于启动期、成长期的组织，其规模在发展壮大，对人力资源的数量、质量要求也较高，人力资源的开发与培训也更重要。

（3）组织所处行业的特点。不同的行业对人力资源开发与培训的要求也不一样，处于新行业、高新技术行业、环境比较复杂的行业和变化较大的行业的员工，其知识、技能更容易老化，人力资源开发与培训也就更重要。

（4）竞争的激烈程度。竞争越激烈，对人的素质要求也就越高，人力资源开发与培训也就越重要。

三、培训的类型

从不同的角度来划分，就有不同的培训类型。

（一）在职培训和脱产培训

在职培训是在不脱离工作岗位的情况下对员工进行的岗位培训，培训内容与工作现场实际运作相结合，强调实践性和针对性，指导者由有一定资历、经验丰富的员工担当，接受培训的人具有一定的知识、技能，通过培训使其在知识、技能上能够提高到新的高度。在职培训中常见的方式有岗位轮换、担任助理等。脱产培训是指离开工作岗位一段时间，由组织内外的人员对接受培训的人员进行集中的教育指导。其常见的方式有组织内部的集中培训、组织外部的培训或研讨、参加高等院校的学历或非学历教育等。

（二）学历教育和非学历教育

从取得的资格来分，培训有学历教育和非学历教育两种类型。学历教育是通过参加正规的学校学习，取得国家教育主管部门认可的文凭，从而提高个人的文化素质和技能的教育手段。非学历教育是指接受不能取得国家教育主管部门认可的文凭的教育，主要是岗位或职务培训等。其目的是从工作实际出发，围绕岗位的特点进行有针对性的培训。

四、培训的内容

培训的内容大致可分为三类：一是传授员工以知识。当今世界发展变化很快，知识更新的速度也很快，只有不断地学习，才能跟得上时代发展的要求。二是提高员工的技能，包括专业技能、管理技能、沟通技能等。三是强化员工的精神和责任感，包括员工的奉献精神、团队精神等，使员工能够以更好的精神状态投入到工作中。

五、常见的培训方式

培训的方式较多，常见的有：

（一）讲授法

这是最常见的方法，主要由培训者讲述知识，受训者学习知识。这种方法特别适用于培训人数较多的情况。在知识更新速度不断加快的时代，人们不可能事事都去亲身体验，仅靠个人自学所能获取的知识也是有限的，集中一定的时间接受别人传授的知识，可以加快知识更新的速度。

（二）研讨会

研讨会一般是组织者提出研讨会的主题，参加研讨会的人员首先掌握有关材料，在组织者的主持下进行研究交流，从而达到提高对某些问题的认识或找到解决问题的方法的目的。研讨会的形式有很多，如循序渐进式、组合式、快速联想式、模拟游戏式，不同的形式适合不同的培训内容和不同的研讨人员。

（三）专题研究法

专题研究法是由受训人员组成的研究小组承担某一个研究项目，经过一段时间的文件、资料查阅和情况调查与了解，写出研究报告，受训人员从这种专题研究中得到锻炼并提高业务水平的一种方法。

（四）案例研究法

这是一种培训决策能力和解决问题能力的有效方法。这种方法首先让受训者阅读、了解一个描述完整的经营管理方面的案例，然后让受训者组织讨论，找出一个适当的解决问题的方法。通过讨论，受训者在分析信息、处理问题、做出决策等方面的能力会得到提高。

（五）角色扮演法

这种方法一般是在一个模拟真实的情景中，由两个以上的受训者扮演组织中不同岗位的角色，模拟指定的活动，训练其在复杂情况下处理问题的能力。受训者扮演的往往是工作情景中经常接触到的人，如上司、下属、客户等。这种方法比较适用于培训人际沟通技能。

（六）仪器模拟法

这种培训方法用仪器来模拟真实的场景，受训者可以直接与机器进行“人机”对话，以达到当实际情况出现时能够做出正确的反应并能够最终应用于实践的目的，如飞机驾驶训练等。

（七）敏感性训练法

这种培训方法一般由十人左右组成小组，每组配备一名观察组员行为的培训师，培训时没有固定的日程安排，讨论的问题往往涉及小组形成的“现时、现地”问题，主要包括为何参与者的行为会如此，人们是怎样察觉他人的情感的，人的情感是如何相互作用的等等，从而提高受训者的人际沟通技能。

补充阅读资料8-2

培训效果的层级评估

搞一次培训，最重要的是希望自己的员工能够提高工作技能等，从而提高工作效率。这就要对培训效果进行评估。对培训效果进行评估主要包括以下几点：

（1）员工的反应。培训课程结束以后，了解员工对培训课程的感觉。

（2）学到了什么。考察员工在知识、技能或态度等方面学到了什么。

（3）行为的改善。通过培训，员工在工作方法、态度上和以前相比有了多大程度的改善。

（4）结果的改变。企业可以通过工作质量、产品产量、销售收入、成本、利润和投资回报率等指标对员工进行考察。这些指标是可以量化的，通过对这些指标在数字方面变化的分析来评估员工的培训结果。

第四节 组织设计与职务分析

组织设计和职务分析是人力资源管理的一项基础性工作，旨在全面掌握组织中各级、各类、各个岗位工作的性质、功能、特点和对任职人员的要求。进行组织设计和职务分析是提高组织效能、改善人力资源管理状况的重要环节。

一、组织设计的概念

组织是由不同功能、不同规模的部门组成的，而不同的部门又是由更小的部门和各个职位组成的。一个合理的组织结构应该和组织的目标、内外环境相适应。组织设计就是根据组织的目标和战略以及内外环境的发展变化，对组织内的部门与岗位的结构关系进行确定或改变的过程。

二、职务分析的含义

职务分析是指对组织中某个特定职务的目标、职责、权力、隶属关系、工作条件、任职资格等相关信息进行收集，通过分析，对该职务的工作做出明确的规定，包括完成该职务所需要的行为、条件、人员。职务分析的结果是形成可供实际操作的职务描述和任职说明。职务描述和任职说明是组织用人的主要依据，与人力资源的规划、招聘、调配、培训、考核、报酬特别是人员配置有密切的关系。

三、职务分析的内容

职务分析一般包含两方面的内容：一是确定职务的具体特征和职责；二是职务对任职人员的要求。前者称为职务描述，后者称为任职说明。

（一）职务描述

职务描述主要说明职务的特征、职责和目标、环境条件、聘用条件等。职务描述一般包含如下几项内容：

（1）职务的特征，包括职务的名称、职务的隶属关系、职务的权力范围等。

（2）职务的职责和目标，是职务描述的主体部分，包括所要完成的工作任务与负担的责任以及需要达到的目标、执行任务所需的条件、工作流程与规范、与其他人的工作关系、接受监督以及监督的性质和内容等。

（3）环境条件，包括自然条件和社会条件。

（4）聘用条件，描述职务人员有关的工作安排和职务待遇，包括工作时间、工资结构、福利待遇、培训、晋升的机会等。

（二）任职说明

任职说明主要是指任职要求，一般包含如下几项内容：

（1）学历要求：所接受过的教育情况、知识水平等。

（2）经历要求：所完成过的工作、担任过的职务等。

（3）技能要求：包括技术技能、管理技能、人际沟通技能等要求。

（4）学习能力要求：接受新知识、学习新技能的能力。

（5）体能要求：健康状况、体力等。

（6）精神要求：工作的责任感、工作态度、团队精神和奉献精神等。

四、职务分析的方法

收集信息是职务分析的前提，也是职务分析的主要工作。职务分析的方法很多，单独一种方法都有其局限性，在做职务分析时一般是几种方法结合运用。职务分析一般有如下几种方法：

（一）观察法

观察法是职务分析人员在工作现场观察某一职务任职者的工作过程，将观察到的结果记录下来加以分析的方法。这种方法的特点是能够在自然状态下较全面和深入地了解岗位工作人员外在的活动，一般适用于分析从事重复性和大量标准化劳动的操作性岗位。

（二）访谈法

访谈法适用于工作任务周期长、工作行为不易直接观察的工作，能够了解任职者的工作动机、工作态度等较深层次的内容，有助于发现一些关键信息。访谈的对象一般有三种：任职者本人、职务上司、职务相关人员。职务分析人员要与被访谈者建立良好的沟通关系，使之能够将情况客观真实地反映出来，一般都需要预先准备好结构化、标准化的提纲，注意控制访谈的趋向和进度，防止离题或变成诉苦、邀功的机会。

（三）工作日志法

工作日志法要求任职者将工作时间内的所有活动和行为如实地记录下来，累积到必要的工作量，作为分析对象。工作日志法的可靠性比较高，适用于收集工作职责、工作内容、工作关系、劳动强度等方面的信息，适用于工作循环周期比较短、状态比较稳定的职位。

（四）资料分析法

资料分析法是一种利用现有的资料记录来进行分析的方法。例如，责任制文件就可以为职务描述提供较大的帮助。岗位责任制是我国企业长期推行的制度。岗位责任制规定了岗位的责任和任务，根据组织的具体情况，对岗位责任制增添一些必要的内容，就可形成一份较完善的职位描述和任职说明书。

（五）调查表法

调查表法是一种根据职务分析的目的、内容等编制调查表，由相关人员填写后回收整理的方法。调查表法的适用范围较广。一般调查表应包括如下资料：任职者的基本资料、工作的时间要求、工作的内容、工作的责任、所需的知识技能、工作的劳动强度和工作环境等。

五、职务评价

职务评价是指确定各个职务在组织中的重要程度，是绩效评价、薪资分配的重要依据。职务价值是指各个职务对组织所具有的价值，也就是各个职务对达到组织目标所做的贡献的大小。职务评价一般有如下三种方法：

（一）总体排序法

总体排序法是按照一定的规则对各个职位的重要性进行排序。这种方法比较适用于职位较少的组织。

（二）分级法

分级法是先把职位划分为若干等级，并确定每个等级的具体衡量标准，然后利用标准去量度每个职位，并划入相应的等级中。

（三）要素加权评分法

要素加权评分法是先选择与职位价值相关的要素，并确定每个要素的权重，然后对各个职位的各个要素进行评分，再对各要素的评分加权求和，从而得到职位的职务价值系数。

补充阅读资料8-3

职务分析的目的

职务分析分别涉及有关工作人员、工作职务及工作环境的分析。工作人员的分析包括人员条件、能力等方面，经分析而编制成职业资料，有助于职业辅导工作的开展，达到人尽其才的目的。工作职务的分析包括工作任务、工作程序及与其他工作的关系等的分析，对员工的任用、选调、协调合作有所帮助，能使组织发挥系统的功能，达到人尽其职的目的。工作环境的分析包括工作的知识技能、工作环境设备等的分析，使员工易于应付工作的要求，并使人与机器系统相互配合，从而达到才尽其用的目的。

由以上分析可知，工作人员的分析是“人与才”的问题，工作职务的分析是“才与职”的问题，而工作环境的分析是“职与用”的问题。“人与才”“才与职”“职与用”三者相结合是人力资源的运用，并通过组织行为达到组织目的，如下所示：

$$\text{职务分析}\left\{\begin{array}{l}\text{人员}\rightarrow\text{人员条件、能力}\rightarrow\text{人尽其才}\\ \text{职务}\rightarrow\text{工作任务、工作程序及与其他工作的关系}\rightarrow\text{人尽其职}\\ \text{环境}\rightarrow\text{工作知识技能、工作环境设备}\rightarrow\text{才尽其用}\end{array}\right\}\text{组织的目标}$$

第五节　绩效评价

一、绩效评价的含义

绩效，即工作成绩、效率、效果，包括员工完成工作的数量、质量、成本以及为组织做出的其他贡献。绩效评价是衡量、评价员工绩效的正式系统，是按照一定的标准，采用科学的方法，检查和评定员工对职务所规定的职责的履行程度，是促进和确认员工的工作成绩、改进员工工作的有效方式，是确定员工报酬的基础，是员工晋升的依据，也是提高组织效率和经营效益的一种管理方法。

绩效评价与职务评价不同。职务评价的对象是职务岗位，衡量每个职务岗位的功能及其在组织中的地位和作用。职务评价为绩效评价提供了标准。绩效评价的对象是岗位上的人员，衡量岗位上的人员的工作表现，判断其是否满足了职务描述书上的要求，是否达到了岗位要求的目标，判断其是否称职。

二、绩效评价的原则

绩效评价的目的是通过对员工全面综合的评价，判断员工的工作业绩，切实保证员工的报酬、晋升、调动、职业技能开发、辞退等项工作的科学性。科学的绩效评价是十分重要的。做好绩效评价必须坚持以下原则：①公开、公正、公平的原则；②定性评价与定量评价相结合的原则；③经常化、制度化原则；④多层次、多渠道、全方位的原则。

三、绩效评价的内容和指标

由于绩效评价的对象、目的和范围复杂多样，因此绩效评价的内容也复杂多样，但就其基本内容而言，主要包括四方面：工作态度、工作能力、工作总量和工作业绩，即通常所说的德、能、勤、绩。

在确定了绩效评价的内容之后，下一个难题是分析工作态度、工作能力、工作总量和工作业绩是通过哪些指标来表现的，怎样把这些指标量化。例如，要衡量一个销售人员的工作业绩，就得用销售额、利润率、销售增长率和市场占有率等指标来衡量。能够全面衡量绩效的指标体系是复杂的，在实际的绩效评价过程中，要尽量找出那些与绩效直接相关、能最大程度地反映绩效的指标，这些用于沟通和评估绩效的定量化或行为化的标准就是关键指标。

关键指标的制定不仅要从组织的战略出发，考虑关键指标评估的过程、结果和监控，而且要经过一系列的测试，以确保关键指标的客观、相关和可量化等特性。在确定关键指标时应注意几个原则：一是具体性。绩效指标要切中特定的工作目标，适度细化，而且要随情景的变化而变化。二是可度量性。绩效指标是数量化或者是行为化的，验证这些指标的数据或信息是可以获得的。三是可实现性。绩效指标是岗位人员在付出努力的情况下可以实现的指标。四是现实性。绩效指标是现实存在并可验证的，不是假设的。五是时限性。绩效指标要使用一定的时间单位，即完成这些指标是有时限的。

确定了关键指标之后，管理者还应根据需要赋予指标权重。指标的权重表明指标在整体评价中的相对重要程度。确定权重是对评价对象不同侧面的重要程度的定量分配，以便根据不同的评价指标在总体评估中的作用区别对待。确定的指标权重是否合理将影响到绩效评价的效度。

确定关键指标及其权重有三种常用的方法：一是专家直接判定法。这种方法是指专家在了解了各方面信息、听取了各方面意见之后，根据个人的经验和对各项指标重要程度的认识，做出直接判断。二是排序法。采用这种方法首先要建立专家组，根据不同的评价对象和目的，专家的构成可以不同。专家组成员根据自己的判断对评价指标的重要性进行排序，然后将评价结果反馈给专家组其他成员，如此反复进行两三次，最终确定关键指标及其权重。三是层次分析法。它是指将所有的指标在方格矩阵中按纵横方向分别排列，进行两两比较，按照其重要度不同，标示出比较值，填写在对应的方格中，再综合分析各个指标的重要度。这种方法是通过主观判断来做出形式的表达、处理和客观描述，克服了简单的两两比较法的不足，提高了比较的精确度。

四、绩效评价的人员

绩效评价是由人来完成的，其过程和结果极易受到参与评价人员的主观因素的影响，由谁来参与考评，是一个影响考评效果的重要因素。由于不同的人员观察问题的角度不同，得出的结果也不尽相同，因此考评结果往往是由几类人员的考评结果按照一定的权重结合而成的。一般有下列几类人员参与考评：

（一）直接上司

直接上司考评是绩效评价的重点。一是因为直接上司对下属的工作内容和结果较为熟悉；二是直接上司对下属的工作负有管理责任。

（二）同事

由于同事之间的工作关系密切，日常接触频繁，在一些需要相互配合才能完成的工作中，员工的贡献、沟通能力、工作态度等，通常同事比较了解。

（三）下属

由于下属对与上司的信息沟通、工作任务的委派、资源的分配、协调下属之间的矛盾、公正处理下属之间的关系等方面较为了解，下属参与考评往往能反映出平时看不到的情况。

（四）员工自己

由于员工对自己的工作最为了解，所以容易发现一些别人发现不了的东西，让自己的观点得到最大程度的表达。但由于人往往较多地看到自己的成绩，较多地看到他人的缺点，所以自我考评往往会高估自己，而且自我考评时每个人的公正程度不一样，对考评的结果影响也较大。

（五）专家委员会

为了克服上述人员参与考评所具有的主观偏见，可以成立由上级领导、员工代表和人力资源管理专家等组成的委员会，进行全方位、多层次的考评。这种考评的结果往往更可信、更公正和更有效。

五、绩效评价的方法

在确定了绩效评价的指标和考评人员后，就应该考虑用什么方法来评价绩效了。绩效评价是人力资源管理中一项技术性、科学性较强的经常性工作，准确地评价一个人的工作绩效需要简单易行而又科学、有效的评价方法。不同的方法所得到的评价结果是有差异的，所以选择和使用什么样的评价方法也是绩效评价的关键环节。管理者应结合组织的特点，依据评价的目的、对象和要求，科学地选用有效的评价方法。

（一）评分表法

评分表法是指由考评人对员工的每一评价指标做出评分，然后将得分加权相加，得到最终的评价结果。合理的评价指标及权重是评分表法的基础。

（二）评级法

评级法是指按照正态分布规律将评价结果分为几个等级，确定每个等级的人数，从高到低把参加评价的人员划分到不同的等级中。

（三）排序法

排序法是指按照绩效表现从好到坏的顺序依次给员工排序。其既可以按整体绩效排序，也可以按绩效的各个指标来排序，再进行综合分析。这种方法适合人数较少的考评。

（四）两两比较法

两两比较法是指在某一个绩效指标上把每一个员工同参加考评的所有员工一一进行比较，来判断谁“更好”，记录每一个员工与其他员工比较的“更好”的次数，依据得到“更好”的次数由高到低排序。

（五）关键事件法

关键事件法是指为每一个被考评的人设一本“考评记录”，在整个考评期内由考评人随时记录被考评人所做的较突出、与工作绩效有关的事情（具体的事件和行为），不做评判，最后依据这些记录做出绩效评价。

补充阅读资料8-4

绩效考核指标设计

1.以战略为导向的指标设计

绩效考核坚持战略导向，能保证绩效考核有效支持公司战略。绩效考核的导向性是通过绩效指标来实现的，实际上就是通过战略导向绩效指标的设计来实现的。

关键绩效指标（KPI）所体现的衡量内容最终取决于公司的战略目标。当KPI构成公司战略目标的有效组成部分或支持体系时，它所衡量的职位便以实现公司战略目标的相关部分作为自身的主要职责。

KPI来自于对公司战略目标的分解。其第二层含义在于KPI是对公司战略目标的进一步细化和发展。其最后一层含义在于KPI随公司战略目标的发展、演变而调整。

2.以职务分析为基础的指标设计

职务分析是设计绩效考核指标的基础依据。它是指根据考核目的，对考核对象岗位的工作内容、性质以及完成这些工作所具备的条件等进行研究和分析，从而了解被考核者在该岗位工作所应达到的目标、采取的工作方式等，初步确定绩效考核的各项要素。

3.按综合业务流程进行指标设计

按综合业务流程来设计考核指标是指根据考核对象在流程中扮演的角色、责任以及同上游、下游之间的关系，来确定衡量工作绩效的指标。此外，如果流程存在问题，还应对流程进行优化或重组。

在设计KPI的过程中，如果把握好以上三点，绩效考核指标也就不会存在太大的问题了。总之一句话：不求最好，只求合适。

本章小结

人力资源管理是对人力资源进行合理的组织、培训、开发、调配，使人力与物力保持协调，同时对人进行激励、控制和协调，充分发挥人的主观能动性，使人尽其才、事得其人、人事相宜，从而体现人的价值，实现组织的目标。人力资源管理的工作内容和目标表现在四个方面：选人、育人、用人和留人。

组织的生存和发展需要一支高素质的员工队伍，这支队伍的形成首先需要选好人。做好人力资源的规划和招聘是人力资源管理的开端和重要环节。

人力资源开发与培训的目的是使员工获得新知识、新观念、新技能，或改进与工作有关的动机、态度和行为等。在组织的运行中，员工会因知识陈旧、观念老化、技术落后等而无法适应工作的要求，人力资源的开发与培训是促使人力资源再生的重要途径之一。

进行组织设计和职务分析是为了全面掌握组织中各级、各类、各个岗位工作的性质、功能、特点和对任职人员的要求，为人员的规划与招聘、开发与培训、任用和调配、绩效考核和人员激励等提供依据，是提高组织效能的重要环节。

绩效评价是促进和确认员工的工作业绩、改进员工工作行为的有效方式，是确定员工报酬的基础，也是员工晋升的根据，是人力资源管理的重要内容。

主要概念与观念

主要概念

人力资源管理　职务分析　绩效评价

主要观念

人力资源管理的内容　职务分析的方法　确定绩效评价关键指标的方法

基本训练

知识题

简答题

1. 什么是职务评价？什么是绩效评价？两者有何区别、有何联系？

2. 人力资源管理的内容是什么？人力资源管理有何特点？

3. 职务评价有什么意义？绩效评价有什么意义？

知识应用

1. 绩效评价指标和方法的选择对绩效评价的结果有何影响？

2. 什么是人力资源开发与培训？其包含哪些主要方法？

技能题

如何组织新员工培训活动？活动包含哪些内容？

能力题

案例分析

西门子公司的员工培训

150多年来，“西门子”这个家喻户晓的名字早已超出其产品品牌本身的含义，而成为一个成功的标志。纵观世界同类企业，能够享有如此声誉的为数不多。是什么造就了西门子150多年的辉煌？高质量的产品、完善的售后服务、不断创新以及高效的员工培训被认为是西门子成功的关键。

在员工培训方面，西门子创造了独具特色的培训体系。西门子对员工进行培训的根本目标是使他们能够从容应对来自各方面的挑战。为此，西门子为员工设计了各种各样有效的培训模式。

1）新员工培训

新员工培训又称第一职业培训。在第一职业培训期间，学生要接受双轨制教育：一周工作5天，其中3天在企业接受工作培训，另外2天在职业学校学习知识。这样，学生不仅可以在工厂学到基本的操作技巧和技术，而且可以在职业学校受到相关基础知识教育。通过实践作业，他们的职业能力及操作能力都会得到提高。现在，公司在全球拥有60多个培训场所，如在公司总部慕尼黑设有韦尔纳·冯·西门子学院，在爱尔兰设有技术助理学院，这些学院都配备了最先进的设备。目前，共有约10 000名学生在西门子接受第一职业培训，大约占员工总数的5%，他们学习工商知识和技术，毕业后可以直接到生产一线工作。

第一职业培训（新员工培训）保证了员工进入公司后具有很高的技术水平和职业素养，为西门子的长期发展奠定了坚实的基础。

2）大学精英培训

大学精英培训计划为西门子储备了大量管理人才。西门子平均每年接收全球大学毕业生3 000名，为了充分开发这些宝贵的人才资源，西门子制订了专门的开发计划。

进入西门子的大学毕业生首先要接受综合考核，考核内容既包括专业知识，也包括实际工作能力和团队精神，公司根据考核结果安排适当的工作岗位。比较特别的是，西门子还从这些大学生中选出30名尖子生进行专门培训，培养他们的领导能力，培训时间为10

个月，分3个阶段进行：第一阶段，让他们全面熟悉企业的相关情况，学会从互联网上获取信息；第二阶段，让他们进入一些商务领域工作，全面熟悉本企业的产品，并加强他们的团队精神；第三阶段，将他们安排到下属企业（包括境外企业）承担具体工作，在实际工作中获取实践经验和知识技能。目前，西门子拥有400多名这样的“精英分子”，1/4正在接受海外培训或在国外工作。

3）员工在职培训

西门子公司认为，在竞争日益激烈的世界市场上，在不断变化的商务活动中，人是最主要的力量，知识和技术必须不断更新换代，才能适应商业环境，跟上新技术的发展步伐，所以公司正在努力塑造成为一个“学习型企业”。为此，西门子特别重视员工的在职培训，每年投入的巨额培训费中，有60%用于员工在职培训。西门子公司的员工在职培训主要有两种形式：西门子管理教程和在职员工再培训计划，其中管理教程培训尤为独特和有效。

西门子公司的员工管理教程分为5个级别，各级培训以前一级别培训为基础，从第五级别到第一级别所获技能依次提高，其具体培训内容大致如下：

第五级别：管理理论教程

培训对象：具有管理潜能的员工

培训目的：提高参与者的自我管理能力和团队建设能力

培训内容：西门子企业文化、自我管理能力、个人发展计划、项目管理、掌握满足客户需求的团队协调技能

培训日程：与工作同步的一年培训、为期3天的两次研讨会和一次开课讨论会

第四级别：基础管理教程

培训对象：具有较高潜力的初级管理人员

培训目的：让参与者准备好进行初级管理工作

培训内容：综合项目的完成、质量及生产效率管理、财务管理、流程管理、组织建设及团队行为、有效的交流和网络化

培训日程：与工作同步的一年培训、为期5天的两次研讨会和为期两天的一次开课讨论会

第三级别：高级管理教程

培训对象：负责核心流程或多项职能的管理人员

培训目的：开发参与者的企业家潜能

培训内容：公司管理方法、业务拓展及市场发展策略、技术革新管理、西门子全球机构、多元文化间的交流、改革管理、企业家行为及责任感

培训日程：与工作同步的18个月培训、为期5天的两次研讨会

第二级别：总体管理教程

培训对象：具备下列条件之一者：

（1）管理业务或项目并对其业绩全权负责者；

（2）负责全球性、地区性的服务者；

（3）至少负责两个职能部门者；

（4）在某些产品、服务方面是全球性、地区性业务的管理人员。

培训目的：塑造领导能力

培训内容：企业价值、前景与公司业绩之间的相互关系、高级战略管理技术、知识管理、识别全球趋势、调整公司业务、管理全球性合作

培训日程：与工作同步的两年培训、为期6天的两次研讨会

第一级别：西门子执行教程

培训对象：已经或者有可能担任重要职位的管理人员

培训目的：提高领导能力

培训内容：根据参与者的情况特别安排

培训日程：根据需要灵活安排

西门子的培训内容根据管理学知识和公司业务的需要而制定，随着二者的发展、变化，培训内容不断更新。

通过参加西门子管理教程培训，正在从事管理工作或有管理潜能的员工得到了学习管理知识和参与管理实践的绝好机会。这些教程提高了参与者管理自己和他人的能力，使他们从跨职能部门交流和跨国文化学习中受益，在公司员工间建立了密切的内部网络联系，增强了企业和员工的竞争力，达到了开发员工管理潜能、培养公司管理人才的目的。

西门子的员工培训计划涵盖了业务技能、交流能力和管理能力的广泛领域，为公司储备了大量的生产、技术和管理人才，不断增强员工的知识、技能、管理能力，从而提高了公司整体竞争力，成为西门子不败的重要保证。

资料来源　学习网.《人力资源管理》网上作业3参考答案（14秋）[EB/OL].[2015-05-16]. http：//www.diandaxuexi.com/Article/ArticleShow.asp？ArticleID=14899.

问题：

1.西门子的员工培训体系有何特点？

2.西门子的员工培训对我国企业培训有何借鉴意义？

第九章　企业文化

学习目标

理解和掌握企业文化的概念；了解企业文化的特点；掌握企业文化的内容与功能；理解和掌握企业文化建设的指导原则与实施步骤；熟悉企业形象战略的含义及基本内容。

第一节　企业文化的概念与特点

一、企业文化的概念

关于企业文化的概念，有许多不同的表述，但尚未形成一个统一的认识，其中有代表性的有以下几种：

美国学者威廉·大内也许是较为明确、集中而完整地给出企业文化概念的第一人。他说："一个企业的文化由其传统和风气构成。此外，还包含企业的价值观，如进取、保守或灵活，这些价值观成为企业员工活动和行为的规范。管理人员以身作则，把这些规范灌输给员工，再一代一代地传下去。"

美国学者约翰·P.科特和詹姆斯·L.赫斯克特认为："企业文化是指一个企业中各个部门（至少是企业高层管理者）所共同拥有的那些企业价值观念和经营实践……是企业中一个分部的各个职能部门或地处不同地理环境的部门所拥有的那种共同的文化现象。"

美国学者特雷斯·E.迪尔和阿伦·A.肯尼迪认为："企业文化是企业上下一致信奉和遵循的无形的行为规则，包括价值观、英雄人物、典礼仪式、文化网络。这四个要素的地位及作用分别是：价值观是企业文化的核心；英雄人物是企业文化的具体体现者；典礼仪式是传播和强化企业文化的重要方式；文化网络是传递和反馈企业文化信息的通道。"

总之，西方学者所说的企业文化，一般是指在一个企业内形成的独特的文化观念、价值观、历史传统、习惯、理想、道德规范和行为准则等。依赖于这些文化，企业内部各种力量统一于共同的指导思想和经营哲学下。同时，西方学者较为一致地认为，企业文化的核心是价值观。价值观是企业成功的原动力，它远高于技术或经济资源及组织结构等因素所起的作用。

我国学者魏杰认为："企业文化，就其形式来讲，属于人的思想范畴，是指人的价值理念；而就其内容来讲，则是企业制度与企业经营战略在人的理念上的反映，是从内在上约束和激励人的价值理念。"

我国学者刘光明认为："企业文化有广义和狭义之分，广义的企业文化是指企业物质文化、行为文化、制度文化、精神文化的总和；狭义的企业文化是指以价值观为核心的企业意识形态。”

综合以上说法，我们认为，所谓企业文化，是指企业在生产经营过程中，经过企业领导者长期倡导和员工长期实践所形成的具有本企业特色、为企业成员所普遍认同和遵守的价值观念、信仰、态度、行为准则、道德规范、传统及习惯的总和，以企业成员共享的价值体系为核心。

补充阅读资料9-1

无印良品的极简思维：“贩卖”
朴实哲学和极简美学的禅意品牌

无印良品（MUJI）是日本的一个杂货品牌，本意是没有品牌标志的好产品。无印良品主要经营日常用品，品类包括铅笔、笔记本、食品、基本的厨房用具等；产品始终追求简洁、环保、纯朴和以人为本的理念，致力于为消费者提供自然、质朴的生活方式。艾·里斯（Al Ries）曾经说过：毁灭一个品牌最容易的办法就是将这个品牌名字应用在所有的事物上。而到了无印良品这里，这句话却产生了完全相反的效果。无印良品所倡导的“无”容纳了世间包罗万象的内容，其中蕴含的哲理值得人们深思。因此，无印良品不仅是一个品牌，它更是一种生活方式和人生哲学。

资料来源　刘润泽．品牌革命：移动互联网时代的品牌制胜之道［M］．北京：当代世界出版社，2015.

二、企业文化的特点

企业文化作为一种文化形式，除了具有一般社会文化的特点，如文化的后天可得性、文化的共享性、文化的整体性、文化的适应性、文化的强制性、文化的民族性和差异性、文化的开放性和继承性外，还具有以下几个特点：

（一）人本性

企业文化最本质的内容就是强调人的价值观、道德、行为规范等“本位素质”在企业管理中的核心作用。重视员工身体素质的提高、智力素质的开发是企业管理者工作的重要内容，但更重要的是对员工道德情操、价值观、行为准则、敬业精神、责任心、纪律性等人本素质的开发、培育和塑造。人是整个企业中最宝贵的资源和财富，“企”字充分地阐释了企业无“人”即“止”的意思。离开了人，一切机器、设备可能都成为一堆废铁；离开了人本素质，一切操作技术、专业知识、业务能力等或许也只能成为可能性生产要素，企业的一切活动都将成为一句空话。所以有人把企业文化的实质概括为：以人为中心、以文化引导为根本手段、以激发企业员工自觉行为为目的的独特的文化现象和管理思想。

（二）独特性

企业文化产生于不同企业，而每个企业都有自己的历史、类型、性质、规模以及员工素质等。企业在经营管理的过程中，必然会形成具有本企业特色的价值观、企业精神、经营理念等，因此每个企业形成的企业文化也各不相同。因其鲜明的个性和独特性，企业文化难以模仿。例如，甲企业优秀的企业文化，是能被甲企业成员认同的一套价值体系，能极大地促进甲企业的发展。但它不一定适合乙企业，不一定能被乙企业的成员认同，对乙企业未必能起到促进作用。

（三）软约束性

企业文化对员工有规范和约束作用，而这种约束作用总体上来看是一种软约束。它通过其核心价值观对员工进行熏陶、感染和诱导，建立起企业内部合作、友爱、奋进的文化环境以及协调和谐的人际关系，自动地调节员工的心态和行为，并通过对这种文化氛围的心理认同逐渐内化为员工的主体文化，使企业的共同目标转化为员工的自觉行动，使群体产生最大的协同合力。

（四）相对稳定性和连续性

企业文化是随着企业的诞生而产生的，具有一定的稳定性和连续性，能长期对企业员工产生影响，不会因为日常经营环境的变化或个别员工的去留而发生根本变化。

但是，企业文化也会随企业内外经营环境的变化而不断地变革。由于市场在变化，社会在发展，因此企业的经营思想、管理行为等要适应这种变化，塑造和形成新的企业文化。在保持企业文化相对稳定的同时，企业也要注意保持企业文化的弹性，与时俱进，及时更新、充实，这样才能紧跟时代潮流，使自身立于不败之地。

三、新经济时代企业文化的基本特征

经济全球化、知识经济和可持续发展是当今人类社会发展的三大主题。在充分认识时代背景、深入考察以信息化为基础的新经济之后，我们不难发现，无论是基本的价值观念，还是具体的行为准则，新经济时代企业文化模式在很大程度上不同于工业经济中传统的企业文化模式。新经济时代企业文化至少有以下几个基本特征：

（一）速度文化

新经济时代的竞争异常激烈，要求企业快速反应、高效运作，速度是其制胜的法宝。信息技术的飞速发展，尤其是互联网的普及，使得传统竞争因素的重要性在不断减弱，而新的竞争越来越表现为时间竞争。企业只有以最快的速度开发、研制出产品，快速投放市场，把握市场先机，才能抢占制高点并在竞争中立于不败之地。这就要求企业建立一套快速反应和运行机制，从各个环节来不断渗透速度文化。企业可以通过数字化工具改造或缩短管理和运行流程来实现高速度，但更重要的是要营造充分发挥知识和智能效率的企业文化氛围，使员工能适应快速多变的商业环境。

（二）学习文化

学习能给企业带来利益和机会。知识的积累依赖学习，创新的起点在于学习，环境的适应需要学习，应变的能力来自学习，这就要求企业营造一种重视学习、善于学习的文化氛围。企业应成为学习型组织，不断增强学习能力，通过不断地学习和消化各种知识来适应外部环境的变化与调整内部的组织结构，推动企业的变革和发展。现代企业只有成为一个不断学习的组织，才能够创造、寻求及转换知识，才能根据新的知识调整企业行为。正所谓终身学习、永续经营。

（三）创新文化

在信息化背景下，创新的作用得到空前强化，并升华为一个社会主题。创新成了企业的生命源泉。创新文化就是要让企业的每一位员工都深刻理解企业在激烈的市场竞争中“人无我有，人有我优，人优我转”的理念和“穷则变，变则通，通则久”的游戏规则。从制定企业中长期发展战略、市场定位、年度营销计划、人力资源规划等到具体实施的每一个环节，企业都要有创新意识，都要制订和选择多套应变方案。因为新经济的特征之一就是创意经济，根据客户和市场的需求，在产品、技术和服务上不断创新，是现代企业的生存发展之道。

小知识9-1　**知识经济**

知识经济是指有别于传统工业经济的新型经济。它是以高新技术产业为支柱，以智力资源的占有、配置为依托的一种可持续发展的经济。1996年，国际经济合作组织在《科学、技术和产业展望报告》中指出，在过去10年中，该组织成员50%以上GDP增长是以知识经济为基础的，这些国家（地区）的高新技术产品在制造业产品中的份额翻了一番多，达到20%～25%；知识密集的服务部门（如教育、通信等部门）的发展更是日新月异。有人估计，科技进步对经济增长的贡献率已从19世纪初的5%～20%提高到20世纪90年代的70%～80%，全球信息高速公路建成后将提高到90%。因此，国际经济合作组织在报告的最后总结说，事情已使人们越来越清楚：知识是支撑国际经济合作组织国家（地区）经济增长的最重要因素。

（四）虚拟文化

在互联网上产生的不仅仅是新技术、新经济，还有新文化。伴随着互联网的广泛应用，人们对企业尤其是IT企业、广告企业和现代新闻出版公司的外观形象描述不再是高档写字楼、水泥墙或其他有形空间所围成的实体，而是通过互联网和通信终端连接所形成的虚拟企业，并以虚拟资本、金融系统为主要依托开展经济活动，由此产生了相应的虚拟文化。

互联网上的“虚拟企业网站”、“虚拟大学”（远程教育学院）的成功经验表明：“虚拟”并不意味着“虚无缥缈”，而是“虚中有实”。虚拟文化使得企业的运作具有灵活、柔性、合作、共享、快速反应、高效输出等特点，并通过企业的有效运作，为企业带来大量的有形资产。

（五）融合文化

经济全球化使企业竞争的内涵发生了变化，现代企业竞争模式已从过去的恶性竞争逐步转向既竞争又合作的新型“竞合”关系，要求企业必须不断融合多元文化。同时，经济全球化也为企业文化的融合铺平了道路，让身处这个时代的企业成为跨文化的人类群体组织。多元优于一元，合作大于竞争，共享胜过独占，企业有了包容性的融合文化，就能突破看似有限的市场空间和社会结构，实现优势互补和资源重组，在更高的程度上完成双赢或多赢的商业运作。

（六）品牌文化

品牌文化的本质是企业通过一流运作、一流服务向顾客提供一流的产品，进而取得一流的市场营销效果。因此，品牌文化不仅要求企业要有创名牌的物质、技术条件，更重要的是要求企业要有与名牌产品相对应的高素质的员工队伍，以及科学、规范、严格的现代企业管理制度。前者的“硬件”再好、再先进，若没有后者的“软件”相配合，创名牌只能是一句空话。从众多企业的实践看，持之以恒、百折不挠、长期奋斗是成功创造名牌的至关重要的条件。

补充阅读资料9-2

可口可乐公司长盛不衰的诀窍

优秀的企业文化是企业得以长盛不衰的重要保证。研究当代企业发展的历史，我们不难发现，对一个企业而言：两三年的繁荣靠营销，十年的优势靠技术，百年的生存靠文化。如美国的可口可乐公司，一种碳酸饮料养活了一个百年企业，诀窍何在？就在于可口可乐公司已经不只是一家生产饮料的企业，可口可乐公司的文化被认为是美国企业文化的代表。当今许多企业的领导人都已深深感受到，如果一个企业没有一种成功的文化，企业的生命力是有限的。

资料来源 蒋永忠，张颖．管理学基础［M］．4版．大连：东北财经大学出版社，2017.

第二节 企业文化的内容和功能

一、企业文化的内容

企业文化的内容按结构分为四个层次：一是深层的企业精神文化；二是中层的企业制度文化；三是浅层的企业行为文化；四是表层的企业物质文化。

（一）企业的精神文化

企业的精神文化是指企业成员共同信守的基本信念、价值标准、职业道德及精神风貌等，是企业文化的主体内容。就精神文化建设的主要内容来说，其包括企业哲学、企业价值观、企业精神、企业道德、企业目标、企业宗旨等。

（1）企业哲学，也称为企业经营哲学，实际上是企业在生产经营过程中全部行为的根本指导思想，是企业领导者对企业发展战略和经营策略的哲学思考。当今世界企业成功经营的哲学观念最重要的有：①质量观。质量是企业的生命。②用户观。顾客就是上帝。③竞争观。有竞争企业才有活力。④效率观。效率就是成功、就是金钱。⑤人才观。人才是企业最宝贵的资源。⑥创新发展观。只有创新，企业才能发展。⑦利润观。企业在为社会提供产品或服务的同时，争取利润最大化。

（2）企业价值观，是企业全体成员所拥有的信念和判断是非的标准，是调节行为与人际关系的导向系统，是企业文化的核心。对企业而言，价值观为企业生存和发展提供了基本方向和行动指南。它的基本特征包括：①调节性。企业价值观以鲜明的感召力和强烈的凝聚力，有效地协调、组合、规范、影响和调整企业的各种实践活动。②判断性。企业价值观一旦成为固定的思维模式，就会对现实事物和社会生活做出好坏优劣的评判。③驱动性。企业价值观可以持久地促使企业去追求某种价值目标，这种由强烈的欲望所形成的内在驱动力往往构成推动企业行为的动力机制和激励机制。

观念应用9-1 价值观念

所谓价值观念，是人们对事物的评价标准，即什么是最可贵的，什么是比较重要的，什么是可有可无的，什么是应当抛弃的等。例如，“国家兴亡，匹夫有责”与“人不为己，天诛地灭”就反映了两种截然不同的价值观。

（3）企业精神，是指企业的共同心理定式和价值取向，反映了全体员工的共同追求和共同认识。企业员工在长期的生产经营活动中，在企业哲学、价值观念和道德规范的影响下会形成各具特色的企业精神，如主人翁精神、集体精神、民主精神、创业精神、敬业精神、奉献精神、创新精神、竞争精神等。企业精神代表着全体员工的心愿，激人开拓，催人奋进，形成强大的凝聚力量。一方面，它使员工更加明确企业的追求，建立起与企业一致的目标；另一方面，它又成为员工的精神支柱，激发和鼓舞员工的工作热情。因此，许多企业都注意对本企业的企业文化加以概括和总结，挖掘出其中最有代表性的内核，并将其升华为一种精神，从而激励全体员工为之奋斗。

（4）企业道德，是企业调整员工、企业、社会之间关系的行为规范的总和。它以善与恶、公与私、正义与非正义、诚实与虚伪等道德范畴为标准，来评价企业和员工的行为，并调整其内外关系。它的功能和机制是从伦理角度出发的，是企业法规和制度的必要补充。

（5）企业目标，是指企业在一定时期内以一定的数量指标和质量指标形式表现出来的最佳物质成果与精神成果。有了明确的目标，企业就可以充分发动各级组织和员工，提高他们的积极性、主动性和创造性，使广大员工将自己的岗位工作与实现企业奋斗目标联系起来，把企业的生产经营转化为每一位员工的具体责任。

（6）企业宗旨，也称企业经营宗旨，是指企业就其承担的责任和义务向社会做出的承诺，反映了企业存在的社会价值。企业对内要保证自身的生存和发展，使员工得到基本的生活保障，并不断改善他们的生活福利待遇，帮助其实现人生价值；对外要生产出合格的产品或提供优质的服务来满足消费者的需要，从而为社会的物质文明和精神文明进步做出贡献。

（二）企业的制度文化

企业的制度文化主要是指对企业组织和企业员工的行为具有规范性、约束性的制度。它集中体现了企业文化的物质层和精神层对员工与企业组织行为的要求，直接规范企业行为及其行为文化。企业制度一般包括企业法规、企业的经营制度和企业的管理制度等。

（1）企业法规，是调整国家与企业以及企业在生产经营或服务性活动中所发生的经济关系的法律规范的总称。企业法规作为制度文化的法律形态，为企业确定了明确的行为规范，是依法管理企业的重要依据和保障。

（2）企业的经营制度，是指通过划分生产权和经营权，在不改变所有权的情况下，强化企业的经营责任，促进竞争，提高企业经济效益的一种经营责任制度，是企业制度文化的组织形态。

（3）企业的管理制度。没有规矩不成方圆。管理制度对组织和员工的约束能保证整个企业分工协作，井然有序、高效地运转。常见的管理制度有财务管理制度、劳资人事管理制度、生产管理制度、服务管理制度和设备管理制度等。

企业的法律形态体现了社会大文化对企业的制约和影响，反映了企业制度文化的共性；企业的组织形态和管理形态则体现了企业的经营管理特色，反映了企业制度文化的个性。

（三）企业的行为文化

企业的行为文化是指员工在生产经营、学习、娱乐中产生的活动文化，是以人的行为为形态的企业文化形式。企业行为从人员结构上划分，包括企业家的行为、企业模范人物的行为和企业普通员工的行为等。

（1）企业家的行为。企业家是企业经营的主角，是企业文化的倡导者、变革者、管理者，企业的经营决策方式和决策行为主要来自企业家。例如，联想集团前董事会主席柳传志最喜欢“求真务实”这四个字，也正是这种理念，使得联想集团成长为中国具有影响力的企业之一。

（2）企业模范人物的行为。在拥有优秀企业文化的企业中，最为人知晓和敬重的是那些集中体现了企业价值观的企业模范人物。这些模范人物大多是由于在各自的岗位上取得了突出成绩而被推举出来的优秀员工。他们是企业精神的化身，是企业员工的楷模，并成为企业员工效仿的对象。他们的示范作用对营造良好的企业文化氛围具有重要的作用。

（3）企业普通员工的行为。企业普通员工是企业的主体，员工的群体行为决定着企业整体的精神风貌和企业文化的现实状况。重塑企业文化，从根本上讲就是要重塑员工的行为。

一个企业内企业家的行为、模范人物的行为和普通员工的行为是企业经营作风、精神面貌、人际关系等的动态体现，也是企业精神、企业价值观等的折射。

对一个优秀的企业来说，结合企业员工的具体特点制定相应的行为规范，具有重要意义。企业的行为规范大体由两大部分组成，即对内行为规范与对外行为规范。对内行为规范，使企业的价值观念得到员工的认同，以营造一个和谐的、有凝聚力的内部经营环境；对外行为规范，通过一系列的对外行为，使企业的形象得到社会公众的认同，以营造一个理想的外部经营环境。企业行为规范不同于企业规章制度的地方在于：前者是对员工的“应然”要求，只是希望员工“应当如此”，目的在于唤醒员工的主体自觉性；后者是对员工的“必然”要求，强制员工“必须如此”。一般而言，员工行为规范大体包含以下内容：仪容仪表、岗位纪律、工作程序、待人接物、环卫安全、素质修养等。

（四）企业的物质文化

企业的物质文化也称企业文化的物质层，是由企业创造的产品或服务以及各种物质设施构成的器物文化，是一种以物质形态为主要研究对象的表层企业文化。它主要包括下述几个方面：

（1）产品和服务。有形的产品包括其品质、特色、式样、外观和包装等；无形的服务包括可以给买主带来附加利益和心理上的满足感及信任感的售后服务、保证、产品形象等。

（2）企业外部特征。其包括企业名称、标志、标准字、标准色、标语等，是企业物质文化最集中的外在体现。

（3）企业外貌。其包括企业的造型、建筑风格、文化体育生活设施、绿化美化情况、污染的治理等，是人们对企业的第一印象。

（4）企业广告及文化传播网络。其包括企业自办的报纸、刊物、有线广播、闭路电视、计算机网络、宣传栏、广告牌、招贴画等。

综上所述，企业文化的几个层次是紧密联系的。精神层是形成物质层、行为层及制度层的思想基础，也是企业文化的核心和灵魂。精神层方面的文化内容一旦形成，就处于比较稳定的状态。精神层是企业文化的决定性因素，发挥着主导、先导、引导的功能，是企业文化矛盾的主要方面。制度层是物质层、精神层及行为层建设的保证，没有严格的规章制度，企业文化建设也就无从谈起。行为层是企业文化的外在表现，是审视精神层、物质层、制度层合理性的尺度。物质层是制度层、行为层和精神层的物质基础，是企业文化的外在表现和载体。

二、企业文化的功能

企业文化作为社会文化的亚文化、企业的精神支柱和经营管理之魂，具有以下特有的功能：

（一）凝聚功能

企业文化的凝聚功能是指企业文化像一根纽带，把企业领导和员工的心紧紧地凝聚在一起，形成强大的聚合力量，团结一致地谋求企业的发展。企业文化通过沟通企业员工的思想，使之形成对企业目标、准则、观念等的认同感，产生对本职工作的自豪感和对企业的归属感。当员工把自己的思想感情和命运与企业的命运紧紧联系在一起的时候，企业就形成了强大的向心力和凝聚力，就能够发挥出巨大的整体优势。

（二）导向功能

企业文化的导向功能是指企业文化对企业的发展方向、价值观念和行为取向等的引导作用。这种引导作用主要表现在两个方面：一方面，对企业成员个体的心理、性格、行为等起导向作用，即对个体的价值取向和行为取向等起导向作用；另一方面，对企业整体的价值取向和行为取向等起导向作用。企业文化作为一种共同的价值观，是企业最精粹、最具概括性的指导思想，必然对企业目标提出质的要求，而企业目标必然是企业共同价值观的具体化。企业目标作为企业文化的主要内容之一，本身就使企业文化具有强有力的导向功能。这是因为企业目标是一种期望值，代表着企业的共同愿景和奋斗方向，是引导企业和员工奋发进取的精神力量。

（三）激励功能

企业文化的激励功能是指企业文化所形成的企业内部的文化氛围和价值导向能够起到精神激励的作用，将员工的积极性、主动性和创造性激发与调动出来，最大程度地开发人的潜能。优秀的企业文化都会营造出一种重视人、尊重人、关心人、培养人的良好氛围，产生一种使人精神振奋、朝气蓬勃、开拓进取的良好风气，承认每个人的贡献，激发每个人的工作热情，从而形成一种激励环境和激励机制。这种激励环境和激励机制胜过任何行政指挥和命令，像一只无形的手，引导人力资源发挥出巨大的潜在能量。

（四）约束功能

企业文化的约束功能是指通过道德规范、制度文化等“软”“硬”性约束，规范企业员工的行为，形成员工自我约束的机制。“硬”性约束直接要求员工该做什么和不该做什么，形成批评、罚款、降职、解雇等制度，规范员工的行为；“软”性约束通过企业道德、职业道德、社会公德及社会舆论等对员工的行为进行规范，形成一种无形的、理性的、韧性的约束。企业文化建设应加强对“软”性约束机制的塑造，为企业提供“免疫”功能；用企业共同的价值观来同化个人的价值观，在企业内营造这样一种氛围：一旦某人违反了企业规范，就会感到内疚、不安、自责，进而自动去修正自己的行为，把企业的要求转化为个人的自觉行为，实现个人目标与企业目标的高度一致。

（五）辐射功能

企业文化的辐射功能是指企业文化一旦形成固定的模式，不仅会在企业内部发挥作用，对本企业员工产生影响，而且会通过各种渠道（媒体、产品、人员交往等）辐射到社会的每一个角落，对社会产生外部作用。企业文化的传播对树立企业在公众中的形象很有帮助，对社会文化的发展有很大的影响，甚至会影响整个社会的价值观。

小思考9-1

有人认为："企业文化是虚的东西，对企业没有什么实际的用处。"这种说法对不对？

答案：这种说法不对。企业文化作为企业的精神支柱和经营管理之魂，具有凝聚、导向、激励、约束和辐射等功能。它对企业的经营决策和领导风格、对企业员工的工作态度和工作作风都起着决定性作用。

第三节　企业文化的建设

一、企业文化建设的指导原则

企业文化建设或多或少要改变员工既有的世界观和行为模式，以符合企业的生产和经营要求，这是一项艰巨的工作，需要一个较长的过程。要顺利地完成这项工作，在建设企业文化时，必须坚持继承与发展相结合、借鉴与创新相结合、全员参与与领导者身体力行相结合等原则。

（一）继承与发展相结合原则

继承与发展是企业文化建设中紧密联系又相互促进的两个方面。继承是发展的基础，没有继承的发展就等于无源之水；而发展又是继承的继续，离开了发展的继承就意味着停滞不前。继承包括两个方面：一是继承民族文化中的精华；二是继承本企业的优良传统。继承传统保证了企业文化在精神上一脉相承、在行为上一以贯之、在制度上一如既往。

在改革开放深化、社会主义市场经济体制不断完善发展的今天，企业又必须解放思想，更新观念，体现时代精神，使企业文化的内容不断丰富、充实和发展。只有这样，企业文化才能适合国情、厂情，才能体现自身的特色，形成共识，便于企业内多数人理解与执行，避免因千篇一律而流于形式。

（二）借鉴与创新相结合原则

任何企业都不可能脱离外部环境而独立存在，企业中的人也时刻都在与外界进行着信息交流，被其影响，受其制约。从某种意义上讲，企业文化也是企业成员适应外部环境的结果。所以，在确定企业文化的内容时，必须重视外部环境因素，善于学习国内外好的经验和值得借鉴的理论。应该说，每个企业的文化都有长有短，有利有弊。真正优秀的企业文化都是亦此亦彼，把理性原则同人的情感紧密结合起来的。人家的长处可以学习，人家的弊端则作为前车之鉴。事实上，优秀的企业文化都是各国企业在长期实践中去粗取精、互相学习、互相借鉴发展起来的。

同时，我们又必须认识到，学习是为了借鉴，借鉴的目的是创新。没有创新观念，最终会被时代所淘汰。这是众多企业成功的经验。

（三）全员参与与领导者身体力行相结合原则

企业文化说到底是“企业人”——企业群体的文化，企业领导、其他管理人员和广大员工是企业文化形成和发展的主体。人的类型的不同、他们之间组合方式的不同，以及个人价值观与企业价值观是相容、相斥还是互补，都会影响企业文化的形成，影响企业价值标准是否能为每个成员所接受。因此，建设企业文化时，要发动企业全体员工参与讨论及实施；同时，对企业人员结构进行分析，包括其素质构成、价值取向构成等，从中发现主流，找出重点，分析趋势，提炼出一种能为大多数人所认可的企业文化模式。

企业文化实质上是企业领导者有意识地加以培育和长期建设的结果，成功的领导者善于推行其倡导的企业文化。他们的身体力行会对企业文化的建设起到有力的推动作用。在他们的模范带头作用下，员工们更能信服、更能自觉地以共同价值观来指导自身的行为。

二、企业文化建设的实施步骤

企业文化的培育和建设是一个紧密结合企业生产经营活动而循序渐进、复杂的动态过程。一般而言，其大体要经过以下步骤：

（一）分析内外因素，设计出有企业特色的新文化

企业文化建设，首先要大量、全面地收集有关企业过去和现在的一切资料，并对当下的企业文化进行自我诊断和系统分析；同时，分析企业的外部环境，包括政治、经济、法律、民族文化、外来文化等，这些因素都会影响企业成员的思想意识和行为。

在系统分析各种相关因素的基础上，企业应进一步归纳总结，确定既体现企业特征又为全体员工和社会所接受的价值观；同时，还要以现有企业文化为基础，以企业特色为目标，发动全体员工参与企业文化建设方案的讨论及设计。通过对各种设计方案的归纳、比较、融合、提炼，集企业的经营信条、意识和行为准则于一身，融共同理想、企业目标、社会责任和职业道德于一体，设计出富有特色的企业新文化。

（二）倡导实践，让员工认同新的企业文化

选择和确立了企业价值观和企业文化模式之后，企业还应通过各种途径宣传和强化员工的企业文化意识，力求使新文化、新观念家喻户晓，深入人心，化为行动。这就是倡导实践。其具体做法包括：

（1）充分利用一切宣传工具和手段，大张旗鼓地宣传企业文化的内容和要求，营造浓厚的环境氛围。如通过广播、电视、网络、标语、板报等大力宣传企业的价值观，使员工耳濡目染，以达到潜移默化的目的。

（2）树立典型榜样和英雄人物。典型榜样和英雄人物是企业精神与企业文化的人格化身和形象缩影，能够以其特有的感染力、影响力和号召力为企业员工提供可以仿效的具体榜样，而企业员工也正是从典型榜样和英雄人物的精神风貌、价值追求、工作态度与言行表现方面深刻理解企业文化的实质和含义的，尤其是企业发展的关键时刻，企业员工总是以典型榜样和英雄人物的言行为尺度来决定自己的行为导向的。

（3）教育培训。有目的的教育培训能够使企业员工系统地接受和强化企业所倡导的企业精神与企业文化。教育培训的形式可以多种多样，当前，在健康有益的娱乐活动中恰如其分地揉进企业文化的基本内容和价值准则是一种有效的方法。

（三）制度强化，巩固企业文化

价值观的形成是一种个性心理的累积过程，不仅需要很长的时间，而且需要给予不断的强化。人们合理的行为只有经过强化并加以肯定，这种行为才能再现，进而形成习惯稳定下来，使指导这种行为的价值观念转化为行为主体的价值观念。企业要巩固无形的企业价值观念，不能单纯地停留在口号或舆论宣传上，必须寓无形于有形之中，将其渗透到企业的每一项规章制度、政策及工作规范、标准和要求中，在企业经营管理制度化、规范化、科学化的进程中融进企业文化的内涵与标准，使员工从事每一项经营管理活动都能感受到企业文化在其中的引导和控制作用。同时，用制度的方式鼓励符合企业价值准则的行为，树立榜样，从而产生模仿效应。

因此，企业应积极建立适应新的企业文化运行的必要的规章制度，以保证企业文化在实践中得到员工的进一步认同，逐步得到巩固。例如，现代企业日益重视和提倡团队精神、合作型文化，但企业考核制度如果仍然只以个人业绩作为考核指标，无团队业绩考核，势必会影响团队精神的形成。再如，提拔员工时，要考虑他是否与企业文化相融合；对于那些没有好好工作，并对企业文化抵触的员工，应劝其离开企业。其目的是让员工明白企业在鼓励什么、反对什么。行为得到不断强化而稳定下来，人们就会自然地接受指导这种行为的价值观念，形成优良的企业文化。

（四）完善提高，充实发展企业文化

企业文化体系形成以后，有其相对的独立性和稳定性，特别是其中的核心内容，是不会轻易改变的。但是，企业文化毕竟是企业经营管理实践的产物，随着企业面临的内外部环境的不断变化，企业会面对新的问题和挑战，企业文化必然要发生相应变化。不断充实、完善和提高，是企业文化健康发展的客观规律；否则，企业文化就会脱离或落后于实践而变得苍白无力，最后失去对实践的指导意义。

企业文化的完善、提高，既是塑造企业文化的一个过程的结束，又是下一个过程的开始，是一个承上启下的阶段。完善、提高的质量直接影响企业文化的科学性和对实践的指导作用。因此，企业的领导者必须依靠实践、依靠员工，不断地把感性认识上升为理性认识，把实践的东西转化为理论概括，把少数人的先进思想变成全体成员的共识，并及时吸收民族文化和外来文化的精华，剔除本企业文化中的消极成分，使企业文化在实践中不断升华，从而重新构建和创造新型的企业文化，以更好地适应企业变革和发展的需要。用哲学语言来说，就是永远处于实践、认识、提高，再实践、再认识、再提高的循环前进中。一次重塑后的新文化的巩固和发展，就是在更高基础上的再重塑的前奏或开端，循环往复，以至无穷。

补充阅读资料9-3

企业文化建设为何落地难

企业文化建设为什么会陷入尴尬境地？关键原因在于新理念落不了地。这里有绕不开的三条河：理念、信念和习惯。企业文化落地，本质上是将企业家所倡导的理念转变成企业员工的共同信念和习惯。这中间需要经历三个必需的过程。

第一，从企业家所倡导的理念到企业全体员工所理解的理念的过程。这是企业文化落地的第一个环节。这一过程需要大量的传播、培训、沟通工作。在很多企业，企业家所倡导的理念和企业员工实际理解的理念并不一致。

第二，从“理念”向“信念”转化的过程。“理念”和“信念”虽然只有一字之差，却存在着相当远的距离：理念是人们经过长期慎重的思考并认为正确的一种观念；而信念则融入了人的情感、深入到了人的内心，甚至变成一种无意识状态，是被人完全接受了的观念。很多企业家和员工共同拥有的是一种共同理念，而不是一种共同信念，由理念到信念的转化是企业文化落地的第二个环节。

第三，从企业员工共同的信念到企业员工共同习惯的过程。这一过程需要经过大量的实践、探索、试错和失败，不仅需要行动的勇气，也需要成功的激励。很多观念在大家内心中是被认可的、是大家坚信的，但在实践中人们却常常身不由己，滑入与自己的信念相悖的习惯中。由企业员工共同的信念转化为企业员工共同的习惯，这是企业文化落地的第三个环节。

简而言之，企业文化落地，本质上是把企业家的理念转变成企业全体员工共同理解的理念，再由企业全体员工共同理解的理念转变成全体员工共同认可的信念，最后由全体员工共同认可的信念转变成全体员工共同养成的习惯的过程。

资料来源 王祥伍，谭俊峰，黄健江，等. 华夏基石方法：企业文化落地本土实践［M］. 北京：电子工业出版社，2014.

第四节 企业形象战略

一、企业形象的含义、构成要素及评价标准

（一）企业形象的含义

企业形象（corporate image）是指社会公众和企业员工对企业的整体印象与评价。公众印象是公众对企业的初步认识，印象与形象可能一致，也可能不一致。形象有实态形象与虚态形象之分：实态形象是指企业的实际经营活动所取得的结果，包括产品质量、生产能力与规模、员工整体素质、经营管理水平、产值与盈利水平等；虚态形象是指公众（包括企业内部员工）对企业整体形象的某些主观印象，具有夸张性和浪漫性的特征。

公众评价通过公众态度和公众舆论体现出来。公众态度是人们的内在意向，较为稳定，比印象要加深一步。公众舆论是通过语言交流对企业形成的看法，是人们意向的表面化。

在较早的时期，公众多依据品牌形象来认识企业，品牌以产生附加值的形式来满足公众“形象消费”的需要。进入21世纪，公众以更加敏锐独到的眼光来认识企业，“品牌价值”已经不能满足公众对企业的期待，他们要求企业不断完善自身，塑造出全新的企业形象，从而形成强大的发展力量。毫无疑问，企业形象已经成为企业发展的动力，是企业重要的无形资产。在经济和文化趋向融合的今天，企业形象的价值并不只是表现在产品上，还表现在关于产品的文化上，体现的是一种文化价值或者文化附加值。

补充阅读资料9-4

服饰品牌形象

某日，一学生翻墙进校园，恰被校长看见了。

校长生气地问学生："为什么不走校门？"

学生回答："美特斯邦威，不走寻常路。"

校长说："不能翻墙进学校。"

学生回答："安踏，我选择，我喜欢。"

校长又问："这么高的墙你是怎么翻过来的？"

学生指了指他的裤子说："李宁，一切皆有可能。"

校长接着问："翻墙是什么感觉？"

学生回答："特步，飞一般的感觉。"

第二天，学生穿了一件"混混衫"上学。

校长对学生说："不能穿'混混衫'上学。"

学生回答："穿什么，就是什么，森马服饰。"

第三天，学生穿背心上学了。

校长更严厉地批评了这名学生。

学生回答："男人，简单就好，爱登堡服饰。"

校长终于生气地说："我要给你记大过处分。"

学生问："为什么？"

校长得意地说："动感地带，我的地盘我做主。"

看过这则小幽默，在会心一笑之余，你有什么思考呢？

小幽默里出现的服饰品牌形象都已经深入人心了，成功的企业文化就应该融入企业品牌、企业形象里。企业品牌的传播就应该是企业形象的传播，就应该是企业文化的传播。

（二）企业形象的构成要素

1.产品形象

产品形象是企业产品的内在质量和外在表现的综合反映，是企业形象的基础，是企业形象中的决定性因素，一般由质量形象、技术形象、市场销售状况等构成。公众主要通过产品了解和认识企业，企业也总是依靠产品和服务塑造良好形象。产品形象的好坏直接影响着企业形象的好坏。

2.外观形象

外观形象是一个企业文明程度和管理水平的重要标志与客观反映，是留给公众的"第一印象"。优秀企业的外观形象应该：和谐，即企业整体布局科学合理，环境建设与企业规模、行业特点相协调；整洁，即按照国家环保法律、法规的要求，达到环境的净化、绿化和美化，做到道路畅通，设备完好，井然有序；鲜明，即通过企业视觉识别系统的设计，形成强烈的视觉冲击力，给人留下强烈、鲜明的印象。

3.服务形象

服务形象是指通过企业及其员工在产品售前、售后和技术服务过程中所表现出来的服务态度、服务方式、服务质量以及由此引起消费者和社会公众的客观评价而树立的形象和信誉。企业信誉是企业的“金字招牌”，不仅会影响现有消费者的购买行为，而且会影响未来消费者的购买行为。

4.员工形象

企业员工包括管理人员、技术人员、操作人员等，他们共同构成企业的主体。企业员工形象不仅包括员工的装束仪表、言谈举止、服务态度、敬业精神等方面的内容，而且包括员工共同遵循的价值观念、经营理念、道德规范以及生产过程中形成的习惯等内容。员工形象好，可以强化企业的凝聚力和竞争力，为企业长期稳定发展打下牢固的基础。

5.社会形象

社会形象是指企业长期以来给社会公众留下的可以信赖的印象，包括企业对社会的责任感，企业有无协同意识、合作精神，企业领导是否有创业精神，员工对企业有无责任感、自豪感等。

（三）企业形象的评价标准

1.知名度

知名度是指企业被社会公众知晓、了解的程度及其产生的社会影响的深度与广度，是衡量企业名气大小的标志。知名度是企业形象衡量标准的首要和基础性内容，知名度的高低是企业形象影响力的决定性因素。任何从事正常生产经营活动的企业都有自己的知名度。

2.美誉度

美誉度是指企业在公众心目中的美好程度，是衡量企业形象优劣的实质性标准，是比知名度更为重要的实质性标志。如果说知名度是从量上来衡量企业在公众中的影响力的大小，那么美誉度则是从质上来衡量企业在公众评价方面的优劣，是衡量一个企业名声好坏及其程度的标志。

3.信任度

信任度，即公众对企业的喜爱、信任、关心和支持的程度。它反映的是公众对企业的情感。如果说知名度是公众对企业产生的印象度，反映的是公众对企业的认知；美誉度作为公众对企业产生的赞誉度，反映的是公众对企业的评价；那么信任度作为公众对企业的喜爱程度、信任程度、关心程度和支持程度，反映的则是公众对企业的情感。

二、企业形象战略的含义及主要功能

（一）企业形象战略的含义

企业形象战略（corporate identity strategy，CIS）简称CIS战略，也译为企业识别系统，是一个企业为了塑造企业形象，通过统一的视觉设计，将企业的经营理念、企业文化以及企业经营活动情况等传达给企业员工及社会公众，以凸现企业的个性、精神，使社会公众对企业产生一致的认同感和良好印象，从而提高企业竞争能力的经营战略。CIS战略的出现，使企业差别化战略摆脱了单纯依赖视觉差别设计的形象，成为企业整体的、全方位的、系统的经营战略。

（二）企业形象战略的主要功能

1.识别功能

CIS战略的开发和导入，能够使企业产品与其他同类产品区别开来。尤其是在各企业产品的品质、性能、外观、促销手段趋同的情况下，导入CIS战略可以使自己的产品在市场竞争中脱颖而出，独树一帜，取得独一无二的市场地位。

2.管理功能

在开发和导入CIS战略的进程中，企业应制定CIS战略推进手册，作为企业内部法规，让全体员工认真学习并共同遵守、执行。这可以保证企业识别系统的统一性和权威性。通过对CIS战略推进手册的学习和实施，企业能自觉朝着正确的发展方向进行有效的管理。

3.传播功能

CIS战略的导入和开发，能够保证信息传播的同一性和一致性，提高信息传播的频率和强度，产生倍增的传播效果。

4.应变功能

在瞬息万变的市场环境中，企业要随机应变。变是绝对的，不变（稳定性）是相对的。企业导入CIS战略后，企业的同一商标可以随市场变化和产品更新应用于各种不同的产品，从而提高企业的应变能力。

5.协调功能

企业有了良好的CIS战略后，可以加强各部门的归属感和向心力，齐心协力为企业的美好未来效力。它可以在企业内部聚拢起实力强大的竞争群体，发挥群体效应。

6.文化教育功能

CIS战略具有很强的文化教育功能，因为导入CIS战略的企业能够逐步建立起先进而卓越的精神文化和共享价值观。一个拥有强大的精神文化和共享价值观的企业对其员工的影响是极其深远的。员工不仅能体会到工作的价值，而且会因属于企业的一分子而倍感自豪，从而更加主动地认知企业的价值观，并将其内化为个体价值观的一部分。这能大大提高员工士气，增强企业的凝聚力。

三、企业形象战略的基本内容

企业形象战略由理念识别（MI）、行为识别（BI）和视觉识别（VI）三个子系统组成，三个子系统相互联系、层层递进，形成一个完整的识别系统。

（一）理念识别

理念识别（mind identity，MI）是企业生产经营的主导思想和灵魂，由企业的价值观念、经营理念、经营意识、企业信仰、企业目标、经营方针等内容组成。其具体的表现形式有信念、口号、标语、守则、歌曲、警语、座右铭以及企业高层人员的精神和讲话等。它是建立和实施CIS战略的原动力和基础，是塑造企业良好形象的开端，也是实施CIS战略的第一步。

构建企业理念识别的目的是增强企业发展的实力，提升企业形象，参与市场竞争并赢得胜利。企业理念识别的基本特点：一是体现自身特征，以区别于其他企业；二是广为传播，以使社会公众普遍认同。

企业经营理念、方针的完善与坚定，是企业识别系统基本精神之所在，也是导入企业识别系统的原动力。通过这股内在的动力，影响企业内部的活动与制度、组织管理与教育，并扩展到对社会公益活动、消费者参与的规划，最后，通过组织化、系统化、统一化的行为识别和视觉识别系统传达企业经营信息，塑造企业独特的形象，达到企业识别的目的。

补充阅读资料9-5

海尔的经营理念体系

价值观："敬业报国，追求卓越""真诚到永远"。

质量理念："有缺陷的产品是废品""优秀的产品是优秀的人制造出来的""高标准、精细化、零缺陷"。

兼并理念："吃休克鱼、用文化激活休克鱼。"

营销理念："首先卖信誉，其次卖产品。"

品牌理念："国门之内无名牌。"

市场理念："只有淡季思想，没有淡季市场。"

竞争理念："只要比竞争对手高一筹，半筹也行，只要保持高于竞争对手的水平，就能掌握市场主动权。"

人才理念："人人是人才，赛马不相马。"

服务理念："用户永远是对的""把用户的烦恼降到零"。

研发理念："用户的难题就是我们研发的课题""要做就做最好的"。

资本运营理念："东方亮了再亮西方。"

资料来源 作者根据相关资料整理.

（二）行为识别

行为识别或活动识别（behavior identity，BI）是企业经营理念动态化的表现形式。企业行为包括生产行为、管理行为、经营行为、营销行为、公关行为等，这些行为展示了企业的员工形象、管理形象、经营形象、市场形象和社会形象等。企业行为识别的内容要体现企业员工共同的行为方式和特征，规范的员工行为不仅有助于协调企业各层级、各部门之间的关系，更有助于贯彻企业领导层的意旨，强化企业管理。

行为识别系统的基本内容可分为对内和对外两个方面：对内有业务培训、组织建设、制度设计、管理实施、奖惩活动、员工教育（包括服务态度、待人技巧、电话礼仪及奉献精神）等；对外则是指企业与社会的联系与沟通，包括客户关系、服务方式、市场调查、广告活动、公关活动、公益活动、文化活动、促销活动、竞争策略以及与各类公众的关系等。行为识别意在通过各种利于社会大众以及消费者认知、益于强化企业有效行为的有特色的活动，塑造企业的动态形象，并与理念识别、视觉识别相互交融，树立起企业良好的整体形象。企业在对内和对外的各种沟通中所体现出的行为识别，对内有营造氛围、对外有塑造形象的作用，是企业实施CIS战略的主要支柱。

作为CIS战略的重要组成部分，行为识别系统的设计必须明确地告知员工行为标准，并对员工的行为标准进行考核、矫正，即行为的引导与约束。行为的引导与约束是对员工所期望的努力方向、行为方式和应遵循的价值观的规定。企业的行为识别系统设计就是给员工一个行为路径与操守通道，使员工能够有效地履行其应当履行的组织行为。

从行为识别系统的层次性上看，行为识别系统设计大体可以分为两个层次：一是企业制度的设计；二是员工行为规范的设计。制度、规范的完善是规范企业员工行为的标尺，因此，从某种程度上可以说，企业行为识别系统的设计就是企业各种制度、规范的完善过程。

（三）视觉识别

视觉识别（visual identity，VI）是企业的静态识别形式，是企业识别的视觉表达。视觉识别表达就是把抽象的企业理念形象化、视觉化，也就是把企业名称、企业品牌、企业标志、企业色彩、企业象征图案、企业字体、企业口号、符号、商标、产品包装、办公用品、交通工具、建筑外观、厂旗、厂徽、工作服、广告等以规范统一的视觉表现具体生动地展示出来，给消费者和其他社会公众留下深刻的视觉印象，以加深他们对企业的了解和认识，产生对企业的信赖和好感。

视觉识别是人们获取外界信息的主要渠道，所以在树立企业形象的过程中，视觉识别占有十分重要的地位，许多企业都想尽办法通过企业和产品的良好视觉形象来吸引顾客。

补充阅读资料9-6

可口可乐公司的视觉识别系统

可口可乐公司在树立公司形象的过程中，将视觉识别放到了首要地位。可口可乐成功的奥秘之一就是它选择了一条以统一的视觉形象来宣传企业形象的道路。最初，顾客对可口可乐公司的产品的印象模糊不清，为了改变现状，公司合伙人之一的罗兰·鲁滨逊创造了沿用至今的可口可乐名字和商标图案，即用红色做底色，在可口可乐名字左右两侧画上白色水波纹表示清凉饮料，将“Coca Kola”中的K换成C，并亲笔写下了漂亮的“Coca Cola”字体。此外，可口可乐公司从1916年起开始使用它那与众不同的专用瓶。这样有了商标、专用瓶和保密配方的可口可乐才真正进入市场。可口可乐公司集中力量，每年花费数亿美元的费用，以不同方式、从不同角度、用不同媒体进行宣传，有组织、有目的地强化消费者对可口可乐视觉识别系统的印象。大家知道，如果要引导人们加深对某一事物的印象，必须提高刺激物出现的频率，只有这样，才能达到消费者认识刺激物的目的。可口可乐公司非常成功地做到了这一点。当今可口可乐饮料风靡全球，得到了全世界消费者的认同，可以说，这是可口可乐公司多年来不断强化视觉识别系统的结果。视觉识别虽是一种有形的静态识别形式，但是从有形的静态识别当中，我们能捕捉到有关企业理念的信息。

资料来源 佚名. CI策划与企业发展［EB/OL］.［2013-11-06］. http: //www.docin.com/p-722113544.html.

CIS战略是企业的理念识别、行为识别和视觉识别三者共同构成的不可分割的有机整体。理念识别是内在的、无形的，行为识别是动态的、转瞬即逝的，它们都需要借助看得见的视觉符号传递给社会公众。视觉识别具有长期反复传播的特点，是企业通向社会公众（眼睛）的桥梁。可见，CIS战略的三个基本构成要素是相互联系、不可分离的。理念识别和行为识别（尤其是理念识别）在其中占有非常重要的地位。如果没有理念识别，视觉设计只能是简单的装饰品；相反，如果没有视觉识别，理念识别和行为识别也将无法有效地传播和表现。因此，人们把企业形象战略比做一棵大树，理念识别是树的根，行为识别是树的枝，视觉识别是树的叶。

本章小结

企业文化是指企业在生产经营过程中，经过企业领导者长期倡导和员工长期实践所形成的具有本企业特色、为企业成员所普遍认同和遵守的价值观念、信仰、态度、行为准则、道德规范、传统及习惯的总和，以企业成员共享的价值体系为核心。企业文化具有以下几个特点：人本性、独特性、软约束性、相对稳定性和连续性。在新经济时代，企业文化还有速度文化、学习文化、创新文化、虚拟文化、融合文化、品牌文化的特征。

企业文化的内容按结构分为精神层、制度层、行为层和物质层，而其内容包括企业哲学、企业价值观、企业精神、企业制度、企业外貌等。企业文化具有凝聚、导向、激励、约束和辐射等功能。

在企业文化建设过程中，需坚持继承与发展相结合、借鉴与创新相结合、全员参与与领导者身体力行相结合等原则。企业文化的建设大体经过以下步骤：一是分析内外因素，设计出有企业特色的新文化；二是倡导实践，让员工认同新的企业文化；三是制度强化，巩固企业文化；四是完善提高，充实、发展企业文化。

企业形象是指社会公众和企业员工对企业的整体印象与评价。企业形象的构成要素包括产品形象、外观形象、服务形象、员工形象和社会形象。企业形象战略（CIS战略）是一个企业为了塑造企业形象，通过统一的视觉设计，将企业的经营理念、企业文化以及企业经营活动情况等传达给企业员工及社会公众，以凸显企业的个性、精神，使社会公众对企业产生一致的认同感，从而提高企业竞争力的经营战略。企业形象战略由理念识别(MI)、行为识别（BI）和视觉识别（VI）三个子系统组成，三个子系统相互联系、层层递进，形成一个完整的识别系统。

主要概念与观念

主要概念

企业文化　企业形象　企业形象战略

主要观念

企业文化的内容　企业文化的功能　企业形象战略的基本内容

基本训练

知识题

简答题

1.企业文化的含义是什么？

2.企业文化的建设大体经过哪些步骤？

3.企业形象战略的基本内容有哪些？

知识应用

1.现在互联网、电视、广播里的广告越来越多，色彩缤纷的广告牌、广告画更是铺天盖地。这是企业文化（　　）功能的体现。

A.凝聚　　B.激励　　C.辐射　　D.导向

2.有人认为，企业文化就是企业员工的行为举止“有文化”，这种看法对不对？

技能题

为什么中国许多“明星”企业很快成为“流星”企业？

能力题

案例分析

海尔的企业文化

海尔集团是在青岛电冰箱总厂的基础上发展起来的特大型企业。30多年来，海尔集团在张瑞敏的带领下，已由一个亏空147万元的集体小厂发展成为2018年全球营业额达2 661亿元的中国知名品牌，也成为国际知名企业。海尔成功的企业文化建设对海尔的崛起有着举足轻重的作用。以下就是海尔的企业文化在一些事例上的具体体现：

A.1984—1991年，海尔当时的主打产品是冰箱，海尔希望通过冰箱这个载体，打造“海尔”这个名牌。在这一阶段，海尔紧紧抓住质量与服务来满足消费者的需求。其中有一个广为人知的故事，就是1985年的“砸冰箱”事件，在张瑞敏的带领下，海尔一共砸了76台质量不合格的冰箱。在许多海尔人看来，锤子不仅砸在冰箱上，更砸在了海尔人的心里。海尔通过这个事件，树立了“有缺陷的产品就是废品”的“名牌战略”思想。

B.1999年7月中旬，美国洛杉矶地区的气温高达40℃，在这么热的天气里路上也少有人走动。因运输公司驾驶员的原因，运往洛杉矶的洗衣机零部件多放了一箱，这件事本来不影响工作，找机会调回来即可，但美国海尔贸易有限公司零部件经理丹先生不这么认为，他说，当天的“日清”中就定下了要调回来的内容，哪能把当日该完成的工作往后拖呢？于是丹先生冒着酷暑把这箱零部件及时调了回来。

C.有一个青年女工，因患绝症即将辞世，在弥留之际，她立下一条遗嘱：“前往殡仪馆时，在海尔门口停一下，让我最后看一眼自己心爱的工厂。”

D.有位农民投诉海尔洗衣机质量不好，这着实让海尔人大吃一惊。海尔公司调查后发现，原来这位农民用洗衣机洗土豆、地瓜，泥巴堵塞了排水管，引起了这位农民的不满。值得称道的是，海尔人并没有一笑了之，而是从这件事上发现了一个新的市场需求。不久，一种排水管粗大的新型洗衣机应运而生。它既可以洗衣服，又可以洗土豆、地瓜、海螺、海贝等带泥物。这种多功能洗衣机推向内地和沿海农村市场后很是畅销。

资料来源 作者根据海尔集团的有关资料整理.

问题：从企业文化角度分析海尔崛起的原因。

第十章　管理信息系统

学习目标

掌握管理信息系统的概念；了解管理信息系统的发展；掌握管理信息系统在现代企业管理中的应用；掌握ERP的概念；了解ERP的主要功能模块与业务流程。

第一节　管理信息系统概述

一、管理信息系统的概念

（一）管理信息系统

随着现代科技在生产中的广泛应用，企业的管理思想和方式发生了根本性变化，其中一个重要标志就是应用电子计算机处理各种管理信息。建立和完善以电子计算机为基础的现代管理信息系统，通过电子计算机进行数据和文件的组织、处理，完成系统分析、设计和实施过程，是充分开发和利用各种信息资源、实现企业管理现代化的客观要求。

管理信息系统是一个人和机器相结合的人机系统，是用系统思想建立起来的、以电子计算机为基础、为管理过程服务的信息系统。它输入各种管理数据，经过电子计算机的加工处理，并经过一定编码程序的解释，输出供各级管理机构使用的管理信息。管理信息系统由以下三部分组成：

（1）管理系统。它既是信息的使用者，又是信息的重要反馈者。电子计算机是从事管理工作的数据处理和运算工具，数据处理是为管理系统服务的，必须根据管理的需要，与管理的职能相适应，同时要接受管理科学的指导和管理技术的支持。

（2）信息处理系统。管理信息系统不仅进行单纯的数据处理，为管理部门和人员提供有关资料和报表，而且运用现代数学方法和模拟方法，按一定编码或模式导出各种管理信息，供管理者使用。

（3）传输系统。现代管理信息系统通过线路构成电子计算机网络，把必要的信息及时、可靠、迅速地传输给各有关管理部门和人员。

电子计算机科学中的数据处理技术、数据库技术及网络技术的发展，为管理信息系统的数据处理、数据传输及信息资源共享提供了现代化的技术基础。因此，现代管理信息系统一般是带数据库和电子计算机通信网络的联机系统，企业最高决策部门可以将各个层次的管理信息子系统联结成网，组成本企业的管理信息系统。

（二）数据和信息

数据和信息是管理信息系统数据处理中最基础的一个概念。关于这个概念，也有很多不同的解释，比较广泛的解释是：①数据是记录下来的事实，在管理过程中出现的很多情况我们都可以记录下来；②信息是对事物特征及运作的描述。

小知识 10-1

在企业中，工人领料用的领料单、给工人分派工作的派工单，以及工人完成工作以后在派工单上记录的具体的工作报告，都是记录下来的事实。这些记录下来的事实都被称为数据。数据经过加工就可以变成信息，所以信息还可以称为加工以后的数据。

把工人的工作单都收集起来，就可以了解整个工作的完成情况：一共完成了多少零部件的加工，用了多少工时，用了多少材料，有多少废品、多少合格品。再同计划相比较得出结论：计划要完成的工作量、实际完成的工作量；计划完成合格品数量、实际完成合格品数量；废品的数量；所用的工时和材料的数量等。通过这些，企业领导者就可以了解计划的完成情况及加工这些零部件的成本。

这些是生产中非常有意义的信息。所以说，信息是加工以后的数据，数据是信息的一种表现形式。

（三）管理信息

1.管理信息是很重要的资源

对企业来说，人、物资、能源、资金、信息是五大重要资源。人、物资、能源、资金都是可见的有形资源，而信息是一种无形资源。以前，人们比较看重有形资源，进入信息社会和知识经济时代以后，信息资源显得日益重要。这是因为信息资源决定了如何更有效地利用有形资源。信息资源是人类从与自然的斗争中获得的知识结晶，掌握了信息资源，就可以更好地利用有形资源，使有形资源发挥更好的效益。

2.管理信息是决策的基础

企业只有深入了解企业内外部情况，才能做出正确的判断和决策。所以，决策和信息有着非常密切的联系。过去那些凭经验或者拍脑袋的决策方法经常造成决策的失误，实践证明，信息是决策的基础。

3.管理信息是实施管理控制的依据

在管理控制中，企业依据信息来控制整个生产过程、服务过程的运作，也依靠信息的反馈来不断地修正已有的计划，依靠信息来实施管理控制。企业有很多事情不能很好地控制，其根源是没有很好地掌握全面的信息。

观念应用 10-1

现实中，我国有很多个人所得税没有完全收上来，造成了大量税款流失，就是因为现行税收系统未能真实体现这些人收入的具体情况，只知道这些人固定的收入，很多灰色收入没有相关信息，这就造成了大量的个人所得税的流失。

所以说，没有信息就不可能进行很好的管理控制，信息是实施管理控制的一个重要依据。

4.管理信息是联系组织内外的纽带

企业与外界的联系、企业内部各职能部门之间的联系，也是通过信息实现的。企业要加强内外沟通，依靠信息使整个企业协调运作。信息是组织内外沟通的纽带，没有信息就不可能很好地沟通内外，企业也不可能步调一致地协同工作。

（四）系统

系统是由相互依赖的若干要素为了实现一个共同的目标而结合在一起的一个有机整体。就企业系统而言，其包含很多要素，如人、财、原料、能源等。企业的目标就是为社会提供一定的产品或服务，取得经济效益。企业是由各个要素组合而成的，企业本身就是一个系统。

1.系统的要素

企业应把人、财、物、信息等要素很好地进行组合，使这些要素发挥最大的作用。企业要用最少的资源获得最大的产出，从而获得最大的经济效益，这是对要素进行组合的根本目的。

2.开环式和闭环式循环系统

系统由输入转换到输出是一个开环的过程，即输入相应的资源以后，转换成产品提供给社会。至于社会公众对系统提供的产品的反应，如是不是完成了生产计划的要求，并没有反馈信息，这就是开环式循环系统，它只有输入、转换和输出（如图10-1所示）。

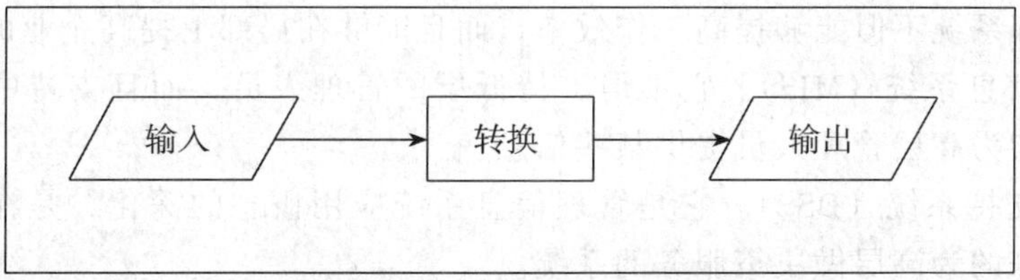

图10-1　开环式循环系统模型

闭环式循环系统就是输出以后返到控制机构，控制机构又返到输入的循环系统（如图10-2所示）。

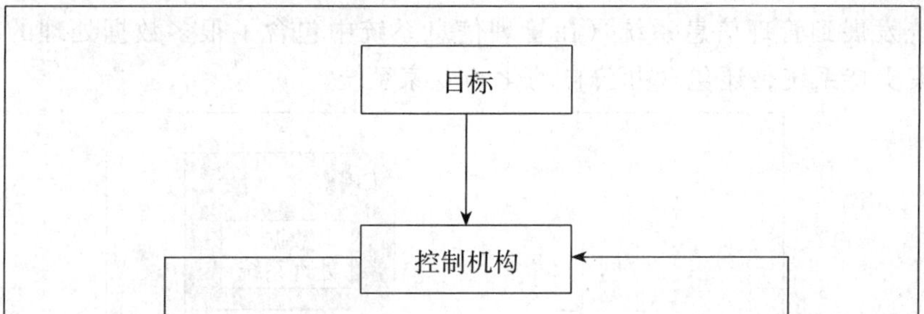

图10-2　闭环式循环系统模型

3.开放系统和封闭系统

开放系统就是指系统向外界开放，与外界有联系。封闭系统是完全与外界隔绝的系统。封闭系统是在实验室、特定的环境下才存在的系统。企业系统都是开放的系统，这是因为企业与外界在物质、信息、人等方面有不断的交流。

系统内部还有很多子系统，如财务系统、物资管理系统、生产系统。对于这些子系统，企业系统就是它们的环境，它们与系统间很多物资和信息的交流都要受到环境的影响。企业要向外界开放，社会就是企业的环境，企业会受到社会各个方面的影响，包括政府政策的影响，合作伙伴、供应商、销售商、协作部门的影响等。所以，企业应是一个闭环的开放系统，外界是其生存和发展的环境。

（五）信息系统

从技术的角度来看，信息系统（information system，IS）可以定义为：由一组相互关联的部件（或元素）组成，要完成企业内信息的收集、传输、加工、存储、使用、维护等，支持企业的计划、管理、决策、协调和控制。信息收集所涉及的工作包括信息的识别、采集等，信息传输涉及的问题包括技术问题、语义问题、效率问题。信息的加工既可以是简单的统计加工，也可以是综合分析加工，还可以使用各种复杂的运筹学模型进行处理。

信息系统在计算机诞生以前就已经存在，是人工的信息系统。现在有了信息技术，有了计算机硬件、软件和网络通信设备的支持，信息系统发生了巨大变化。

(1) 数据处理系统（DPS）。它是用计算机来处理数据以提高企业员工的工作效率的系统。数据处理系统不但能够提高工作效率，而且能够在局部上提高企业的效益。

(2) 管理信息系统（MIS）。它不但支持低层的管理人员，而且支持中层管理人员的管理控制，也能为高层管理人员提供某些信息。

(3) 决策支持系统（DSS）。它是管理信息系统应用概念的深化，是在管理信息系统基础上发展起来的为高层做决策服务的系统。

(4) 办公自动化（OA）、人工智能（AI）、专家系统（ES）。这些都是为高层管理服务的。

我们把以计算机为基础的信息系统简称为CBIS（如图10-3所示）。它从开始简单的数据处理系统发展到管理信息系统（在管理信息系统中包含了很多数据处理的功能），然后发展到决策支持系统，还包含办公自动化和专家系统。

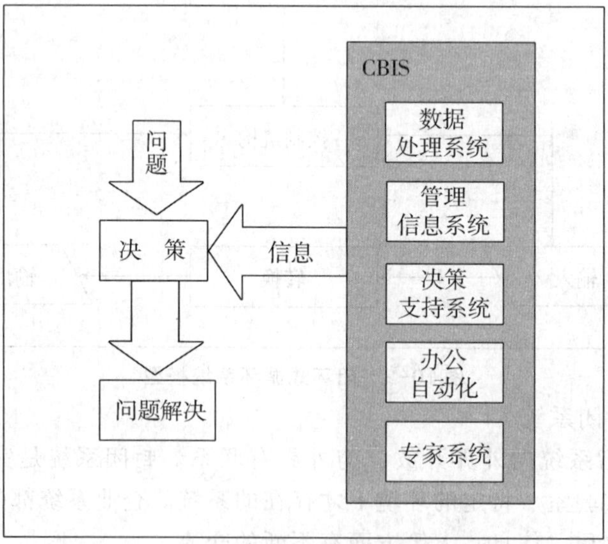

图10-3 CBIS模型

CBIS主要支持高层的决策，对中层、低层的管理工作也同样支持，这就形成了信息系统的演变，由支持低层到支持中层，再到支持整个企业的管理决策。这就是以计算机为基础的信息系统的发展过程。

二、管理信息系统的特点

管理信息系统的特点可以从以下几个方面来概括：

（一）综合性

从广义上说，管理信息系统是一个对组织进行全面管理的综合系统。一个组织在建设管理信息系统时，可根据需要逐步应用个别领域的子系统，然后进行综合，最终达到应用管理信息系统进行综合管理的目标。管理信息系统综合的意义在于获得更高层次的管理信息，为管理决策服务。

（二）真实性

企业管理信息系统应当能提供企业管理所需要的各种信息，包括决策、规划、组织、指挥、协调等方面。这些信息必须是对客观事物的真实描述。真实性要求信息产生的时间、地点、经过、活动的主体都准确无误，所描述的环境、条件必须真实可靠。因为信息处理模型和处理过程的直接对象是数据信息，只有保证真实、完整的数据信息的采集，系统才有运作的前提。管理信息系统作为一个为管理决策服务的系统，必须根据管理的需要，及时提供所需要的真实、完整的信息，以帮助决策者做出决策。

（三）共享性

企业管理信息系统处理的是信息资源，信息资源不像物资那样一旦被谁占有就排斥被他人占有，而是某人使用的信息资源，其他人同样可以使用，即企业管理信息系统具有很强的共享性。

（四）人机系统

管理信息系统是一个人机结合的辅助管理系统。管理和决策的主体是人，计算机系统只是工具和辅助设备。在管理信息系统中，各级管理人员既是系统的使用者，又是系统的组成部分，因而在管理信息系统开发的过程中，要根据这一特点，正确界定人和计算机在系统中的地位和作用，充分发挥人和计算机各自的长处，使系统整体性能达到最优。

（五）借助现代管理思想与手段

在设计管理信息系统时，应强调科学的现代管理思想与处理方法的应用，并且系统设计要符合实际情况。管理信息系统以高速度、低成本完成数据的处理，追求系统处理问题的效率。但是简单地采用计算机技术提高处理速度，充其量只是减轻了管理人员的劳动；要想充分发挥管理信息系统在管理中的作用，就必须将其与先进的管理手段和方法结合起来，在开发管理信息系统时，融进现代化的管理思想和方法。

三、管理信息系统的结构

研究管理信息系统的结构有利于我们权衡信息技术投资额的分配，就像人对形体美的追求注重身材匀称一样，管理信息系统的建设也要注意其结构的合理性。

从管理信息系统的概念来看，可以将其划分为三部分：业务处理系统、知识工作系统和决策支持系统。

从图10-4中我们可以看出，业务处理系统是整个管理信息系统的基础。

业务处理系统的主要功能是对职能人员按照业务管理规程所做的工作进行真实的记录。它可以在流程上实现对过程的控制，也可以进行必要的统计分析。但其统计分析的结果不便于中、高层管理者直接得到。知识工作系统是整个管理信息系统的神经中枢。其主要功能是进行信息沟通。对高层管理者来说，可以通过知识工作系统将整个企业的经营战略公开给相关人员，也可以通过它了解公司内部的经营状况和企业周边的经营环境；对中层管理者来说，可以通过知识工作系统将企业的管理制度、工作计划发布出去，也可以通过它了解计划的执行情况、各项资源的应用情况；对基层来说，可以通过知识工作系统了解领导的工作安排，反馈相关工作的结果。这种信息沟通的方式可以是定点式的，也可以是广播式的。决策支持系统是整个管理信息系统的最高境界，功能包括企业经营战略的制定、企业资源的分配等，目前在我国用得很少。它是以业务处理系统、知识工作系统的充分发展为基础的，只有知识库、模型库健全和完善，才有可能建立真正意义上的决策支持系统。

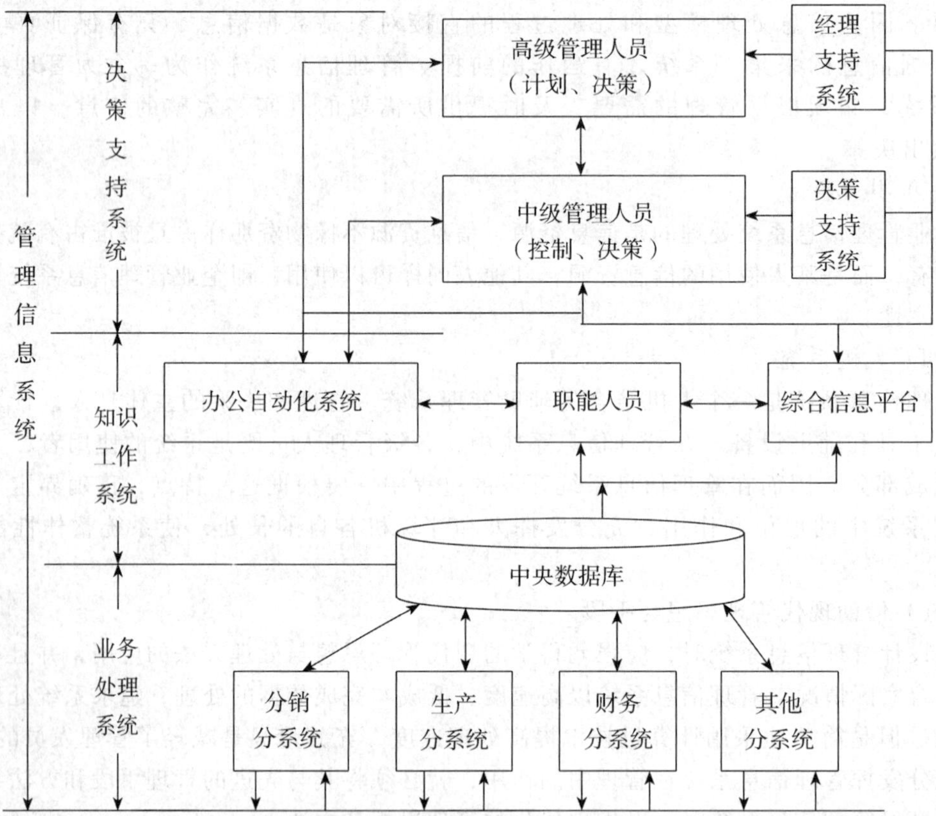

图10-4 管理信息系统概念图

管理信息系统一般被看作一个金字塔形的结构（如图10-5所示），从底层的业务处理到运行控制、管理控制、战略计划。最底层由任务较多、处理起来比较繁杂的事务信息和状态信息构成。层次越往上，事务处理的范围越小，针对的也是比较特殊和非结构化的问题。

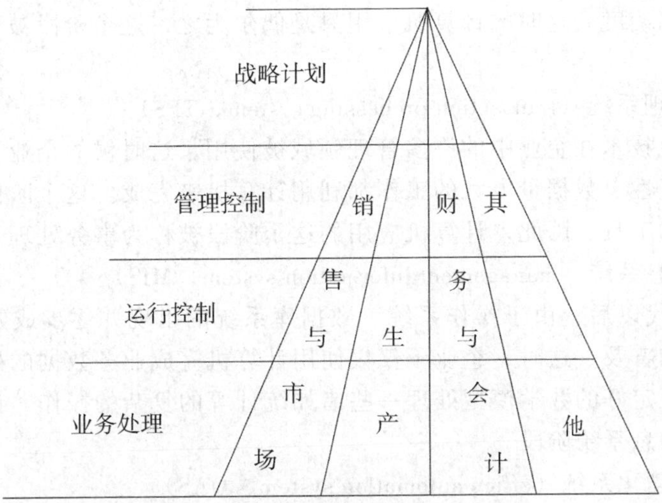

图10-5　管理信息系统的金字塔结构

第二节　管理信息系统的发展与应用

一、管理信息系统的发展

随着环境的变迁与科学技术的发展，近半个世纪以来，管理信息系统的目标、功能与核心技术等都发生了很大的变化（见表10-1），计算机技术在企业中的应用越来越深入，管理信息系统从低级的业务处理系统不断地向高级的战略信息系统发展。

表10-1　管理信息系统的发展

阶段	年代	主要目标	典型功能	核心技术	代表性系统
事务处理	20世纪50—70年代	提高文书、统计、报表等事务处理工作的效率	统计、计算、制表、文字处理	高级语言、文件管理	电子数据处理系统、事务处理系统
系统管理	20世纪70—80年代	提高管理信息处理的综合性、系统性、及时性与准确性	计划、综合统计、管理报告生成	数据库技术、数据通信与计算机网络	早期的管理信息系统
决策支持	20世纪80—90年代	支持管理者的决策活动，以提高管理决策的有效性	分析、优化、评价、预测	人机对话、模型管理、人工智能的应用	决策支持系统、现代的管理信息系统
综合服务	20世纪90年代以来	实现信息的集成管理，提高管理者的素质与管理决策水平	为管理者的智能活动（决策分析、研究、学习）提供支持	Internet/Intranet技术、多媒体技术、人工智能应用	基于Web的信息系统、ERP、电子商务、供应链管理等

（一）电子数据处理（electronic data processing，EDP）

从20世纪50年代开始，计算机作为强有力的数据处理工具与手段开始在企业管理中被应用。计算机在企业管理中最早的应用是工资数据处理，目的是加快数据的处理速度和提高数据处理的精确度。这时的计算机应用只是偶尔为之，这个阶段被称为电子数据处理阶段。

（二）事务处理系统（transaction processing system，TPS）

后来，计算机技术在企业中的许多管理领域被使用，这时候的企业开始普遍使用计算机系统，许多重复性、数据量庞大的工作都利用计算机来完成。这个阶段的计算机主要还是作为事务处理的工具。因此，计算机应用的这个阶段被称为事务处理系统阶段。

（三）管理信息系统（management information system，MIS）

20世纪60年代以后，由于操作系统、数据库系统的出现并逐步成熟，计算机在企业管理中的应用更加普及。这时，企业不仅仅使用计算机完成业务数据的处理，还使用计算机系统按照预先规定好的数学模型处理一些诸如统计等的复杂的操作。计算机应用的这个阶段被称为管理信息系统阶段。

（四）办公自动化系统（office automation system，OAS）

20世纪70年代末，由于个人电脑、局域网的迅速发展，人们开始利用计算机技术来完成那些琐碎、繁重的文档管理、公文流转、记事、调度等工作，并把办公室中的所有工作人员置入一个协同的工作环境中，以共享网络中的各种资源。计算机应用的这个阶段被称为办公自动化系统阶段。

（五）决策支持系统（decision support system，DSS）

20世纪80年代初，出现了决策支持系统的概念。企业中的决策者希望在使用计算机技术处理那些常规操作的同时，自己也参与到计算机系统中，并且可以根据需要随时调整模型的参数，以便分析和解决复杂的决策问题。

（六）基于Internet的管理信息系统

进入20世纪90年代，随着网络技术的进步和Internet的出现，计算机技术在企业中的作用越来越重要。这时，企业不仅把计算机技术看作一种手段，更看作保证企业成功的一种战略资源。计算机的应用不仅仅局限于一个企业内部，而是遍及许多企业。企业资源计划（enterprise resource planning，ERP）、供应链管理（supply chain management，SCM）、客户关系管理（customer relationship management，CRM）、电子商务（electronic commerce，EC）、战略信息系统（strategic information system，SIS）等新概念不断涌现。

由此我们可以看出，管理信息系统随着计算机技术和现代信息技术的发展而不断发展，内容也不断发生变化。20世纪70年代，管理信息系统还是一种狭义的信息系统，而当前管理信息系统的概念则是一种更为广泛的概念。无论是决策支持系统还是战略信息系统，都可以称为广义的管理信息系统或简称为信息系统。

小思考10-1

什么是电子商务？

答：电子商务通常是指在全球各地广泛的商业贸易活动中，在开放的网络环境下，基于浏览器/服务器的应用方式，买卖双方不谋面地进行各种商贸活动，实现消费者的网上购物、商户之间的网上交易、在线电子支付以及各种商务活动、交易活动、金融活动和相关的综合服务活动的一种新型的商业运营模式。

二、管理信息系统在企业中的三种典型应用

企业资源计划、供应链管理和客户关系管理是管理信息系统在企业中的三种典型应用，下面分别就这三个方面做简要介绍：

（一）企业资源计划

企业资源计划是建立在信息技术的基础上，利用现代企业的先进管理思想，全面集成企业所有资源信息（物流、资金流、信息流等），为企业提供决策、计划、控制与经营业绩评估的全方位、系统化的管理平台。其宗旨在于帮助企业合理调配资源，最大化地创造企业效益。

ERP产生于美国，其管理思想和方法在美国、德国等工业发达国家得到了广泛应用并取得了显著的经济效益。20世纪80年代，ERP进入我国企业。经过30多年的探索和实践，随着企业对信息化理解的加深和企业之间竞争的加剧，ERP已被越来越多的企业所接受。

（二）供应链管理

供应链管理是一个范围更广的企业结构模式，它以核心企业为主，将客户、研发中心、供货商、制造商、分销商、零售商、服务商等整合成一个完整的网链结构，供应链上的各个节点企业形成了一个不可分割的有机整体，实现对客户需求、产品研发、原材料采购、产品制造、产品销售和产品服务等各环节供应链资源的有效规划和控制。供应链管理突破了传统管理信息系统侧重于企业内部管理的范畴，体现了一种全新的管理思想，内容融合到了业务活动中。

在供应链管理中，强调以同步化、集成化的生产计划为指导，以各种技术为支持，以Internet/Intranet为依托，围绕着供应、生产作业、物流或制造过程、分销和销售或满足需求等来实施。

（三）客户关系管理

当前，市场竞争日趋激烈，企业仅仅依靠产品质量已经很难留住客户，必须为客户提供全方位的服务，服务已经成为企业取得成功的强有力的手段。对企业来说，针对每个客户的不同需求，提供个性化服务已经成为当务之急。客户关系管理就是融合了当今最新的信息技术，包括Internet技术、多媒体技术、数据仓库和数据挖掘、专家系统和人工智能、呼叫中心等，通过对客户进行跟踪、管理和服务，留住老客户、吸引新客户的手段和方法。

客户关系管理凝聚了市场营销的管理思想。市场营销、销售管理、客户关怀、服务和支持构成了CRM的基石。CRM是围绕客户关怀的整个业务和信息系统的集成，是体现先进管理思想的信息技术的综合运用，是管理思想、业务、信息技术的高度整合，很难将CRM中的信息与具体的业务活动分割开来，它们已经高度集成。

补充阅读资料10-1

信息系统改善了Gillette公司的价值链

传统的观念一直认为，赢得海外市场的最佳方式是尽可能在距客户最近处进行采购和生产制造。但对一些小型且快速增长的公司而言，应学会在全世界采购、生产制造和运送货物，就好像价值链的每一个环节都在家门口一样。

Gillette（吉列）公司是一个总部在波士顿的剃须刀和化妆用具制造商。它将其欧洲和美国的7个工厂视为一个单一的逻辑工厂，要求所有工厂共享生产、供应商和市场，并把北大西洋地区视为一个统一的市场。如果没有“虚拟后勤系统”，这样的运作是根本不可能的。

过去，Gillette公司的每个工厂分别从当地市场获取原料并进行生产，这种生产方法的代价是昂贵的。现在，各个独立的工厂通常是多个项目的共同制造者，在准时制的基础上向全世界出口。Gillette公司利用价格杠杆为7个工厂买入大批原料，挑选成本最低的供应商（无论该供应商位于何处），然后再将原料快速地送至7个工厂。而就在几年前，每个工厂还都因分别买入较少数量的原料而不得不支付较高的额外费用。

事务处理系统也使Gillette公司能以最高的准确性来计划生产。当货物在北大西洋地区移动时，其位于伦敦和波士顿的计算机追踪中心可对所有的货物进行追踪。计算机也能帮助Gillette公司柏林工厂的管理者们监控从美国送来的原料。而几年前，这种在整个北大西洋地区准确、快速、及时供应客户的运作几乎是不可能的。

三、管理信息系统在企业应用中存在的问题

当前，我国企业管理信息系统建设总体上处于起步阶段，系统效益总体评价不高，即使是在全国领先的上海和广州也是如此。国外在管理信息系统的研究、建设方面起步较早，在电子数据处理系统、企业管理信息系统、决策支持系统的研究、建设方面均取得了显著的成绩。如目前在世界许多国家的企业中被广泛使用的MRPII（制造资源计划）就是企业管理信息系统的典型代表。与发达国家相比，我国的企业信息化水平还有很大的差距。

（一）企业管理制度和运行机制不完善

目前，我国一些国有大中型企业正处于转换运行机制阶段，股份所有制企业如雨后春笋般涌现。但是，有的企业从领导到员工仍然抱着陈旧的观念，借企业建立管理信息系统之机，向主管部门要财、要物、要人，而不是把建设这样一个系统作为企业自身发展的内在需求和提高企业竞争力的有效途径。此外，企业缺少内部增值的动力和外部竞争的压力，对建设企业管理信息系统缺少热情。部分企业经营状况不佳，即使想建设企业管理信息系统也拿不出资金。所以，尽快转换运行机制和管理体制，建立现代企业制度，是建设企业管理信息系统的必要条件。

（二）企业管理不规范，不能适应现代化管理的要求

规范化管理是企业现代化管理的标志，企业的技术落后不能作为企业管理落后的理由。许多实例证明，技术落后的企业通过先进的管理模式的应用，其经济效益并不差。在生产和管理不规范的条件下建立的企业管理信息系统，往往由于旧的管理模式基础太差，管理不到位，导致半途而废或即使建起来了也达不到预期效果。建设企业管理信息系统是现代企业管理理念的应用与实践，所以应使建设过程与现代企业管理过程相互适应、相互协调。

（三）在不了解企业实际需求的基础上，提出脱离实际的解决方案

许多企业制订的管理信息系统方案，是由非本企业的信息技术（IT）系统集成商提供

的。虽然系统集成商也征求了企业有关人员的意见，或吸纳了企业有关人员或部门参与方案的制订，但其往往对企业的真正需求不甚了解，对企业千差万别的情况弄不清，即使当时弄清楚了，企业的需求也可能会发生变化。所以，可能会出现如下问题：系统解决方案是好的，技术是先进的，但同企业的生产管理实际相脱节，达不到管理简单、安全可靠、便于改进、易于使用的要求。这使企业管理信息系统的建设一开始就蒙上了概念模糊的阴影，如果不能及时修正、完善，其成效可想而知。

（四）企业内部部门之间相互掣肘，协调不利

要想成功地建设企业管理信息系统，企业内部各部门之间的相互协调也是很重要的。企业内部存在着不同的工种、科室，有时会产生相互交叉的隶属关系，当牵涉部门利益时，部门之间可能会相互掣肘，不能顾全大局。所以，建设企业管理信息系统需要三分技术、七分协调。协调成败的关键在于企业领导，只要领导重视并有较大的决心、较高的认识，甚至亲自出面进行协调，事情就好办得多；反之，仅靠一两个技术人员很难协调过程中遇到的种种复杂的关系，往往造成工作进展缓慢。

（五）不能保持技术和设备的不断更新

企业要建设管理信息系统，不但要保证硬件建设投资，还要考虑到软件建设和系统维护、设备更新的需要。一次性投入大量资金把系统建立起来并不难，难的是如何获得充分的信息资源并不断地更新这些资源，以满足企业内外对信息的需要。企业切忌重硬件投入，轻维护更新；重设备购置，轻软件管理资源。很多企业往往是初始建设的一次性投入有保证，后续的维护更新无结果。系统虽然建成了，可享受的资源却有限，而且有关软硬件资源的信息技术发展、变化快，几年甚至一两年就更新换代一次。如果由于种种原因使建设周期拖得很长，项目尚未建成投产，技术可能就已经落后了，从头再来，得不偿失。

（六）没有专业化的队伍，系统运作不流畅

现代化的管理信息系统要建立在网络技术和大量信息的收集、处理基础之上，需要专业化的人才队伍来维护系统的运行。企业专业人才的数量与质量直接决定管理信息系统的水平。我国信息技术的专业队伍相对来说规模很小，人才短缺，在企业内部尤其明显。企业内部专业队伍不稳定，人才流失严重，甚至导致企业信息化工作瘫痪。所以，企业应重视人才培养，专业队伍的建设要立足于自力更生。

（七）不能恰当地选择合作伙伴和IT系统集成商

企业如果不能恰当地选择合作伙伴和IT系统集成商，系统集成、软件开发、设备购置、信息获取等就难免质低、价高、效果差，所以企业要在多方咨询、详细调查、反复论证的基础上来选择。选择合作伙伴和IT系统集成商要遵循以下三条原则：第一，从一开始技术上就要高起点，软硬件设备要先进；第二，IT系统集成商的售后服务要有良好的信誉，软件开发合作伙伴要有高度的敬业精神；第三，合作伙伴最好已经有一定的建立管理信息系统的经验。

（八）企业员工（包括领导层）对企业管理信息系统的认识和参与不够

企业管理信息系统的建设和应用不应当只是专业人员的任务，应当成为企业全体员工的共同事业，尤其是企业领导层要做到关心、支持和鼓励。首先，企业要培养员工的认同感、参与感，使人人皆能体会到系统为工作带来的方便和效益；其次，在系统的设计、施工、验收等工作中，可以考虑吸收各个部门中对部门工作流程比较熟悉的代表加入，为将

来系统投入使用做好准备。

第三节 企业资源计划

企业资源计划是一个庞大的管理信息系统，是一个集企业管理理念、业务流程、基础数据、计算机硬件和软件等于一体的企业资源管理系统。ERP是当今国际上先进的企业管理模式，其主要思想是对企业中所有的人、财、物、信息等资源进行综合平衡和优化管理，面向全球市场，协调企业中的各个职能部门，围绕市场导向开展各种业务活动，使企业在激烈的市场竞争中全方位地发挥自己的能力，从而取得最好的经济效益。

一、ERP的主要功能模块与主要业务流程

（一）ERP的主要功能模块

在企业中，一般的管理主要包括四个方面的内容：生产控制管理（计划、制造）、物流管理（分销管理、库存控制、采购管理）、财务管理（会计核算、财务管理）和人力资源管理。这四大系统本身就是一个集成体，它们相互之间有相应的接口，能够很好地整合在一起对企业进行管理。

1.生产控制管理模块

生产控制管理是ERP的核心所在，它将企业的整个生产过程有机地整合在一起，使企业能够有效地降低库存、提高效率；同时，将原本分散的各个生产流程自动地连接起来，使得生产流程能够前后连贯而不会造成生产脱节，耽误生产、交货时间。生产控制管理是一种以计划为导向的先进的生产管理方法。企业首先要制订一个总生产计划，再经过系统层层细分后下达到各部门去执行，即生产部门按此生产、采购部门按此采购等。

2.物流管理模块

物流管理模块包括分销管理、库存控制、采购管理等子模块。

（1）分销管理，是从产品的销售计划开始，对销售产品、销售地区、销售客户等各种信息进行管理和统计，并对销售数量、金额、利润、绩效、客户服务等做出全面的分析。

（2）库存控制，主要用于控制存储物料的数量，以保证稳定的物流，支持正常的生产，但又最小限度地占用资本。它是一个动态而真实的系统，能够结合相关部门的需求，随时间变化动态地调整库存，精确地反映库存现状。

（3）采购管理，用于确定合理的订货量、确定优秀的供应商以及保持最佳的安全储备。它能够随时提供订购、验收的相关信息，跟踪和催促对外采购或委托加工的物料，保证货物及时到达。此外，它可以建立供应商档案，用最新的成本信息来调整库存成本。

3.财务管理模块

在企业中，清晰透明的财务管理是极其重要的，所以财务管理模块是整个ERP中不可或缺的一部分。ERP中的财务管理模块与一般的财务软件不同，作为ERP的一部分，它与系统的其他模块有相应的接口，能够相互集成。例如，它能将生产活动、采购活动中输入的信息自动计入模块中生成总账、会计报表，取消了烦琐的输入凭证的过程，几乎完

全替代了传统的手工操作。

一般ERP软件的财务管理模块分为会计核算与财务管理两个子模块。会计核算主要是记录、核算、反映和分析资金在企业经济活动中的变动过程和结果。它由总账、应收账、应付账、现金、固定资产、多币制等子模块构成。财务管理的功能主要是对会计核算的数据加以分析，从而进行相应的预测、管理和控制活动。它侧重于财务计划、控制、分析和预测。

4.人力资源管理模块

以往的ERP基本上都是以生产制造及销售过程（供应链）为中心的，因此长期以来企业一直把与制造有关的资源作为企业的核心资源来进行管理。但近年来，企业内部的人力资源越来越受到企业的关注，被视为企业的资源之本。在这种情况下，人力资源管理作为一个独立的模块被加入到ERP中，与ERP中的财务、生产系统组成一个高效的、具有高度集成性的企业资源系统。它与传统方式下的人事管理有着根本的不同。

人力资源管理模块通常由人力资源规划的辅助决策、招聘管理、工资核算、工时管理、差旅核算等子模块构成。

（二）ERP的主要业务流程

（1）根据客户的订单需求制订物料需求计划（material requirements planning，MRP）。

（2）在MRP的制订过程中，需要进行以下工作：①将销售订单汇总并计算现有成品的库存，制订生产计划；②计算现有材料、半成品库存成本等，制订采购计划。

（3）车间根据生产计划生产产品，将成品储存在成品仓库，由仓库发货给客户。

（4）采购部门根据采购计划进行物料采购。

（5）客户收到货后发出货物反馈信息，信息被收到后传入ERP入口，形成一个周期。

ERP的主要业务流程如图10-6所示。

二、ERP的实施过程

一般来说，ERP的具体实施包括以下几个阶段：

（一）项目的前期工作阶段

实施ERP之前，首先要对企业自身有一个充分的认识，知己知彼才能百战百胜。这个阶段的工作主要包括以下内容：

（1）ERP原理培训。培训的主要对象是企业高层领导及日后的ERP项目组人员，使他们掌握ERP的基本原理和管理思想。管理思想是ERP应用成功的思想基础。因为只有企业的各级管理者及其他员工才是ERP的真正使用者，只有他们才真正了解企业的需求，也只有他们理解了ERP才能判断企业需要什么样的ERP，才能更有效率地运用ERP。

（2）企业诊断。企业的高层领导和日后的各项目组人员用ERP的思想对企业现行管理的业务流程和存在的问题进行评议与诊断，找出问题并寻求解决方案，用书面形式明确预期目标并规定实现目标的评价标准。

（3）需求分析。企业在准备应用ERP之前，还需要理智地进行立项分析，然后将分析结果写成正式的需求分析和投资效益分析书面报告，从而做出是否采用ERP项目的正确决策。

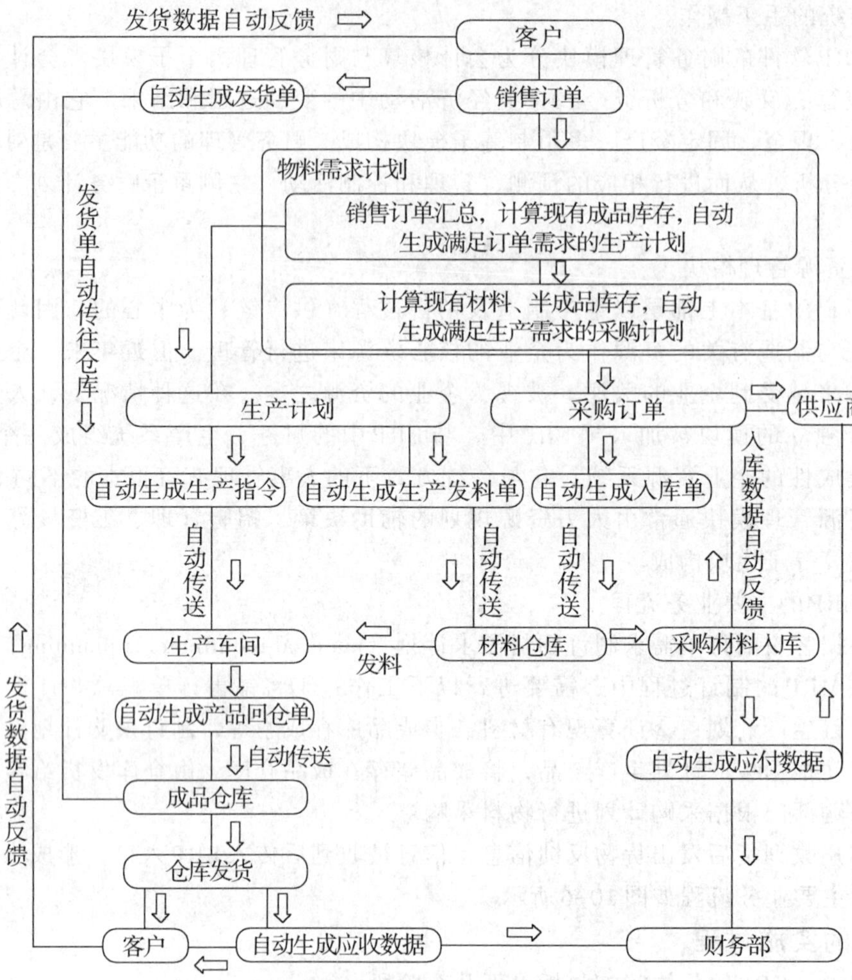

图10-6 ERP的主要业务流程

（4）物质准备。根据目前的企业规模估计引进ERP所需的人力、财力和物力，确定实施队伍人员。

（二）实施准备阶段

在实施准备阶段，企业要做以下几项工作：

（1）项目组织工作。ERP的实施是一个大型的系统工程，需要组织上的保证，如果项目的组成人员挑选不当或协调配合不好，将直接影响项目的实施进展和成败。项目组织应该由领导小组、项目实施小组、业务组三个层级组成，每一层级的组长都是上层的成员。

（2）数据准备工作。在运行ERP之前要准备和录入一系列基础数据，这些数据是在运行系统之前没有或未明确规定的，故需要做大量的分析研究工作。这些数据包括产品数据、工艺数据、库存数据等，还包括一些设置的参数，如系统安装调试所需的参数、财务参数、需求参数等。

（3）系统安装调试工作。在人员、基础数据已经准备好的基础上，在企业中安装系统并进行一系列的调试。

（4）软件原型测试工作。这是对软件功能的原型测试，也称计算机模拟。由于ERP

是信息集成系统，所以在测试时应当是全系统的测试，各个部门的人员都应该同时参与，这样才能理解各个数据、功能和流程之间的相互集成关系。

（三）模拟运行及用户化阶段

这一阶段的目标和相关任务包括以下三方面：

（1）模拟运行及用户化。在基本掌握软件功能的基础上，选择代表性产品，将各种必要的数据录入系统中，针对企业日常工作中经常遇到的问题，组织项目小组进行实战性模拟，提出解决企业管理问题的方案，进行用户化或二次开发。

（2）制定工作准则与工作规程。在进行了一段时间的测试和模拟运行之后，针对实施过程中出现的问题，项目小组会提出一些相应的解决方案。在这一阶段，企业要将与之对应的工作准则与工作规程初步制定出来，并在以后的实践中不断加以完善。

（3）验收。在完成必要的用户化工作并进入现场运行之前，还要经过企业最高领导的审批和验收通过，以确保ERP的实施质量。

（四）切换运行阶段

在切换运行阶段，企业要根据自身的条件来决定应采取的步骤，可以各模块平行一次性实施，也可以先实施一两个模块。在这一阶段，所有最终用户必须在自己的工作岗位上使用终端或客户机操作，以确保系统处于真正应用状态，而不是集中于机房操作。如果手工管理与ERP还有短时的并行，可将ERP作为一种应用模拟来看待，但时间不宜过长。

（五）新系统运行阶段

一个新系统被应用到企业后，实施的工作并没有完全结束，企业还要进行系统运行的效果评价，以判断系统是否达到了最初的目标，从而在此基础上确定下一步的工作方向。此外，由于市场竞争的加剧，新的需求将会不断被提出，加之系统的更新换代、计算机技术的进步等都会对原有系统构成新的挑战，所以企业无论如何都必须在巩固的基础上，通过自我评价制定下一阶段的目标，再进行改进，从而不断地加以巩固和提高。

补充阅读资料10-2

ERP产生的背景

ERP的发展是一个循序渐进的过程。20世纪60年代，制造业为了打破传统的发出订单和落后的计划管理模式，设置了安全库存量，为需求与订货提前提供缓冲。

到了20世纪70年代，企业的管理者们已清楚地认识到，企业真正需要的是有效的订单交货日期，因而产生了对物料清单的管理和使用，形成了物料需求计划（MRP）。

到了20世纪80年代，企业的管理者们又认识到制造企业必须有一个集成计划，以便解决阻碍企业生产的各种问题。企业要求以生产与库存控制的集成方法来解决问题，而不是以库存来弥补或以缓冲时间的办法来补偿，这时制造资源计划（manufacturing resources planning，MRPⅡ）产生了。之所以使用MRPⅡ的名称，是为了与MRP的名称相区别。

20世纪90年代以来，随着科学技术的进步及其不断向生产与控制方面渗透，为应对合理库存与生产控制问题需要处理大量的信息，加之企业资源管理的复杂化，企业管理者们要求效率更高的信息处理方式。传统的人工管理方式已经难以适应上述系统，这时只能依靠计算机来实现，且信息的集成度要扩大到企业整个资源的利用和管理，因此产生了新一代的管理理论和计算机系统，这就是ERP。

三、ERP软件的发展趋势

ERP出现后不久，计算机技术就迎来了Internet/Intranet和网络计算的热潮、制造业的国际化倾向以及制造信息技术的深化。这些又将制造业管理信息系统的发展推到了一个新阶段。其中，最引人注目的有以下几方面的发展：

（一）引入PDM功能

产品数据管理（PDM）将企业产品设计和制造全过程中的各种信息、产品不同设计阶段的数据和文档组织在一个统一的环境中。随着计算机集成制造系统（CIMS）和并行工程的日益发展，PDM越发重要。计算机辅助设计（CAD）和ERP厂商都将PDM作为自己的产品来发展。在ERP方面，Baan公司推出了自己的PDM产品，实现了设计数据、产品构型、BOM、设计文档、有效性控制等。在Oracle的Manufacturing SC10中的工程数据管理是面向企业新产品开发和研制的，可以在研制和批生产混线的企业中应用，简化了系统在新产品投产时的准备工作。BPCS的C/S版以及SAP的R/3中都直接加入了与PDM相重叠的功能，增加了对设计数据的管理、对设计文档的应用和管理，减少了MRP Ⅱ庞大的数据管理和数据准备工作量。R/3和Baan的PDM还能直接与CAD软件相联结。

（二）ERP与EDI的集成

虽然电子数据交换（EDI）是许多MRP Ⅱ已经具有的功能，但近年来ERP的EDI功能又有了进一步的扩展。

（1）ERP将企业内部的EDI集成。业务文件（如计划或订单）的传递和一般的公文传递在内容、传递范围或所运行的计算机环境等方面是有区别的，但又交叉在一起。ERP把原来分散的EDI连通是企业办公自动化的一个重要进步。ERP的EDI具有与系统以外的EDI连通的功能。这样，ERP软件用户可以在同一个环境下与本企业的非ERP软件用户交换信息。

（2）企业间的EDI。当前，在某些行业，EDI的功能是至关重要的。例如，汽车行业的销售方式要求ERP软件在销售和采购模块中用EDI实现客户或供应商之间的电子订货和销售开单。

（三）增加了工作流功能

对工作流（work flow）的需求是与无纸化管理及EDI在ERP软件中的应用同时发生的。使用EDI以后，出现了如何将电子文档（电子化的计划文件、订单或工程更改文件）在要求的时间按照规定好的路线传递给指定人员的问题，这就必须采用工作流管理进行控制。在Oracle的Manufacturing SC10中已经加入了工作流管理模块，这是一个集成的、基于规则的、自动和连贯的工作流管理程序。全面的工作流规则保证了与时间相关的业务信息，如对采购订单需求的核准，能够自动地在正确的时间流转到指定的人员处。对工作流的管理使ERP的功能扩展到办公自动化和业务流程的控制之中。

（四）增加数据仓库（DW）和联机分析处理（OLAP）功能

MRP Ⅱ或ERP软件的基本特征是“联机事务处理”。但对企业高层管理者来说，从规模庞大、数据完整但“事无巨细”的ERP中直接获取那些进行宏观决策所需的数据是很困难的。20世纪90年代中期出现了DW和OLAP技术，新一代的ERP软件立即将其综合进去，为用户提供企业级宏观决策的分析工具。Manufacturing SC10版本的Application Data Warehouse（应用数据仓库）模块就是一个功能强大的基于DW和OLAP技术的决策支持集成环境。SAP利用它的业务应用程序接口BAPI将第三方的DSS（决策支持系统）和OLAP软件集成进来。Information Builder公司为R/3用户提供数据仓库软件包，Business Objects与SAP联合开发了一个针对R/3的集综合查询、报表和OLAP于一体的DSS版本。

（五）客户关系管理的应用

客户关系管理系统又称前台管理系统，是ERP市场上最新的亮点。一般来讲，客户关系管理系统包含销售、市场和服务三类模块。其中，销售模块有很多功能，从最初的需求生成，到自主销售，到最后的销售人员佣金管理都涵盖其中，销售人员只要有一台手提式电脑或一部智能手机，就可以随时得到生产、库存和订单处理的相关信息，可以随时随地地与任何客户开展业务活动；市场模块则偏重于对市场计划和“市场战役”的策划与管理，让企业心中有数；服务模块涉及服务的方方面面，如服务合同管理和电话呼叫中心的管理等，确保企业提供优质服务。

（六）向Intranet、Web上转移

由于未来Intranet成为许多大公司网络建设的选择，使用Web客户机具有费用低廉、安装和维护方便、能跨平台运行以及拥有统一、友好的用户界面的优点，加之所有的数据库厂商对Web技术的支持，目前几乎所有的客户/服务器应用程序的开发厂商都计划将Web浏览器的前端安装到他们的产品上。专家们预言：“Web浏览器将来会完全代替传统的客户机”。Oracle、SAP和Baan等几个大的制造软件公司都在争先恐后地将其MRP Ⅱ/ERP客户/服务器应用程序的客户机“Web化”。

补充阅读资料10-3

我国企业对ERP的态度

（1）积极进取型。这些企业关注企业管理的新发展，采取“拿来主义”的态度，积极地学习、借鉴，当条件成熟就会及时上马ERP。

（2）盲目乐观型。这些企业对ERP的认识模糊，认为只要投入一定的资金购置计算机硬件和某种ERP软件，就能解决企业这样那样的老大难问题；或者就是企业为上而上，追赶潮流，把钱花在外部包装上。其实，ERP的成功实施，关键是企业要踏踏实实地做好5个“P”的工作，即process（业务流程改造）、people（人力资源和组织）、practice（业务行为规范）、products（信息产品支持）、partnership（选择合作伙伴）。没有“5P”打基础，只是盲目乐观，企业注定隐患丛生。

（3）怀疑观望型。当前，ERP软件市场大体上是“一头热”，说明持这种想法的企业占到多数。他们认为，ERP是舶来品，尚未经过中国国情的“改造”，加之许多企业曾经上马的ERP运行不利，更使得他们提出了“ERP究竟是否适合中国企业”的疑问。

可以看到，尽管当前ERP在我国呈现出了迅猛发展之势，但是仍有很多企业对ERP的应用存在一些不正确的态度和看法，这无疑会在很大程度上影响这些企业实施ERP的效果，对ERP今后在中国的进一步推广与应用也是不利的。因此，为了适应未来全球化的激烈竞争，中国企业无论是对ERP，还是对先进的管理技术和思想，都应该有一个全面、清醒的认识。

资料来源 佚名. 企业资源计划［EB/OL］.［2018-09-16］. http: //www.cec-ceda.org.cn/information/book/info_9.htm.节选.

第四节 物联网

2010年6月22日在上海开幕的中国国际物联网大会指出：物联网将成为全球信息通信行业的万亿元级新兴产业。到2020年之前，全球接入物联网的终端将达到500亿个。我国作为全球互联网大国，未来将围绕物联网产业链，在政策市场、技术标准、商业应用等方面重点突破，打造全球产业高地。

物联网是继计算机、互联网和移动通信之后的又一次信息产业的革命性发展。目前，物联网被正式列为国家重点发展的战略性新兴产业之一。物联网产业具有产业链长、涉及多个产业群的特点，其应用范围几乎覆盖了各行各业。

一、物联网的概念

物联网是新一代信息技术的重要组成部分。物联网的英文是“the internet of things”，顾名思义，就是“物物相连的互联网”。这有两层意思：第一，物联网的核心和基础仍然是互联网，是在互联网基础上延伸和扩展的网络；第二，其用户端延伸和扩展到了任何物体与物体之间进行信息交换和通信。因此，物联网的定义是：通过射频识别（RFID）、红外感应器、全球定位系统、激光扫描器等信息传感设备，按约定的协议，把任何物体与互联网相连接，进行信息交换和通信，以实现对物体的智能化识别、定位、跟踪、监控和管理的一种网络。

二、物联网的特征

和传统的互联网相比，物联网有其鲜明的特征：

首先，它是各种感知技术的广泛应用。物联网上部署了海量的多种类型的传感器，每个传感器都是一个信息源，不同类别的传感器所捕获的信息内容和信息格式不同。传感器获得的数据具有实时性，按一定的频率周期性地采集环境信息，不断更新数据。

其次，它是一种建立在互联网基础上的泛在网络。物联网技术的重要基础和核心仍旧是互联网，通过各种有线和无线网络与互联网融合，将物体的信息实时准确地传递出去。物联网上的传感器定时采集的信息需要通过网络传输，由于其数量极其庞大，形成了海量信息，在传输过程中，为了保障数据的正确性和及时性，必须适应各种异构网络和协议。

最后，物联网不仅仅提供了传感器的连接，其本身也具有智能处理的能力，能够对物体实施智能控制。物联网将传感器和智能处理相结合，利用云计算、模式识别等各种智能技术，扩充其应用领域。对传感器获得的海量信息进行分析、加工和处理，获得有意义的数据，以适应不同用户的不同需求，发现新的应用领域和应用模式。

三、物联网的技术架构和应用模式

（1）从技术架构上看，物联网可分为三层：感知层、网络层和应用层。

第一，感知层由各种传感器及其网关构成，包括二氧化碳浓度传感器、温度传感器、湿度传感器、二维码标签、RFID标签和读写器、摄像头、GPS等感知终端。感知层的作用相当于人的眼、耳、鼻、口、舌和皮肤等神经末梢，是物联网识别物体、采集信息的途径。

第二，网络层由各种私有网络、互联网、有线和无线通信网、网络管理系统和云计算平台等组成，相当于人的神经中枢和大脑，负责传递和处理感知层获取的信息。

第三，应用层是物联网和用户（包括人、组织和其他系统）的接口，它与行业需求相结合，实现物联网的智能应用。

物联网的行业特性主要体现在其应用领域内，目前，绿色农业、工业监控、公共安全、城市管理、远程医疗、智能家居、智能交通和环境监测等各个行业均有物联网应用的尝试，某些行业已经积累了一些成功的案例。

（2）从实际用途上看，物联网可以归结为三种基本应用模式：

第一，对象的智能标签。通过二维码、RFID等技术标识特定的对象，用于区分对象个体，如在日常生活中我们使用的各种智能卡、条码标签（其基本用途就是用来获取对象的识别信息）。此外，通过智能标签还可以获得对象物品所包含的扩展信息，如智能卡上的金额余额、二维码中所包含的网址和名称等。

第二，环境监控和对象跟踪。利用多种类型的传感器和分布广泛的传感器网络，可以实现对某个对象实时状态的获取和特定对象行为的监控。例如，使用分布在市区的各个噪音探头监测噪声污染，通过二氧化碳传感器监控大气中二氧化碳的浓度，通过GPS跟踪车辆位置，通过交通路口的摄像头捕捉实时交通状况等。

第三，对象的智能控制。物联网基于云计算平台和智能网络，可以依据传感器网络所获取的数据进行决策，改变对象的行为并进行控制和反馈。例如，根据光线的强弱调整路灯的亮度，根据车辆的流量自动调整红绿灯间隔时间等。

四、物联网的发展趋势

物联网一方面可以提高经济效益，大大节约成本；另一方面可以为全球经济的复苏提供技术动力。目前，美国、欧盟等都在投入巨资深入研究、探索物联网。我国也正在高度关注、重视物联网的研究，工业和信息化部会同有关部门，正在新一代信息技术方面开展研究，以形成支持新一代信息技术发展的政策措施。

中国移动原总裁王建宙提及，物联网将会成为中国移动未来的发展重点。运用物联网技术，上海移动已为多个行业客户量身打造了集数据采集、传输、处理和业务管理于一体的整套无线综合应用解决方案。

此外，在物联网普及以后，用于动物、植物、机器、物品的传感器与电子标签及配套的接口装置的数量将大大超过手机的数量。物联网将会成为推进经济发展的又一个驱动器，将为产业开拓又一个潜力无穷的发展机会。按照目前对物联网的需求，在近两年内就需要数量按亿个计的传感器和电子标签，这将大大推进信息技术元件的生产，同时增加大量的就业机会。

要真正建立有效的物联网，有两个重要因素：一是规模性，只有具备了规模，才能使物品的智能发挥作用。例如，一个城市有100万辆汽车，如果我们只在1万辆汽车上安装智能系统，就不可能形成一个智能交通系统。二是流动性，物品通常都不是静止的，而是处于运动的状态下，因此必须保证物品在运动状态甚至在高速运动状态下都能随时实现“对话”。

补充阅读资料10-4

在物联网时代的网是怎样的网呢？

在物联网时代的网是怎样的网呢？主要是边缘计算和云计算。这与以往的计算方式很不一样。我们知道，PC时代，对个人而言，计算中心在个人的家庭电脑端；对企业而言，计算中心在自家的服务器上。进入移动互联网时代，智能手机弱化了一部分人的计算需求。而未来更多有计算能力的设备会加入到这个行列，如智能电视、智能手表、智能冰箱等。

现在提出"边缘计算"的概念，是希望调动所有设备参与计算，使其自己通信和组织计算，而不必借助网络后台。就像你本来要把丝绸运去加工，但是你在运输途中遇见了一位识货的商人，他在中途就买下了你的货物直接给了你钱，这样就省去了很多麻烦；或者你突然发现你的小伙伴手艺不错，直接就可以把丝绸做成衣服了。当然，这其实更复杂，实现起来还有很远的路要走。举个例子，你并不知道把你拦下来的人是想买你货的商人，还是拦路的强盗。

另外就是云计算，云计算现在已经比较成熟，相信很多朋友也有相关的知识储备，但这里还是做个简单的类比。你的丝绸送到码头就有人帮你打包了，你不必费神在运河的另一端去建立丝绸加工厂。他们把丝绸送到了集中加工丝绸的地方，把大家的丝绸集中做成衣服，再送到各自指定的位置。当然，他们更多的是建立产业园，除了加工丝绸外，也会生产一些棉布、牛仔服或者化纤产品。

在物联网发展的初级阶段，有赖于感知技术的发展，对物联网的理解重点在于将真实存在的物品信息化。随着人们理解的加深，事件也被作为信息化的对象，如购买、借款等行为，而这里采用的信息技术更多偏向于传统互联网的采集方式。再往后，一些人提出加工流程、知识产权等没有具体形态的信息，也可以被当作实物一样进行处理和管控，这是对物的定义的扩充，将任何可以控制和采集信息的对象都纳入广义的物的范畴。至此，"物"的概念和信息的概念边界已经模糊，目前这个观点还有一些问题需要讨论，我们在这里就不过多展开了。我们以往的智能应用多半是在手机上，以App的方式为人们提供各种服务，而未来的应用将依托于"物"为我们自动提供。

资料来源 物联网智库. 物联网：未来已来［M］. 北京：机械工业出版社，2016.

本章小结

管理信息系统是一个人和机器相结合的人机系统，是用系统思想建立起来的、以电子计算机为基础、为管理过程服务的信息系统。它输入各种管理数据，经过电子计算机的加工处理，并经过一定编码程序的解释，输出供各级管理机构使用的管理信息。

管理信息系统具有综合性、真实性、共享性、人机系统、借助现代管理思想与手段等特点。

从20世纪50年代起，管理信息系统大致经历了事务处理、系统管理、决策支持和综合服务4个主要发展阶段。

当前，管理信息系统在社会上已经得到了广泛的应用，典型应用包括企业资源计划系统、供应链管理系统和客户关系管理系统等，对整个社会特别是对企业的经营和管理以及各种经济管理理论都产生了深远的影响。

企业资源计划（ERP）是一个庞大的管理信息系统，是一个集企业管理理念、业务流程、基础数据、计算机硬件和软件等于一体的企业资源管理系统。

ERP的主要功能模块包括财务管理模块、生产控制管理模块、物流管理模块和人力资源管理模块。ERP的具体实施包括以下几个阶段：项目的前期工作阶段、实施准备阶段、模拟运行及用户化阶段、切换运行阶段和新系统运行阶段。

ERP出现后不久，计算机技术就迎来了Internet/Intranet和网络计算的热潮、制造业的国际化倾向以及制造信息技术的深化。这些又将制造业管理信息系统的发展推到了一个新阶段。

物联网是通过射频识别（RFID）、红外感应器、全球定位系统、激光扫描器等信息传感设备，按约定的协议，把任何物体与互联网相联结，进行信息交换和通信，以实现对物体的智能化识别、定位、跟踪、监控和管理的一种网络。物联网是新一代信息技术的重要组成部分。

物联网有其鲜明的特征：它是各种感知技术的广泛应用；它是一种建立在互联网基础上的泛在网络；它不仅提供传感器的联结，其本身也具有智能处理的能力，能够对物体实施智能控制。

从技术架构上来看，物联网可分为3层：感知层、网络层和应用层；从实际用途上来看，物联网可以归结为3种基本应用模式：对象的智能标签、环境监控和对象跟踪、对象的智能控制。

物联网一方面可以提高经济效益，大大节约成本；另一方面可以为全球经济的复苏提供技术动力。

主要概念与观念

主要概念

管理信息系统　企业资源计划　物联网

主要观念

管理信息系统的结构　企业资源计划的基本思想　物联网的发展趋势

基本训练

知识题

简答题

1.管理信息系统的定义是什么？

2.企业资源计划的主要功能模块有哪些？

3.物联网的技术架构和应用模式有哪些？

知识应用

1.联系实际情况，你认为企业是否有必要建立管理信息系统？为什么？

2.你认为ERP的实施对企业会产生什么样的影响？

技能题

结合我国企业应用管理信息系统的现状及存在的问题，说明企业应当如何建立管理信息系统。

能力题

案例分析

电商信息化时代：云ERP已成必然趋势

在这个科技飞速发展的时代，人工智能（AI）已被逐渐应用到各个不同的领域。在电子商务行业，云ERP的普及和广泛应用，也已成为一种必然的趋势。得益于互联网及移动应用的快速发展，电商业务发展迅猛，市场份额逐年增长。电商企业每天有大量的订单需要处理，而传统的线下ERP系统已不能承载大量订单的冲击，已经无法满足各电商企业的需求了，这个时候，专门针对电子商务行业的云ERP以及云ERP电子商务解决方案就成了唯一的选择。

2017—2018年，"跨境电商""O2O电商""农村电商""新零售""全渠道""大数据"等关键词引起了热议。随着电子商务的迅速发展，以及传统企业转电商、企业开展全渠道业务、企业开展跨境电商业务等，电商企业对ERP系统也产生了新的需求，而云ERP的出现和广泛应用，使得电商企业真正实现了从前端到后端的无缝数据对接，形成了一个完整的数据整合，并给电商企业带来了更大的效益。

云ERP的出现在逐渐颠覆电商领域的传统观念和运作模式，通过云ERP，电商企业能够及时、准确地掌握客户订单信息，并通过订单处理的流程化、自动化应用，利用流程规范去控制员工的行为，最大限度地避免员工不遵守流程而犯错。而且云ERP的数据记录详细，便于查询、统计、分析，可以用最简单的方式，把财务、销售、仓储的相关信息集成在同一个系统里，实现数据化管理。

电商行业的快速发展使得电商云ERP行业百花齐放。目前，市场上纯粹做电商ERP产品的企业有：E店宝、网店管家、管易等。这些公司都是以各自的电商ERP产品起家的，而且到现在为止其主干业务也还是围绕着电商ERP，他们提供的产品及服务涵盖电商产业链中的商品管理、采购及库存管理、订单管理、营销管理和数据统计分析等众多方面。

这些企业在专业性方面已经有了比较厚重的积累，尤其是E店宝，第一代产品出现在2003年，算是和淘宝一路成长起来的，2017年"双11"全网总交易额487亿元，成为电商零售ERP市场占有率排名第一的企业。E店宝创始人玉龙如来告诉小编，2004年他刚进入这个行业时，市场上还没有提供电商ERP系统的服务，而现在已有大小数十家企业加入这一行业，一些传统软件商也相继入局，使得电商云ERP市场的竞争日趋白热化。

据业内人士分析，随着卖家业务的发展，电商云ERP将呈现出以下几个特征：①ERP系统将无缝链接上游平台、下游仓储和物流系统等，形成完整的数据整合，成为电商全行业大数据中转站；②产品逐渐同质化，电商ERP需要寻找更大的发展空间，跨境、O2O业务、新零售、全渠道解决方案成为热点；③将ERP作为核心，整合全行业供应链资源，为客户提供更多业务模式解决方案及对接方式；④垂直平台及仓储数字化、智能化需求上升明显，智能仓储产品和服务将成为ERP服务企业新的竞争点、增长点。

面对新的发展形势，众多的电商服务和技术供应商应该不断完善自身产品，为电商企业提供更全面、完整的ERP系统和解决方案，让电商企业真正从云ERP系统上受惠，提升电商企业投资回报率，推动整个电商行业数字化、信息化步伐。

资料来源 佚名．电商信息化时代：云ERP已成必然趋势［EB/OL］．［2018-01-25］．http：//www.cb.com.cn/gdbb/2018_0125/1221963.html.有删减．

问题：

1.什么是云ERP？

2.云ERP的应用对电商企业有什么影响？

第十一章 企业战略管理

学习目标

了解企业战略管理的基本内容；熟悉战略管理的环境分析内容；掌握SWOT分析法；把握企业的总体战略和竞争战略。

第一节 企业战略管理概述

一、企业战略管理的基本内容

企业战略管理，是指企业针对自己未来的方向制定并实施总体战略的管理过程。企业战略管理过程可以大致分为两个阶段：企业战略规划阶段和企业战略实施阶段。

（一）企业战略规划阶段

企业战略规划阶段的内容包括：①确立企业使命；②制定指导企业建立企业目标、选择和实施企业战略的方针；③确立实现企业使命的长期目标和短期目标；④确定用于实现企业目标的战略。

（二）企业战略实施阶段

企业战略实施阶段的内容包括：①建立实现企业战略的企业结构；②确保实施企业战略所必要的活动能有效地进行；③监控企业战略在实施过程中的有效性。

二、确立企业使命

（一）企业使命的定义

企业使命是指企业存在的目的或理由。确立企业使命就是描述企业存在的根本目的和理由，从而将本企业赖以生存的经营业务与其他企业的经营业务区分开来。

美国管理大师彼得·德鲁克认为：提出“企业的业务是什么”这一问题，也就等于提出了“企业使命是什么”的问题。企业使命的描述要求企业战略决策者慎重考虑企业当前经营活动的性质与市场需求的长期潜力，结合企业发展历史和各种可利用的资源条件，为企业的发展描述美好的前景。

（二）企业使命的内容

企业使命包括以下两方面内容：

1.企业哲学

企业哲学是指企业为其经营活动方式确立的价值观、理念和行为准则。对于企业而言，企业哲学是至关重要的，它影响着企业的全部经营活动和企业中人的行为，关系到企业经营的成败与否。它的重要性还体现在不论企业管理者是否意识到了这一点，也不论企业管理者是否采用了准确的文字来对其加以描述，它都是客观存在的。它决定着企业的活力与生命力，左右着企业的前途与命运。

IBM公司前董事长沃森论述了企业哲学的重要性，他说："我的论点是，首先，我坚信任何企业为了生存并获得成功，必须树立一套正确的理念作为其一切方针和行动的前提。其次，我认为如果一个企业在不断变化的社会中遇到挑战，它必须在整个企业寿命期内随时准备改革它的一切，但唯有理念永远不变。"

（1）尊重个人。这虽然是个简单的概念，但在企业管理过程中却占用了管理者大部分时间。人们在这方面所做的努力超过了其他任何方面。

（2）我们希望世界上所有的企业都能向顾客提供最好的服务。

（3）企业应该树立一个信念，即所有工作任务都应以卓越的方式去完成。

在沃森阐述了这些基本信念几十年后，该公司继任董事长卡里说："我们的工艺、企业、市场营销和制造技术已经发生了若干次变化，并且还会继续变化，但是在所有这些变化中这三条基本信念依然如故，它们是我们顺利航行的指路明灯。"

2.企业宗旨

企业宗旨是指规定企业去执行或打算执行的活动，以及现在的或期望的企业类型。彼得·德鲁克认为：要了解一个企业，首先必须知道它的宗旨，而宗旨是存在于企业自身之外的。事实上，因为工商企业是社会的细胞，其宗旨必然存在于社会之中。彼得·德鲁克认为：企业宗旨的唯一定义是"创造顾客"。明确企业的宗旨是十分重要的，没有具体的宗旨，要制定清晰的目标和战略是不可能的。一个企业的宗旨不仅要在企业创立之初就加以明确，而且要在企业遇到困难时和企业持续繁荣昌盛时经常加以确认，以便企业能够保持明确的目标和方向，保持旺盛的生命力。

以下是两个有关企业使命的描述：

（1）世界著名的摩托罗拉公司的企业使命是"企业基本目标——顾客完全满意；基本信念——对人保持不变的尊重，坚持高尚操守"。

（2）西安杨森制药有限公司的企业使命是"企业最高宗旨——忠于科学，献身于健康；行动准则——止于至善"。

3.定义企业使命时应当考虑的问题

定义企业使命时需要考虑的首要问题是要确定企业现有的顾客和潜在的顾客，需要明确回答以下问题：

（1）谁是顾客？

（2）顾客购买什么？

（3）顾客期望得到什么？

（4）顾客的价值观是什么？

（5）现有产品和服务还有哪些方面不能满足顾客的需求？

（6）市场可能发生的变化是什么？

（7）消费时尚可能发生的变化是什么？

（8）竞争对手可能采取的战略是什么？

（9）市场的潜力何在？

（10）产品与制造工艺可能发生的技术变革是什么？

（11）随着产品的革新，顾客的消费习惯会发生什么变化？

（12）如何改进产品才会起到引导消费的作用？

(13) 企业的经营方针是否正确?

(14) 是否需要改革企业的经营方针?

企业不断地提出以上问题，并做出明确的回答，就能准确地定义企业使命，并肯定或修改企业使命，进而不断完善企业使命。

三、确定企业的方针、政策

(一) 企业方针的定义

企业方针是指导企业行为的总则，决定着企业建立战略目标、选择战略方案和实施战略方案的框架结构。企业方针应该与企业哲学保持一致，反映企业宗旨的基本要求。企业方针是企业一切行动的准则，也是协调企业中各单位、各部门之间的关系和信息沟通的主要依据。如摩托罗拉公司“肯定个人尊严和坚持原则”的基本方针，是摩托罗拉公司高层管理人员和全体员工一切行动的依据，也是衡量和考核员工工作业绩的主要依据。

(二) 在制定企业方针时应当考虑的问题

在制定企业方针时，不仅应当考虑企业内部的情况，而且应当考虑企业外部的各种因素，特别是国家的政策和法规、行业的发展方向以及竞争对手的方针、政策。具体来说，应着重关注以下几个方面:

(1) 中央政府和地方政府有关竞争和反垄断的各项法令、法规。

(2) 中央政府和地方政府以及行业管理部门制定的各项产品标准，包括对产品安全性以及产品质量方面的各项要求，特别是一些强制执行的规定。

(3) 中央政府和地方政府以及行业管理部门制定的关于企业劳动用工的各项基本要求，以及与此相关的有关保险和公民基本权利的各项规定。

(4) 中央政府和地方政府以及行业管理部门出台的关于职业安全和健康管理的各项规定。

(5) 中央政府和地方政府以及行业管理部门出台的有关产业发展的各项产业政策以及相关的各项规定。

(6) 中央政府和地方政府以及行业管理部门出台的有关金融、投资、税收以及财务的各项规定和基本政策。

(7) 竞争对手在以上各个方面的基本方针。

一般来说，企业的方针应该保持相对稳定，但是在快速变化、竞争激烈的市场环境中，企业需要根据环境的变化和企业战略目标的改变，定期重新评价自己的方针、政策，适当地调整自己的方针、政策，使企业的方针、政策不断地为本企业的可持续发展服务。

四、制订与选择方案

企业战略方案的制订与选择过程就是一个重大决策过程。企业战略方案的制订与选择一般包括以下过程：提出企业战略目标；确定企业战略方案评价标准；建立、比较和选择备选战略方案；评估风险。

(一) 提出企业战略目标

这些内容已经在前面阐述过了，在这一阶段决策者应该明确回答3个问题：①我打算做出什么样的选择？②为什么这个方案是必要的？③最后采用的应是什么样的方案？

（二）确定企业战略方案评价标准

企业战略方案评价标准是指判断方案可能产生的效果的标准。事前确定这些标准有助于在决策时理智地分析和选择。企业战略方案评价标准，可以从影响方案可能产生的效果的各种因素出发，通过一一列举影响方案可能产生的效果的各种因素（包括政府的政策、资源、商业、交通、投资风险等各个方面）而确定。

方案评价标准可以分为限定性标准和合格标准。①限定性标准。限定性标准是指一个方案能够成为可行方案的最低标准。例如，要投资建立一个大型超市，关键的衡量标准就是看是否具备一个良好的商业氛围。一个其他条件再好的地址，如果不具备良好的商业氛围，那么该方案就不能成为可行方案。②合格标准。合格标准是指判定一个方案最后是否能够作为最终方案的合格判定标准。

选择标准时决策者应该明确回答以下问题：①什么样的方案可以达到这些标准，即什么样的方案可以达到预期目标。②发生什么样的情况这个方案就会失败。③发生什么样的情况会使这个方案产生负面效应，对企业会产生什么样的负面效应，对社会会产生什么样的负面效应。方案标准不仅是判断方案可能产生的效果的标准，而且是判断一个方案是否可行或满意的标准。假如一个方案不能够对上述问题做出肯定的回答，那么其“重要性评价方案”就不能列为可行方案。

在方案的限定性标准和合格标准确定之后，还需要按其重要性对这些标准进行取舍。因为在进行管理决策时，往往会碰到这个方案的这个指标好一些而那个方案的另一个指标好一些的情况，决策者不得不在这些方案之间进行选择，而方案标准的重要性排序可以给决策者提供帮助，避免决策失误。

（三）建立、比较和选择备选战略方案

确定备选战略方案的限定性标准之后，就可以根据限定性标准建立备选战略方案。这一阶段决策者需要详细地调查了解各种可以选择的战略方案，并且将它们一一列举出来，然后通过与限定性标准的比较从中找出可行性方案，再通过对多个可行性方案的互相比较，给每一个方案的各项限定性标准评分，以供决策使用。

（四）评估风险

随着科技进步及世界经济发展速度越来越快，环境的动态性增强，企业战略的制定及实施具有一定的风险，这是人们在制定及实施战略时必须要考虑的。评估风险就是分析评价环境条件发生变化时，方案实施可能出现的负面作用及其对企业和社会的影响，主要评价各种风险发生的可能性和严重性。

小知识 11-1　　**什么是战略**

在西方，战略一词来源于希腊文“Strategos”，其含义是“将军”。在我国古代，“战”与“略”分开使用，“战”指战斗和战争，“略”指谋略、策略、计划。明茨博格（Mintzberg）认为：战略是一种计划，战略是一种计谋，战略是一种模式，战略是一种定位，战略是一种观念。

第二节 战略环境分析

一、企业宏观环境分析

企业宏观环境是指那些给企业带来市场机会或环境威胁的主要社会力量。它们直接或间接地影响企业的战略管理。

（一）政治和法律环境

这是指那些制约和影响企业的政治要素和法律系统及其运行状态。如国家的政治制度，国家的权力机构，国家颁布的方针、政策，政治团体和政治形势，法律、法规、法令以及国家的执法机构等因素，这些因素对企业的生产经营活动具有控制和调节的作用。它规定了企业可以做什么、不可以做什么，同时也保护了企业的合法权益和合理竞争，促进了公平交易。

（二）经济环境

这是指构成企业生存和发展的社会经济状况及国家的经济政策，包括社会经济结构、经济体制、宏观经济政策等要素。衡量这些因素的经济指标有平均实际收入、平均消费水平、消费支出分配规模、实际国民生产总值、利率和货币供应量、政府支出总额等。

（三）科技环境

这是指企业所处的环境中的科技要素及与该要素直接相关的各种社会现象的集合，包括国家科技体制、科技政策、科技水平和科技发展趋势等。随着国家科学技术的发展，新技术、新能源、新材料和新工艺等的出现与运用，企业在战略管理上需要做出相应的战略决策，以获得新的竞争优势。

（四）社会文化环境

这是指企业所处的社会结构、社会风俗和习惯、信仰和价值观念、行为规范、生活方式、文化传统、人口规模与地理分布等因素的形成和变动情况。其中，人口因素是一个极为重要的因素，包括人口规模、地理分布、年龄分布、迁移等方面。人口规模制约着个人或家庭消费产品的市场规模，如食品工业市场与人口规模密切相关。人口的地理分布决定消费者的地区分布。消费者地区分布密度越大，消费者的嗜好也越多样化，对市场的商品选择性也越大，这就意味着会出现多种多样的市场机会。年龄分布决定以某年龄层为对象的产品的市场规模。各年龄层都使用的商品可选择性大，存在产品多样化的机会。各年龄构成比例发生变化，市场规模将随之变化，对于以特定年龄层顾客为对象的企业来说可能是机会，也可能是威胁。

（五）自然环境

这里主要是指企业所处的生态环境，包括土地、森林、河流、海洋、生物、矿产、能源和水源等。这里，环境保护的要求对企业的生产经营有着极为重要的影响，企业一定要保护好所处地区的环境，履行自己的社会责任。

补充阅读资料11-1

"一带一路"

"一带一路"（The Belt and Road，B&R）是"丝绸之路经济带"和"21世纪海上丝绸之路"的简称。它将充分依靠中国与有关国家既有的双（多）边机制，借助既有的、行之有效的区域合作平台，借用古代丝绸之路的历史符号，高举和平发展的旗帜，积极发展与沿线国家的经济合作伙伴关系，共同打造政治互信、经济融合、文化包容的利益共同体、命运共同体和责任共同体。

2015年3月28日，国家发展改革委、外交部、商务部联合发布了《推动共建丝绸之路经济带和21世纪海上丝绸之路的愿景与行动》。

2015年，我国企业共对"一带一路"相关的49个国家进行了直接投资，投资额同比增长18.2%。2015年，我国承接"一带一路"相关国家服务外包合同金额178.3亿美元，执行金额121.5亿美元，同比分别增长42.6%和23.45%。2018年1月25日，商务部发布的数据显示，"一带一路"经贸合作取得明显成效，2017年我国与"一带一路"沿线国家贸易额达7.4万亿元人民币，同比增长17.8%。

资料来源　佚名．一带一路［EB/OL］．［2019-02-12］．https：//baike.sogou.com/v76507736.htm?fromTitle=%E4%B8%80%E5%B8%A6%E4%B8%80%E8%B7%AF.

二、行业竞争力分析

传统的产业组织理论是以市场结构、企业行为和效益为研究框架的。哈佛商学院的著名战略管理学者迈克尔·波特（Michael Porter）教授在20世纪90年代末将传统的产业组织理论与企业战略结合起来，提出了竞争战略与竞争优势的理论。根据他的观点，在一个行业中，存在着五种基本的竞争力量，即潜在竞争者、替代品、购买者、供应者以及行业内竞争者，这些力量彼此相互作用（如图11-1所示）。

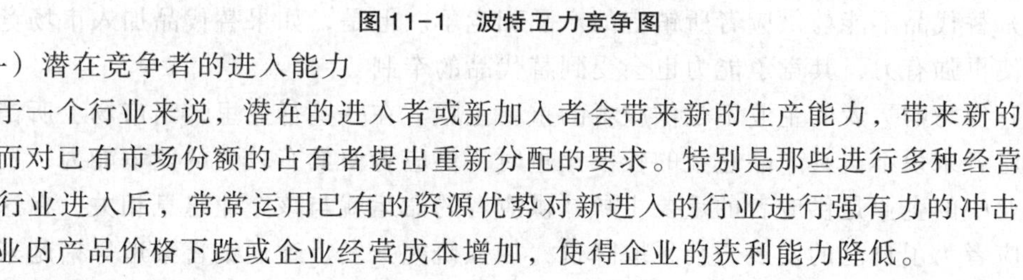

图11-1　波特五力竞争图

（一）潜在竞争者的进入能力

对于一个行业来说，潜在的进入者或新加入者会带来新的生产能力，带来新的物质资源，从而对已有市场份额的占有者提出重新分配的要求。特别是那些进行多种经营的企业从其他行业进入后，常常运用已有的资源优势对新进入的行业进行强有力的冲击。结果是，行业内产品价格下跌或企业经营成本增加，使得企业的获利能力降低。

1.进入障碍

潜在的进入者或新加入者能否进入某行业，并对该行业构成威胁，取决于该行业存在的进入障碍。如果进入障碍高，外部进入的威胁便小。构成行业进入障碍的主要因素有：①规模经济；②产品差别化；③资金的需求；④转换成本；⑤分销渠道；⑥原材料与技术优势；⑦政府政策。

2.退出障碍

企业在分析进入障碍的同时也需要考虑退出障碍。退出障碍是指那些迫使投资收益低，甚至是亏损的企业仍然留在行业中从事生产经营活动的因素。这些因素主要有：①固定资产投入过高；②退出成本过高；③协同关系密切程度高；④感情障碍；⑤政府和社会的限制。

（二）替代品的替代能力

替代品是指那些与本企业产品具有相同功能或类似功能的产品。在质量相同的情况下，替代品的价格会比被替代品的价格更具有竞争力。替代品投入市场后会使原有产品的价格处在较低的水平，降低了企业的收益。替代品的价格越具有吸引力，价格限制的作用就越大，对企业构成的威胁也就越大。为了抵制替代品对行业的威胁，行业中各企业往往会采取持续的广告宣传、改进产品质量、强化市场营销等行动。

（三）购买者的讨价还价能力

对于行业中的企业来讲，购买者是一支不可忽视的力量。购买者所采取的手段主要是要求降低价格，要求获得较高的产品质量或更多的服务，甚至迫使作为供应者的企业互相竞争等。所有这些方式都会降低企业的获利能力。重要的购买集团在行业中的竞争能力取决于该集团所面对市场的特性，取决于该集团的购买活动在其整体业务中的重要程度。

随着时间的推移或由于公司的战略决策发生变化，购买者的竞争能力也会发生变化。企业应把购买者集团的选择当成一项具有决定性的战略决策因素。在进行购买者选择时，企业应意识到其面临的各种购买者集团很少对企业具有同等的影响。即使企业只在一个行业内销售，该行业通常也会存在不同的分市场。有些分市场的讨价还价能力较低，要改善自己的战略态势，企业必须寻找那些购买者议价能力低的市场。

（四）供应者的讨价还价能力

供应者通过扬言要抬高产品价格或降低出售产品的质量，对作为购买者的企业进行威胁，以发挥他们讨价还价的能力。

前面所述的那些可以使购买者具有强大竞争能力的条件，基本上也适用于供应者。一般来讲，供应者加强自己竞争能力的方式包括：

（1）少数几家公司控制供应者集团。在将产品销售给较为零散的购买者时，供应者通常能够在价格、质量和条件上对购买者施加相当大的影响。

（2）替代品不能与供应者所销售的产品相竞争。但是，如果替代品加入市场竞争，供应者即使再强有力，其竞争能力也会受到替代品的牵制。

（3）作为购买者的企业不是供应者的重要主顾。在一些行业里，当市场上所销售的产品对供应者来说不占其产品总量的较大比重时，供应者便具有较强的竞争能力；反之，如果某行业中的企业是供应者的重要主顾，供应者的命运就与该企业息息相关，在这种情况下，供应者为了自己的发展，会采取降价、加强研究开发、疏通销售渠道等措施来保护购买者。

（4）供应者的产品是购买者从事生产经营的一项重要投入。这种投入对于购买者的制造过程或产品质量有着重要的影响，因此提高了供应者的讨价还价能力。

（5）供应者集团实行前向一体化。这样，供应者集团便具有较强的竞争能力，购买者很难在购买条件上与之进行讨价还价。

这里需要说明的是，供应者不仅是企业自身以外的其他厂商，劳动力也应是一种供应者。当缺乏大量训练有素和团结一致的员工时，企业的获利能力也难以提高。

同购买者的情况一样，供应者的讨价还价能力也会发生变化。企业可以审时度势，通过战略调整来改善自己的处境。

（五）行业内竞争者的行业内部抗衡

行业内部抗衡是指行业内各企业之间的竞争关系与程度。常见抗衡手段主要有价格战、广告战、引进新产品以及增加对消费者的服务项目等。

企业之间形成抗衡主要是因为企业感到竞争的压力或看到了改善其竞争地位的机会。形成抗衡的具体原因有：①行业内有众多势均力敌的竞争对手；②行业发展缓慢；③固定成本或库存成本高；④缺少产品差别化；⑤生产能力大幅度提高；⑥竞争战略不同；⑦退出障碍高。

行业内决定竞争抗衡程度的因素在一定条件下会发生改变，具体有：①行业的寿命周期发生了变化；②企业技术实行革新；③管理风格发生了变化；④企业战略发生了转变。

三、企业资源与能力分析——SWOT分析法

SWOT分析法是由美国哈佛商学院率先采用的一种经典的分析方法。它根据公司拥有的资源，分析公司内部的优势与劣势以及公司外部环境的机会与威胁，进而选择适当的战略。

（一）SWOT分析法的基本原理

SWOT分析法是一种综合考虑企业内部条件和外部环境的各种因素，进行系统评价，从而选择最佳经营战略的常用方法。在这里，S是指企业内部的优势（strengths），W是指企业内部的劣势（weaknesses），O是指企业外部环境的机会（opportunities），T是指企业外部环境的威胁（threats）。

企业内部的优势和劣势是相对于竞争对手而言的，一般表现在企业的资金、技术设备、员工素质、产品、市场、管理技能等方面。判断企业内部的优势和劣势一般有两项标准：一是单项的优势和劣势。例如，企业资金实力雄厚，则在资金上占优势；市场占有率低，则在市场上占劣势。二是综合的优势和劣势。为了评估企业的综合优势和劣势，应选定一些重要因素加以评价打分，然后根据其重要程度加权确定。

企业外部的机会是指环境中对企业有利的因素，如政府支持、高新技术的应用、良好的购买者和供应者关系等。企业外部的威胁是指环境中对企业不利的因素，如新竞争对手的出现、市场增长缓慢、购买者和供应者讨价还价能力增强、技术老化等，这是影响企业当前竞争地位或影响企业未来竞争地位的主要障碍。

（二）SWOT分析法的应用

SWOT分析法依据企业的目标，列表定出对企业生产经营活动及发展有着重大影响的内部及外部因素，并且根据所确定的标准对这些因素进行评价，从中判定企业的优势与劣势、机会与威胁。SWOT分析法使公司真正考虑到：为了更好地对新出现的行业和竞争环境做出反应，必须对企业的资源采取哪些调整行动？是否存在需要弥补的资源缺口？公司需要从哪些方面加强其资源建设？要建立公司未来的资源必须采取哪些行动？在分配公司

资源时，哪些机会应该最先考虑？这就是说，SWOT分析法中最核心的部分是评价公司的优势和劣势，判断所面临的机会和威胁，并做出决策，即在公司现有的内外部的环境下，如何最优地运用自己的资源，并且考虑建立公司未来的资源，如图11-2所示。

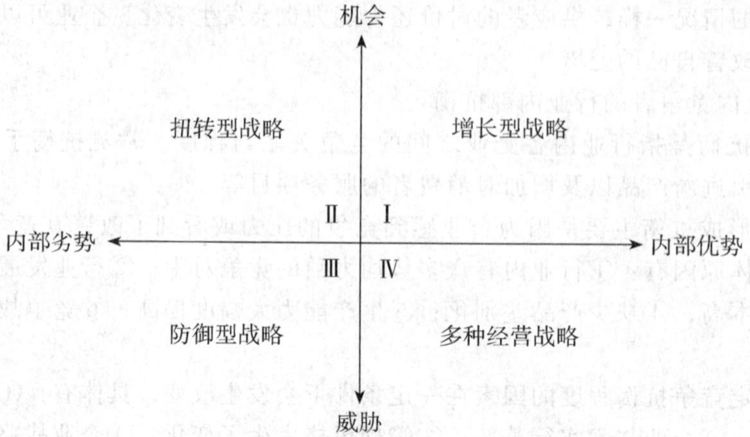

图11-2 SWOT分析法示意图

从图11-2可以看出，第Ⅰ类型的企业，具有很好的内部优势以及众多的外部机会，应当采取增长型战略，如开发市场、增加产量等。第Ⅱ类型的企业，面临巨大的外部机会，却受到内部劣势的限制，应采用扭转型战略，充分利用环境带来的机会，设法清除劣势。第Ⅲ类型的企业，内部存在劣势，外部面临强大威胁，应采用防御型战略，进行业务调整，设法避开威胁并消除劣势。第Ⅳ类型的企业，具有一定的内部优势，但外部环境存在威胁，应采取多种经营战略，利用自己的优势，在多样化经营方面寻求长期发展的机会。

第三节 企业总体战略

一、稳定战略与紧缩战略

（一）稳定战略

稳定战略是指在内外环境约束下，企业在战略规划期内使资源分配和经营状况基本保持在目前状况和水平上的战略。按照这种战略，企业目前的经营方向、业务领域、市场规模、竞争地位及生产规模都大致不变，保持持续地向同类顾客提供同样的产品和服务，维持市场份额。

根据战略目的和资源分配方式的不同，稳定战略又可进一步细分，美国一些管理学家将其分为以下类型：

1.无变化战略

这种战略可以说是一种没有战略的战略。采用此战略的企业一般具有两个条件：一是企业过去的经营相当成功，并且企业内外环境没有发生重大变化；二是企业并不存在重大经营问题或隐患，因而企业没有必要进行战略调整。在这两个条件下，为保持企业现有市场地位、利润及企业平衡发展，避免战略改变给企业带来组织资源、市场、利润等方面的不稳定甚至混乱，企业的战略目标、战略方向、战略规划等基本保持不变。

2.维持利润战略

这种战略注重短期效果而忽略长期利益，根本意图是渡过暂时性的难关，一般在经济形势不景气时采用，以维持已有的经营状况和效益。由于这是以牺牲企业未来发展来维持目前利润的战略，因此使用不当就会影响企业的长期发展。

3.暂停战略

当企业在经历一段较长时间的快速发展后，有可能会遇到一些问题使得效益下降，此时可采用暂停战略，休养生息，即在一段时期内降低企业目标和发展速度，重新调整企业内部各要素，实现资源的优化配置，实施管理整合，为今后的发展打下基础。

4.谨慎实施战略

如果企业外部环境中的某些重要因素变化趋势不明显，又难以预测，则要放缓相应战略方案的实施进度，根据情况的变化调整战略规划。

稳定战略是在外部环境稳定的条件下实行的企业战略，一旦外部环境好转，企业自身实力增强时，这种战略就不再适用，企业应积极转为发展型战略。但是，长期实行稳定战略往往容易使企业的风险意识弱化，甚至形成惧怕风险、回避风险的企业文化，这就会大大降低企业对环境的敏感性和适应性，严重影响企业的发展，这也是稳定战略真正的、最大的风险所在。

（二）紧缩战略

紧缩战略是企业从目前的经营领域和基础水平上收缩和撤退，且偏离起点较大的一种战略。紧缩的原因是企业现有的经营状况、资源条件以及发展前景不能应付外部环境的变化，难以为企业带来满意的收益，以致威胁企业的生存和发展。

紧缩战略的类型主要有：

1.转向战略

转向战略是指企业在现有经营领域不能达到原有产销规模和市场规模，不得不将其缩小，或者企业有了新的发展机会，压缩原有领域的投资，控制成本支出以改善现金流为其他业务领域提供资金的战略方案。

2.放弃战略

在转向战略无效时，可采取放弃战略。放弃战略是指将企业的一个或几个主要部门转让、出售或停止经营。这个部门可以是一个经营单位、一条生产线或者一个事业部。其目的是要找到肯出高于企业固定资产时价的买主，因此其实施关键是要让买主认识到购买企业所获得的技术和资源能使对方有利可图。

3.清算战略

清算是指卖掉其资产或停止整个企业的运行而终止一个企业的存在。显然，清算战略对任何一个企业来说都不是有吸引力的战略，通常只有当所有其他战略都失败时才使用。但在毫无希望的情况下，尽早地制定清算战略，企业可以有计划地、尽可能多地收回企业资产，减少损失。

企业资源是有限的，当企业发展到一定阶段，外部环境发生变化时就需要采取紧缩战略，适时退出某些业务领域。如因行业进入衰退阶段而无法为所有企业提供最低的经营报酬，或者企业为了进入某个新业务领域需要大量的投资和资源的转移等。

二、一体化战略

一体化战略是指企业充分利用自己在产品、技术、市场上的优势，向经营领域的深度和广度发展的战略。一体化战略主要有三种类型：一是后向一体化；二是前向一体化；三是横向一体化。前两者统称为纵向一体化。一体化战略有利于深化协作，提高资源的利用程度和综合利用效率。

（一）纵向一体化战略

纵向一体化就是将企业的活动范围在同行业中向后扩展到供应源或者向前扩展到最终产品的最终用户。如一个制造公司投资自己生产某些零部件而不是从外部购买，该公司在本行业的价值链体系中就向前跨越了一个阶段，涉足两个业务单元。纵向一体化可以是全线一体化（即参与行业价值链的所有阶段），也可以是部分一体化（即进入行业价值链的某一个阶段）。纵向一体化战略的优势是以其成本节约保证额外的投资，或产生以差别化为基础的竞争优势，增强公司的竞争能力。

（1）后向一体化战略。后向一体化战略是将企业的价值链进一步反向延伸，依靠自己的力量，扩大经营规模，由自己生产材料或配套零部件；或者可以向后兼并供应商或合资办企业，使企业在内部就能够满足生产所需的大部分零部件、原材料、燃料、设备等的供应。

（2）前向一体化战略。前向一体化战略是企业自行对本公司产品做进一步深加工，或对资源进行综合利用或公司建立自己的销售组织来销售本公司的产品或服务的战略。

纵向一体化往哪个方向发展取决于以下因素：

第一，它是否会提高对战略起着至关重要作用的活动的业绩，降低成本或者加强差别化。

第二，它对与协调更多阶段之间的活动有关的投资成本、灵活性和反应时间以及管理费用所产生的影响。

第三，它是否能够创造竞争优势。

纵向一体化这一问题的核心在于：企业要想取得成功，哪些能力和活动应该在自己内部展开，哪些可以安心地转移给外部的企业。如果不能获得巨大的利益，那么纵向一体化就不太可能成为诱人的竞争战略选择。

（二）横向一体化战略

横向一体化战略也叫水平一体化战略，是指将生产相似产品的企业置于同一所有权控制之下，兼并或与同行业的竞争者进行联合，以实现扩大规模、降低成本、提高企业实力和增强竞争力的战略。

当今，战略管理的一个最显著的趋势便是将横向一体化作为促进公司发展的战略。竞争者之间的合并、收购和接管形成了规模经济和资源与能力的流动。横向一体化战略一般是企业面对比较激烈的竞争时进行的一种战略选择。采用横向一体化战略的好处：能够吞并或减少竞争对手；能够形成更强大的竞争力量去与竞争对手抗衡；能够取得规模经济效益；能够取得被吞并企业的市场、技术及管理经验。一个多年前的例子是，当科龙、美菱等几家企业被横向整合在一起后，科龙等企业共同形成了每台冰箱的成本壁垒，中国的低端冰箱市场的竞争反而趋缓了。

企业一般在下列情况下采用横向一体化战略：

（1）希望在某一地区或市场中减少竞争，获得某种程度的垄断，以提高进入障碍。

（2）企业在一个成长着的行业中竞争。

（3）需要扩大规模经济效益来获得竞争优势。当竞争者是因为整个行业销售量下降而经营不善时，不适于用横向一体化战略对其进行兼并。

（4）企业具有成功管理更庞大的组织所需要的资本和人力资源，而竞争者由于缺乏管理经验或特定资源而停滞不前。

（5）企业需要从购买对象身上得到某种特别的资源。

三、多样（元）化战略

多样化战略是与专业化经营相对应的企业经营战略。

（一）多样化战略的含义

多样化战略又称多角化战略。在我国，多种经营、多元化经营等概念与多样化概念相近。《辞海》对“多种经营”的解释为：企业的一种经营方式，指产品生产或业务涉及多个领域。

把握多样化的概念，必须注意如下几个方面的问题：

（1）多样化实施主体，即谁进行了多样化。在上述的定义中，实施主体可能有企业、地区两种。一个地区的行业多样化属于产业结构研究的范畴，将它归为企业多样化是不妥的。作为战略管理的研究对象，这里的多样化指的是企业的多样化，而不涉及地区产业结构的多样化。

（2）多样化不是产品细分化，而是跨产业的行为。

（3）多样化是企业在不同产业中寻求发展的产业组合战略，在这种战略中，企业的产品或服务跨越了一个以上的产业。

因此，多样化是指企业的产品或服务跨越一个以上产业的经营方式或成长行为。从本质上讲，多样化有静态和动态两种含义。前者是指一种企业的经营业务分布于多个产业之中，强调的是一种经营方式；后者指的是企业从单一产业进入新的产业的行为，是一种成长行为。

（二）多样化战略的形式与内容

目前，有关多样化的形式划分不一。罗蒙特（Rumelt）根据主业收入占全部收入的比例，把企业的经营结构分为以下几类：①单一业务型，主业收入占全部收入的95%以上；②主导业务型，主业收入占全部收入的70%～95%；③相关多样化型，主业收入不到全部收入的70%，但各经营领域相关；④无关多样化型，主业收入不到全部收入的70%，且各经营领域无关。

目前，比较普遍的划分方法是按照企业涉及的各业务之间的相互关系不同，将企业多样化经营分为相关多样化和无关多样化两种。

相关多样化又称同心多样化，是指企业的各业务活动之间存在技术或市场的关联性。在相关多样化中，一般包括以下三种多样化形式：

（1）技术相关多样化，是指多样化各业务之间存在共同的或相近的技术基础。比如，佳能公司利用其在光学影像方面的技术，先后进入了照相机、复印机等生产领域。

(2) 生产相关多样化，是指多样化各业务之间可以使用共同的或相近的生产设备和设施。

(3) 市场相关多样化，是指多样化各业务之间的产品或服务有共同或相近的销售渠道与组织，或各业务之间存在共同或相近的供货渠道与组织。

无关多样化又称非相关多样化，指的是多样化的各业务之间在技术、生产或市场等方面不存在明显的直接关联。

(三) 多样化战略的实施动因

公司采取多样化战略的动因很多，既有公司内部的原因，也有公司外部的原因。佩罗兹（Penrose）把这些原因称为企业成长的外部诱因和内部诱因。

1.外部诱因

外部诱因是指来自市场或政府等方面的吸引公司进入新业务领域的外部环境因素。这些因素既可能表现为一种威胁，又可能表现为一种机会，如市场容量有限、市场集中度提高、市场需求的多样性和不确定性、政府的反垄断措施等。

2.内部诱因

内部诱因是指来自公司内部促使公司采取多样化成长战略的因素。从本质上讲，内部诱因在多数情况下都是主动性的，是为了充分开发和利用现有的剩余资源。有时，当公司的能力不能较好地匹配当前的市场需求时，公司就会开展防御性的多样化经营活动。

事实上，两种诱因产生作用的形式是不同的，有的是富有吸引力的机会，有的则以某种威胁的形式存在。因此，公司采用多样化战略既可能是为了追求某种机会，也可能是为了回避某种风险。事实上，还有其他一些因素也是公司采取多样化战略的原因。

(1) 企业寻求生存机会的动机。当一个企业在其主业中失去竞争力时，相关多样化就不再是一种合理的选择，这时企业的成长就由能力驱动转为机会驱动。

(2) 企业高层领导个人的成就感。一种习惯的看法是，在多个领域获得成功的企业领导者的能力要大于那些仅善于在单一领域从事经营的领导者。

(3) 个人对企业的控制力。有人认为，多样化可以使经理层得到更大的权力，因为股东难以深入了解企业的经营情况。

(四) 多样化战略的实施条件

企业要成功地实施多样化战略，必须具备以下一些条件：

(1) 企业在准备多样化经营的时候必须对自身的资源进行深入评估。如果企业既有多样化的动机，又有必需的资源，那么企业开展多样化经营的成功率就会高得多。

(2) 企业在资本市场便于获得资金，特别是当企业通过并购进行多样化经营时，常常需要资本市场的支持。同时，管理者也非常重要，获得合适的管理者常常是多样化经营的前提条件。

(3) 为使多样化经营决策科学化，企业应当建立一套多样化投资决策管理体系和程序。

(4) 企业多样化战略的实施至关重要，特别是在实施过程中，需要有效控制多样化带来的各种组织成本。

观念应用11-1　多元化悖论：鸡蛋与篮子之争

赞同多元化经营的人认为，企业做大了以后，不要把全部鸡蛋放在同一个篮子里，这样可以做到小钱集中，大钱分散，保险可靠，“东方不亮西方亮”。

不赞同多元化经营的人认为，不如把所有鸡蛋都装进一个篮子里，然后集中精力看好这个篮子。这是因为：装鸡蛋的篮子也需要钱；篮子多了，难保哪个底下没有洞；没法保证拣到每个篮子里的鸡蛋都是好鸡蛋。

第四节　企业竞争战略

一、成本领先战略

成本领先战略又称为低成本战略，即企业的全部成本低于竞争对手的成本，甚至是同行业中最低的成本。实行成本领先战略需要一整套具体政策。经营单位要有高效率的设备，降低经营成本，控制间接费用，以及降低研究与开发、服务、销售、广告等方面的成本。要达到这些目的，必须在成本控制上着手。为了与竞争对手相抗衡，企业在产品质量、服务及其他方面上的管理也不容忽视，但降低产品成本则是贯穿整个战略的主线。

（一）成本领先战略的实施条件

成本领先战略的理论基石是规模效益（即单位产品成本随生产规模扩大而下降）和经营效益（即单位产品成本随积累产品量增加而下降）。它要求企业的产品必须具有较高的市场占有率。如果产品的市场占有率很低，则大量生产毫无意义，而不大量生产也就不能使产品成本降低。为实现产品成本领先的目的，企业内部需要具备一些条件：首先，设计一系列便于制造和维修的相关产品，在彼此分摊成本的同时，还要使该产品能为所有主要的用户集团服务，增加产品数量，并且建立起严格的以数量目标为基础的成本控制系统，同时，控制报告和报表要做到详细化和经常化。其次，低成本给企业带来高额边际收益，企业为了维持低成本地位，可以将这种高额边际收益再投到新装备和现代化设施上，同时也可引进先进的工艺技术。这种投资方式是维持低成本地位的先决条件，以此形成低成本、高市场占有率、高收益和更新装备与现代化设施的良性循环。再次，企业建立起具有结构化的、职责分明的组织机构，便于自上而下地实施最有效的控制，并且要降低研究与开发、产品服务、人员推销、广告促销等方面的费用支出。最后，由于企业把主要精力放在提高生产效率方面，实行成本领先战略的企业常常能明确地界定出其所需要的技能，并对员工进行这些技能的培训。在人力资源管理上，企业倾向于采用控制导向型。

（二）成本领先战略的益处与风险

1.成本领先战略的益处

从国际范围来讲，在20世纪70年代，随着经验效益被人们所认识，成本领先战略逐渐成为多数企业所采用的战略。这一战略的益处在于：①企业经营处于低成本水平，可以从容面对现有竞争对手的对抗，即使竞争对手在竞争中不能获得利润、只能保本，企业仍能获利。②面对强有力的采购商要求降低产品价格的压力，处于低成本地位的企业在进行交易时掌握更大的主动权，具有同采购商讨价还价的能力。③当强有力的供应商提高企业所需资源的价格时，处于低成本地位的企业有更强的灵活性来走出困境。④企业已经建立起巨大的生产规模和成本优势，使欲加入该行业的新进入者望而却步，形成进入障碍。⑤在与替代品竞争时，低成本的企业往往比本行业中的其他企业处于更有利的地位。

2.成本领先战略的风险

如前所述，要保持成本领先地位，就要求企业购买现代化的设备，及时淘汰陈旧的设备，防止产品线的无限扩充以及对新产品、新技术的发展保持高度的警觉。而这些也正是成本领先战略的危险根源。这一战略的风险包括：①生产技术的变革或新技术的出现可能使得过去的设备投资或产品生产及学习经验变得无效，变成无效用的资源。②行业中新加入者通过模仿、总结经验或购买更先进的生产设备，使得其成本更低，以更低的成本起点参与竞争，后来居上。这时，企业就会丧失成本领先地位。③由于采用成本领先战略的企业其力量集中于降低产品成本，从而使其丧失了预见产品的市场变化的能力。企业可能发现其生产的产品虽然价格低廉，但不再为顾客欣赏和需要。这是成本领先战略的最危险之处。④受通货膨胀的影响，生产投入成本升高，丧失了产品成本-价格优势，从而不能与采用其他竞争战略的企业相竞争。

成本领先战略带来风险的一个典型例子是20世纪20年代的福特汽车公司。福特汽车公司曾经通过限制车型及种类，采用高度自动化的设备，积极实行后向一体化，以及通过严格推行低成本措施等取得过所向无敌的成本领先地位。然而，当许多收入高并已购置了一辆车的买主考虑再买第二辆车时，市场开始更偏爱具有个性、车型有变化的、舒适的和封闭型汽车而非敞篷型的T型汽车。福特汽车公司由于为把被淘汰车型的生产成本降至最低而付出了巨额投资，所以这些投资成了一种顽固障碍，使福特汽车公司的战略调整付出了极大代价。

因此，经营单位在选择成本领先的竞争战略时，必须正确地估计市场需求状况及特征，努力使成本领先战略的风险降到最低。

小思考11-1

沃尔玛“天天平价，始终如一”“我们所做的一切都是为了您省钱”这些说法体现了什么战略思想？

答案：体现了成本领先的战略思想。这一战略的实施涵盖了商品购、存、销流转过程所有环节上的成本费用控制。只有降低商品的进价成本和物流成本，降低商品的经营管理费用，才能实现商品流转全过程的成本费用控制。在这方面，沃尔玛无疑是零售业成本领先战略最坚定的实施者和经营者典范。正是这一指导思想使得沃尔玛将成本降至行业最低，真正做到了“天天平价”。

二、差异化战略

所谓差异化战略，是指为使企业产品、服务、企业形象等与竞争对手有明显的区别，以获得竞争优势而采取的战略。一般来说，企业可以在下列几个方面实行差异化战略：产品设计或商标形象的差异化；产品技术的差异化；顾客服务上的差异化；销售分配渠道上的差异化等。应当强调的是，产品或服务差异化战略并不是让企业忽视成本因素，只不过这时主要战略目标不是低成本而已。

（一）差异化战略的实施条件

企业要奉行差异化战略，有时可能要放弃获得较高市场占有率的目标，因为它的排他性与高市场占有率有时是矛盾的。实施差异化战略，企业需要具备下列条件：

（1）具有很强的研究与开发能力，研究人员要有创造性的眼光，可借助高校和研究单位的人才资源。

（2）具有以其产品质量或技术领先的声望。

（3）在这一行业有悠久的历史或吸取其他企业的技能并自成一体。

（4）具有较强的市场营销能力。

（5）研究与开发、市场营销等职能部门之间要具有很强的协调性。

（6）具备能吸引高技能员工的生产设施和能满足其精神需求的文化。

（二）差异化战略的益处及风险

1.差异化战略的益处

企业通过差异化战略可建立起稳固的竞争地位，从而使企业获得高于行业平均水平的收益，主要表现在以下几个方面：①建立起顾客对产品或服务的认识和信赖，当产品或服务的价格发生变化时，顾客的敏感程度就会降低。这样，差异化战略可为企业在同行业竞争中形成一个隔离地带，避免竞争对手的侵害。②顾客对商标的信赖和忠实形成了强有力的行业进入障碍。如果行业新的加入者参与竞争，它必须扭转顾客对原产品的信赖和克服原产品的独特性影响，这就增加了新加入者进入该行业的难度。③差异化战略产生的高边际收益增强了企业与供应商讨价还价的能力。④企业通过差异化战略，一方面使得采购商缺乏与之可比较的产品选择，降低采购商对价格的敏感度；另一方面，通过产品差异化使采购商具有较高的转换成本，使其依赖于企业。这些都可削弱采购商讨价还价的能力。⑤企业通过差异化战略建立起顾客对本产品的信赖，使得替代品无法在性能上与之竞争。

2.差异化战略的风险

与其他竞争战略一样，实施差异化战略也存在一定风险，主要表现在以下方面：①实施差异化战略的企业，其生产成本可能很高。这是因为它要增加设计和研究费用，选用高等级原材料等。如果采取差异化战略的产品成本和追求成本领先战略的产品成本差距过大，可能会使得购买者宁愿牺牲差异化产品的性能、质量、服务和形象，而去追求降低采购成本。②购买者变得更加精明起来，他们降低了对产品或服务差异化的要求。③随着企业所处行业的发展进入成熟期，差异产品的特点很可能为竞争对手所模仿，削弱产品的优势。而这时如果企业不能推出新的差异化，那么由于价格较高处于劣势，产品差异化优势又不明显，企业就会处于非常困难的境地。

小思考11-2

“人无我有，人有我精，人精我改，人改我创”体现了什么战略思想？

答案：企业使自己的产品或服务区别于竞争对手的产品或服务，创造出与众不同的东西，体现了差异化的战略思想。

三、集中化战略

集中化战略是指企业的经营活动集中于一特定的购买者集团、产品线的某一部分或某一地域上的市场。如同差异化战略一样，集中化战略也可呈现多种形式。虽然成本领先战略和差异化战略二者是在整个行业范围内达到目的，但集中化战略的目的是更好地服务于某一特定的目标，它的关键在于能够比竞争对手提供更为有效和效率更高的服务。因此，企业既可以通过集中化战略来满足某一特定目标的需要，又可通过低成本战略服务于这个目标。

同其他战略一样，集中化战略也能在本行业中获得高于一般水平的收益，主要表现在：第一，集中化战略便于集中使用整个企业的力量和资源，更好地服务于某一特定的目标。第二，将目标集中于特定的部分市场，企业可以更好地调查研究与产品有关的技术、市场、顾客以及竞争对手等各方面的情况，做到"知彼"。第三，战略目标明确，积极成果容易评价，战略过程也容易控制，从而让管理工作更容易实施。根据中小企业在规模、资源等方面所固有的一些特点，以及集中化战略的特点，集中化战略对中小企业来说可能是最适宜的战略。

集中化战略也存在相当大的风险，主要表现在：其一，由于企业全部力量和资源都投入在一种产品或服务于某一个特定的市场，当顾客偏好发生变化、技术出现创新或有新的替代品出现时，就会发现这部分市场对产品或服务需求下降，企业就会受到很大的冲击。其二，竞争者打入了企业选定的部分市场，并且采取了优于企业的更集中化的战略。其三，产品销售量可能变少，产品要求不断更新，造成生产费用的增加，使得采取集中化战略企业的成本优势被削弱。

本章小结

战略管理是整合性的管理理论，是企业最高层次的管理理论。战略管理的基本内容是对企业进行战略规划并有效地实施规划；战略规划的前提是对企业进行内外环境分析，其重点是进行行业竞争性分析和SWOT分析；企业的总体战略有稳定战略与紧缩战略、一体化战略、多样化战略；企业的竞争战略主要有成本领先战略、差异化战略和集中化战略。

主要概念与观念

主要概念

战略管理 一体化战略 多样化战略

主要观念

行业竞争力 SWOT分析法

基本训练

知识题

简答题

1. 什么是行业竞争性分析？

2. 实施多样化战略的形式和条件有哪些？

知识应用

1. 一体化战略有几种类型？

2. 实施差异化战略的条件是什么？

技能题

1.怎样进行SWOT分析？

2.分析实施差异化战略的风险。

能力题

案例分析

新东方学校的战略选择

在20世纪90年代初创办的新东方学校抓住了一个历史性的机遇，当时社会上出现了出国的热潮，新东方定位于出国考试培训，并且打败了实力、远大、马力等竞争对手，占据了出国培训市场的大部分份额，成为真正的垄断企业。但是垄断也面临着市场的饱和，如果新东方还想找到更大的奶酪的话，它一定要去开拓其他的市场。

随着经济改革的深入，社会对知识型人才的渴求越来越强烈，通过考试获得各类证书成为谋求更好职位的捷径。升学考试、注册会计师考试、律师考试、各种英语考试、计算机等级考试等逐渐被众人所青睐，这是历史给新东方的又一个机遇：是成为英语培训界的老大，还是成为综合各种培训的民办学校？

中国加入WTO以后，教育产业也受到了冲击，就在新东方拓展自身业务的同时，相当多的外资培训机构也悄然加入竞争，新东方面对这些洋对手，如何提高自己的核心竞争力，如何应对入世挑战？

一、培训市场分析

1.英语培训的需求

我国加入WTO以后，外语能力越来越明显地成为中高收入职业的一个必备能力，这种职业素质要求给整个就业人群带来了相当大的压力，而这种压力也为英语培训的市场带来了大量的需求。

2.英语培训市场细分

(1) 出国留学考试。未来的数十年，中国出国留学人数将继续保持增长的势头，由此带来的出国留学考试培训的市场潜力巨大。

(2) 英语证书考试。大学英语四、六级考试（CET）经过多年的发展和完善，已经成为国内主办的最权威的考试之一，四、六级培训课程也是在北京的英语培训领域发展比较完善的。另外全国公共英语等级考试（PETS）、职称英语考试的影响也在逐渐扩大，备考人数越来越多。

(3) 其他英语培训。其主要包括剑桥商务英语、综合英语、口语听力等。这个市场的容量很难估计，参加的多为工作人员，他们参加培训的目的是提高自身的英语水平。

3.其他培训市场发展状况

(1) 与学业有关的考试。这类考试包括全国普通高校入学考试和研究生入学考试。每年参加全国普通高校入学考试的报考人数和研究生入学考试报考人数与招生人数的规模较大。

(2) 与专业证书有关的考试市场。这一市场的需求正在增长。

4.IT培训

目前国内对于IT培训的需求非常大。但是IT培训行业由于竞争的激烈，利润率要远远低于英语培训行业。

二、主要竞争对手

1.国际竞争对手

（1）华尔街学院。华尔街学院1972年成立于意大利，专门从事英语语言培训，在欧洲、亚洲、美洲的23个国家设有425个培训中心。1999年8月，华尔街学院进驻上海，投资4 000多万元在金贸大厦租下3 000平方米楼面办起了英语教学。虽然学费高达2万元/人以上，但半年内学员就超过1 000人。华尔街学院的定位主要是白领阶层。

（2）Princeton Review。它和新东方有着完全相似的业务，有远程的教育网站，提供远程多媒体课程。但课程价格偏高，对中国学生没有吸引力。

（3）ETS。它是专门的考试机构，每年不仅从考试费中得到丰厚的收入，而且从其出版的复习资料和模拟考试中得到的收获也不小。它拥有TOEFL、GRE、GMAT等考试题目的版权，而新东方对这些试题的分析讲解必须经过ETS授权，新东方在留学考试上的发展受到ETS很大的影响。

2.国内竞争对手

（1）“洋话连篇”。这是北京电视台的一个名牌栏目。经营该栏目的东方友人经济咨询公司曾先后推出“洋话连篇1、2、3”“洋话连篇旅游英语”等系列英语教学节目。针对国内英语培训机构规模小、单位运营成本高等不足，东方友人经济咨询公司决定进行英语培训的连锁经营，争取将“洋话连篇”这个电视品牌转型为一个英语培训品牌。

（2）李阳“疯狂英语”。这在英语培训行业里是一个比较有名的品牌，在全国也有了很多培训点，已形成一个有效的品牌，发展迅猛。

三、新东方的战略选择

新东方发展遇到的一个最主要的挑战是，由于美国ETS没有授权新东方使用其全真试题，因此出国留学英语考试培训业务存在着知识产权问题。

另外，新出现的一些各式各样的英语培训也使新东方遇到了竞争威胁。除了以行业老大的姿态固守阵地，应对这些竞争者的挑战之外，新东方也在寻求下一步的拓展方向。国内教育产业蓬勃发展，但教育经费不足，教育市场供给不足，这一切为民办教育的发展带来了绝好的机会，新东方该怎样抓住这个机会进行第二次扩张？

问题：

1.请为新东方未来的发展提供适当的战略建议。

2.针对日益强劲的竞争对手，新东方应该采取哪些竞争战略？

第十二章　企业国际化经营

学习目标

了解企业国际化经营的原因和特点；认识企业国际化经营的环境；掌握企业国际化经营的战略选择；充分认识企业战略联盟的重要性；掌握好战略联盟的形式和注意的条件。

第一节　企业国际化经营的原因及特点

20世纪50年代以来，世界经济发展的一个显著特点就是各国企业经营活动的国际化。人们熟知的一些公司，如埃克森石油公司、国际商用机器公司、大众汽车公司、丰田汽车公司、松下电器公司、帝国化学工业公司等，都从早期的产品出口转向国际范围内的生产经营活动。企业经营活动的国际化是国际经济发展的必然趋势。

一、企业国际化经营的原因

一般来说，企业进行国际化经营有两个目的：一是获利；二是求稳定。就获利来说，国际化经营可使企业获得满足国外市场对本企业产品或服务日益增长的需求的机会，扩大本企业产品的销售范围，从而获得更多的利润。此外，对企业产品或服务的新需求可对企业的生产过程起到稳定的作用，而不至于受国内市场周期性变化的影响。企业走向国际化经营的具体原因包括：

（一）利用技术领先的地位

一个企业开发出一种新产品后，最初它会具有明显的竞争优势，但随着这种产品逐渐成熟，在国内市场上它会逐渐失去其独特性和所具有的竞争优势，这时企业通常会将这种产品向国外市场投放。同一产品在不同市场上的生命周期是不一样的，在一个国家和地区的市场上已经进入成熟期或衰退期的产品，在另一个国家和地区的市场上可能刚刚进入成长期，而在其他国家和地区的市场上则可能处于投入期。因此，将产品向不同的市场投放就可保持产品技术领先的地位。

（二）利用品牌或商标的影响力

当一件产品的品牌或商标在国内具有良好的声誉时，它通常促使企业在全球范围内配置生产能力。也许是由于人们普遍存在的“崇洋”心理，或者是其优异的产品质量，国外品牌的产品通常被认为较国内产品要好。这种情况在服装、汽车、家用电器行业中尤为明显。反过来，进行国际化的竞争，活跃于几个大的主要的国际市场上，也更进一步巩固和加强了企业的声望和信誉。

（三）利用规模经济优势

当存在超越本国市场容量的规模经济时，企业为了降低产品成本，取得规模经济带来的效益，就不得不向新的市场渗透，将企业的储运、采购、生产和市场营销等活动转向国际市场。例如，业已证明现在生产高速钢的企业，其最低的效益规模大约为国际市场需求的40%。有时，国际范围内的纵向一体化是实现规模经济的关键，因为国际纵向一体化系统的有效规模比国内市场规模要大得多。

（四）利用低成本的资源

当生产成本成为产品生产的关键因素时，企业会把生产转移到资源或劳动力成本相对较低的地区，在世界范围内规划生产经营的最佳配置，并向全世界销售产品。只有这样，企业才能保证降低其产品成本，增强其产品的竞争力，保证企业经营的最佳整体效益。

二、企业国际化经营的特点

企业因进行国际化经营而超越了国界，所面临的生产经营环境与国内相比具有较大的差异，进而表现出不同的特点。其具体表现在以下几个方面：

（一）经营空间广泛

经营空间广泛指的是国际化经营的企业，在资源获取途径、经营范围的拓展和产品开发程度等方面要比国内市场经营的企业广泛得多。国内市场经营的企业基本上是利用企业内外资源，在原有产品和业务构成的基础上，以国内活动空间为主体开展经营活动。国际化经营的企业由于把在获取资源、产品生产、产品销售、研究与开发等方面的经营活动扩大到世界范围，就要求在制定战略时把世界市场作为自己经营活动的舞台和战略发展的空间。

（二）经营环境复杂

经营环境复杂表现为环境因素的多样化、不可控性和不确定性。影响企业生产经营活动的国际环境因素远比国内复杂，这些影响因素包括政治、经济、法律、文化以及民族心理等方面的差异和变化。它们比国内环境因素具有更强的不可控性。这是因为，所谓国际市场，实际上是由世界上大大小小一百多个国家和地区的市场组成的，每个国家和地区的环境因素均有其各自的特点。企业在进入不同的国际市场时，将面临情形各异的市场环境。这就对企业经营者所具备知识的广度和结构提出了更高的要求。

（三）竞争激烈

国际化经营的企业面向的是国际市场，各国商品销售者之间的竞争十分激烈。特别是第二次世界大战后，由于生产高度国际化，跨国公司已成为国际市场上的一支重要力量。它们实力雄厚，进行国际经营活动的经验丰富，在许多产品领域居于垄断地位。企业在进行国际化经营时，与跨国公司的竞争难以避免，这对初涉国际化经营的企业来说无疑是严峻的挑战。正因如此，企业国际化经营失败的风险远比国内经营要大。

（四）信息管理难度大

企业进行国际化经营时，信息的传递和交流不如国内方便。现在虽然有国际电话、传真等通信手段，但费用较高，进而提高了企业进行国际化经营的成本。语言与文字的差异、商业习惯的不同以及不同国家政府的政治倾向等，都使得企业进行市场调查获得经营信息的困难要比国内大得多，所花的费用也高得多。除此之外，经营空间的广泛性要求收集信息的范围广，经营环境的复杂性要求信息收集要全面，而竞争激烈要求信息的传递迅速、准确、反馈及时。这些都给国际化经营的企业的信息管理带来了不小的难度。

（五）计划和组织要周密

经营空间广泛、经营环境复杂、竞争激励和信息管理难度大对企业国际化经营活动的计划和组织提出了更高的要求，包括原料采购和产品生产、销售、运输等方面的计划与组织。企业国际化经营的原料来源、元器件和零配件的供应可能都离不开国外市场，产品也销往国外，这样，远距离运输就是个难题。为了履行合同，保证及时交货，进行国际化经营的企业必须保证原料及时供应，保质、保量、按时根据国外订货合同加工出产品，并及时运送给客户。因此，对国际化经营的企业来说，在原料供应和产品生产、销售、运输过程的计划和组织上要比国内经营的企业投入更多的经营力量，对管理工作要求也更高。

第二节　国际化经营的环境因素分析

国际化经营的企业面临复杂多变的国际环境。企业在决定将其业务向海外拓展之前，必须充分而全面地了解国际环境的现状和发展动态，这是国际化经营战略取得成功的前提和基础。下面分述企业在走向国际化经营时所应考虑的环境因素。

一、国际贸易体制

从事国际化经营的企业的对象是国际市场，因此首先应了解国际贸易的格局和体制。

（一）关税

关税是一国政府对进出该国的产品所征收的税金。各国的关税制度不完全相同，一般有：单列税制，即一个国家的关税对各国同一种商品采取一个税率，无优惠待遇；双列税制，即一个国家对同一种商品采取两种以上的不同税率，对最惠国家实行低税率关税。关税一般是根据商品重量、体积或价格来规定税率。关税可以是增加国家收入的关税，也可以是保护本国企业的保护关税。在后一种情况下，国家往往对进入的货物征收倾销税。根据各国达成的反倾销协议，用倾销的手段将一国产品以低于正常价格的办法挤入另一国贸易时，如因此对某一缔约国领土内已建立的某项工业造成重大损害或产生重大威胁，或者对某一国内工业的建立产生严重阻碍，这种倾销应该受到谴责。缔约国为了抵制和防止倾销，可以对倾销的商品征收不超过这一产品倾销差额的反倾销税。因此，反倾销税是对商品倾销国货物征收的一种进口附加税，目的在于保护本国产业和国内市场，抵制外国进口商品的竞争。

（二）非关税壁垒

它是指除关税以外的限制商品进口的各种措施。非关税壁垒名目繁多，其中主要有进口配额制、进口许可证制、外汇管制、最低限价和禁止进口、技术标准及检验制度、卫生检疫规定、商品包装和标签的规定、繁杂的海关手续、政府的采购政策等。而其中最常用的是进口配额制。它是指输入国同意进口某一商品领域，但对进口该领域商品总量规定限额，其目的是保护国内某些产业和就业水平。

（三）国际贸易的支付方式

进行国际贸易需要将一国的货币兑换成另一国的货币，但由于各国货币价值经常波动，因此汇率的改变可能会使国际贸易所得的收益化为乌有。由于销售和交货与收回货款的时滞问题，汇率的变动对进口商或出口商的影响更为突出。表12-1列出了这种影响。

表12-1 汇率变动对进口商和出口商的影响

汇率变动	以进口商货币结算时的影响		以出口商货币结算时的影响	
	进口商	出口商	进口商	出口商
1.进口商货币升值	无影响	结算后获得更多的国内货币	支付较少的国内货币	无影响
2.出口商货币升值	无影响	结算后获得较少的国内货币	支付更多的国内货币	无影响

二、政治、法律环境

国家的政治、法律环境是否有利于外国商品进口和外国投资，各个国家有相当大的差别。国际化经营的企业决定在某国拓展经营业务时，至少必须考虑该国以下几个方面因素：

（一）对外国企业的态度

有的国家对外国企业表示积极欢迎，鼓励外国企业投资，为外国企业准备工业布局条件或基础设施等。有的国家对外国企业并不持十分友好的态度，这反映在许多方面，如禁止外国独资企业、限制外国企业的投资份额、政府控制外国企业返还母公司的利润数量及货币种类等。

（二）政治的稳定性

不仅要考虑交易对象国家政治形势的现状，还要考虑其将来的稳定性。如果政局不稳，领导人频繁更迭，则对外国企业有没收、征用和收归国有的危险。因此，如果政局不稳，与其对国外直接投资，不如选择出口贸易；反之，如果政局比较稳定，则可考虑直接投资。

（三）政府的官僚制度

诸如报关制度、市场信息公开透明程度、对外国政府所实施的制度和办事效率等。

（四）贸易或投资条约和协定

这些条约和协定是两个或两个以上的国家为确定彼此之间的经济关系而缔结的。这些条约和协定的内容比较广泛，如关税的征收、海关手续、船舶航行、双方企业在对方国家所享受的待遇、特种所有权（专利权、商标权等）的处理和商品转口等。

法律环境指的是与国际化经营有关的法律，如涉及海外子公司设立的公司法、劳工立法、商标法、专利法、所得税法，与竞争有关的法规，与进口有关的法规，投资保护法规等。此外，还包括国际法律规范形式的国际公约，如《保护工业产权巴黎公约》《商标国际注册马德里协定》，以及有关世界贸易组织的协定和协议，如《关贸总协定》《服务贸易总协定》《与贸易有关的知识产权协定》《与贸易有关的投资措施协议》《反倾销协议》等。

三、经济环境

企业进行海外经营时还必须研究相关国家的经济状况和经济动向，主要有如下几个方面：

（一）国家的经济发展水平

一个国家总体的经济发展水平不仅决定着出口该国商品的种类，也影响着投资类型和方向。对一国经济发展水平的划分有六阶段法和四阶段法，下面介绍四阶段法的划分标准。

1.自给自足的经济

在自给自足的经济体系里，几乎所有的人都从事单一的农业劳动，生产的产品大部分被消费掉，人们将剩下的财物进行物物交换，也进行服务与财物的交换。显然，这种类型的经济体系能给外国提供的贸易或投资机会是很少的。

2.原料出口经济

在这种经济体系里，只有一种或少数几种丰富的自然资源，收入几乎全部靠资源的出口。例如，智利的锡和铜、刚果的橡胶、沙特阿拉伯的石油等就是如此。这类国家和地区是部分机械设备、材料加工设备、工具、器皿以及奢侈品的良好市场。

3.产业发展中经济

在这种经济结构里，工业占有重要地位，其产出一般占国内生产总值的10%~20%。随着工业的发展，进口较多的是钢材、重型机械、通信设备、半加工纤维制品，很少进口纤维成品、纸制品和汽车。随着产业的发展，出现了新的富裕阶层和为数不多的中产阶层，他们所需要的新式的商品大都需要从外国进口。

4.产业经济

产业经济发达的国家根据工业技术或资本的输出程度建立起自己的工业基础。这些国家与其他工业国互换工业产品，与其他经济类型的国家之间用产品交换原料或半成品。由于中产阶层在大规模产业活动中占有相当重要的地位，这些国家已成为一切种类商品的广阔市场，并且也具有较多的投资机会。

（二）国内生产总值的总量及其分布

国内生产总值的总量反映了一个国家的总体经济实力，而从国内生产总值的增长率来看，更能判明一个国家的经济运行状况及其前景，但是反映该国贫富的标准尺度以人均国内生产总值这一指标最为科学和合理。然而，企业不仅要参考一国的国内生产总值总量，还要分析国内生产总值的分布状况，即社会财富的分配模式。这种分配模式除与该国总体经济发展水平有关外，更多的是受政治制度的影响。国内生产总值的分布模式可分成五种类型：全是低收入阶层；大部分是低收入阶层；低收入阶层与高收入阶层并存；低、中、高收入阶层并存；大部分是中产阶层。国内生产总值的分布模式主要影响市场的需求结构和需求规模。

（三）国际收支

公司进行国际化经营必须考虑所在国的国际收支状况。因为一方面国际收支影响该国的本位货币的币值，一个国际收支严重逆差的国家往往会刻意使本国货币贬值，以扩大出口。另一方面，国际收支影响该国政府的经济政策以及对待外来资本的态度。大多数国家是欢迎国外直接投资的，这有利于该国经济的发展与国际收支稳定，但国际收支逆差会影响国际企业汇出利润与进口原料。

（四）集团贸易与区域性经济

20世纪80年代初以来，集团贸易和区域性经济集团迅速崛起。集团贸易与区域性经济合作的模式包括建立共同市场（削减或取消内部关税及增设共同对外关税和完全的海关联盟）、自由贸易区、区域开发合作集团等多种模式。业已建立和将要成立的区域性经济集团有欧盟、北美自由贸易区（美国、加拿大和墨西哥）、东盟自由贸易区、亚太经济合作组织（APEC）、日欧经济伙伴关系协定（EPA）、东亚区域全面经济伙伴关系协定

(RCEP)、跨太平伙伴关系协定（TPP）等。世界上主要的合作集团是欧佩克（OPEC），即石油输出国组织，它的目的是在成员国之间控制石油生产水平和油价。

四、地理、社会、人文环境

（一）地理环境

地理环境主要包括：

1.地形与气候

一个国家的地形与气候条件，不仅影响产品的生产与适应能力，也关系到市场的建立与发展。此外，海拔、温度、温差都会给产品的功能和使用条件带来影响。

2.自然资源

资源是跨国经营必不可少的重要条件。自然资源的位置、质量及可供应量影响着投资的规模和技术选择。

（二）社会、人文环境

社会、人文环境主要包括下列因素：

1.人口状况

它包括人口总量规模、人口增长趋势、人口密度以及按年龄、性别、教育程度、职业、城乡和地理位置划分的人口分布状况及变化趋势。此外，人口状况还包括家庭结构。因为家庭结构不同，对商品的需求就会存在明显差别。总之，人口总量及其分布和结构，以及人均国内生产总值等，都对消费需求的总水平有决定性的影响，是确定目标国家市场规模大小的重要指标。

2.基础设施

基础设施包括交通运输条件、能源供应、通信设施和商业设施。商业设施一般包括广告、销售渠道、银行和信贷机构。基础设施越发达，国际企业就越能顺利地在目标国家开展投资生产和销售活动。否则，企业就必须花很大的经营代价，甚至在经营成本升高时不得不放弃这个市场。

3.教育水平

人们受教育程度不同，对商品的需求、鉴别接受能力也不同，接受文字宣传的能力也有区别。如果目标国家人口受教育程度很低，国际企业就要派较多的管理和技术人员到该国开展业务，而不能过多地依赖当地人员。

4.宗教信仰

不同的宗教信仰有不同的文化倾向与戒律，影响着人们认识事物的方式、行为准则和价值观念，进而影响商品的需求，包括对商品的结构、外形、颜色等都有特殊的要求。此外，社会、人文环境还包括诸如该国的生活方式、占主导地位的社会价值观念、审美观念、风俗习惯、语言文字等因素。

补充阅读资料12-1

中小企业国际化经营的优势分析

相对技术优势：我国中小企业与大企业相比，在很多领域缺乏现代尖端技术，却拥有不少“适用技术”，这些技术在发展中国家有广泛的适应性。我国根据自己特点消化吸收的引进技术，更适合发展中国家的国情，并且推广成本也较低，易被发展中国家接受。

相对区位优势：首先，我国周边国家较多，且多数国家的经济正在迅速崛起，我国与其有着长期广泛的联系。其次，华侨遍布世界各地，靠这种种族纽带，我国企业可以减少跨国经营中的障碍，并有利于同当地企业进行更为密切的合作。

内部化优势：我国中小企业如果组成“企业群”，进行“集群式”对外投资，就可充分共享经营资源，形成规模优势。另外，中小企业决策简单而富有效率，能够更灵活、及时做出有利的反应。

市场营销优势：中小企业规模小、资源有限、实力较弱，但它们又具有机动灵活、市场适应能力较强、市场进退成本低等优势。另外，在产品开发方面，中小企业较愿意设计和生产适合当地需求的产品，开拓发达国家跨国公司不屑一顾的市场。

特色产品优势：经营具有中国文化特色的产品是海外投资企业重要的竞争力来源。一些长期形成的具有鲜明特色的产品，如中式菜、中药、丝绸等，享有很高的国际声誉，并具有不可模仿、难以替代等特性。

第三节　企业一般国际竞争战略的选择

进行国际化经营的企业具有多种可供选择的战略方案。下面讨论经常应用的战略方案。

一、产品标准化战略

这种战略的实质是开发标准化的产品，将这种标准化的产品在世界范围内以同样的方式进行生产和销售。采用这种战略的理由是可以充分利用在生产这种产品以及建立一个强大的世界分销网络等方面所获得的规模经济优势。通过产品标准化，就可以大批量地生产同一产品，降低产品的生产成本，从规模经济和经验效益中获益。此外，还可从大量采购、大量的同一化促销手段中获得规模经济所带来的好处。最成功地采用产品标准化战略的公司是美国的可口可乐公司，它在世界各地所销售的可乐饮料、柠檬水以及橘子水等都具有同一口味，且被国际消费者所接受。

二、广泛产品线战略

这种战略旨在在行业的所有产品线范围内进行国际化的竞争。在寻求这种战略时，企业可在世界市场的范围内，取得产品差异化或成本领先的战略地位。显然，在寻求广泛产品线战略时，企业也可利用产品标准化战略，即在每一产品线上，产品在世界范围内都是同样的。在广泛产品线战略中，重要的是应建立一个强大的世界范围内的分销系统。采取这一战略的益处在于：所有产品之间可以共享技术方面的投资以及分销渠道。当然，实施这一战略需要大量资源以及长远的战略眼光。

三、国际集中化战略

这种战略是企业选取行业中某一特定的细分部分，并在世界范围内以这个特定的部分进行竞争。这个战略的思路是，选择行业的特定部分，此时企业可采用产品差异化的定位或成为最低产品成本的制造商。同样，在国际集中化战略中也可采用产品标准化战略。

四、国家集中化战略

这种战略是企业为了利用不同国家市场的不同特点，将其经营活动集中于特定的国家市场。在服务于这一特定国家市场的独特需求方面，企业既可以获得产品差别化的地位，又可成为成本领先者。

五、受保护的空位战略

这种战略是寻求那些东道国政府的政策可以排除许多国际竞争者的国家市场。该国政府排除国际竞争者的方式可能有多种，如要求产品中有较高的国产化水平、高关税、配额等。为了保证使该国政府的保护政策继续有效，采取这种战略的国际企业必须在政府的限定范围内经营，而且必须与该国政府保持紧密的合作关系。

对于任何一个从事国际化经营的企业来说，确定一个有效的国际战略是相当复杂且困难的。当然，这种选择主要是基于国家的比较优势和特定企业的竞争优势。当一个国家较其他国家能更经济地生产某些商品时，可以说这个国家就具有了生产这些商品的比较优势。生产要素决定了一个国家的比较优势，这些优势体现在包括自然资源、劳动力、资本、可应用的技术等方面。而竞争优势是指企业所具备的独特之处，包括品牌名称、专利、技术诀窍等。竞争者如果不进行大量投资以及不冒很大风险的话，是不能模仿出其他企业所具有的那些优势的。

国家的比较优势影响着企业在哪儿生产以及在哪儿销售产品的决策。竞争优势则影响着企业沿着附加价值链，将其资源集中于什么样的活动和什么样技术的决策。价值链的构成是将原材料、劳动力以及技术等结合到产品中进行上市推销和分销等的过程。

小知识 12-1

进军国际市场的战略设计，必须考虑三个方面的问题：一是谨慎地选择目标市场；二是恰当地实施产品战略；三是灵活地进行市场开发。

第四节 企业进入国际市场的方式

所谓进入国际市场的方式，是指企业使其产品、技术、工艺、管理及其他资源进入国外（国家或地区）市场的一种规范化的部署方式。从经济学的角度看，企业进入国外市场仅有两条道路：第一，在目标国家或地区以外的国家或地区生产产品并向目标国家或地区出口。第二，向目标国家或地区输送技术、资金、工艺，直接或者采用联合方式运用当地的资源（特别是劳动力资源）生产产品并在当地销售。

从经营管理的角度看，上述两条道路可以分成几种对国际化经营的企业具有不同成本和利益的进入方式。这些进入方式可分为下列三大类：出口进入方式、合同进入方式、投资进入方式。下面对每类进入方式进行详细的论述。

一、出口进入方式

出口进入方式与其他两种主要的进入方式（合同进入和投资进入）最主要的区别是，企业的最终产品或中间产品是在目标国家或地区之外的国家或地区生产，然后运往目标国家或地区，这就限制了劳动力的出口。

（一）非直接出口进入方式

这一方式是指国际化经营的企业通过企业所在国或地区的中间商来办理出口业务。中间商主要有以下两种类型：

1.驻在国内或地区内的出口商

它们可以是本国或地区的国际贸易公司或出口商行，也可以是常驻国内或地区内的国外买主。这些中间商收购企业的商品，自己承担风险向国外销售。国际化经营的企业将产品卖给出口商即可。

2.国内出口代理人

一种形式是出口产品由出口代理人寻找国外买主，代表国外买主订货、运输、支付货款，出口代理人收取一定的佣金，但不拥有出口产品的所有权，企业要承担全部风险；另一种形式是利用经纪人进行产品的出口，经纪人只负责寻找国外顾客，收取佣金，并不直接提供与销售有关的服务，不承担风险。出口代理人和出口经纪人之间的相同之处是：都不拥有产品的实际所有权，受人委托保障买卖双方的合同履行，与买卖双方沟通，促成交易后获得委托人按照交易额的一定比例支付的佣金。其比较明显的不同之处是：出口经纪人和委托出口企业之间的关系通常不是长久的，当经纪人促成一项交易后，这种关系便告终止；而出口代理人通常与出口企业签订长期代理合同，这种关系往往要保持好几年或更长一段时间。

非直接出口进入方式的优点是投资少，企业不需向国外派遣销售人员或开设分店，风险小。但这种进入方式也有其缺点：一是不利于企业了解国际市场环境，不利于同国外的客户保持密切的联系；二是由于企业要向中间商支付较高的手续费，因而非直接出口进入方式的盈利水平并不高。这种进入方式比较适合商品出口量不大而又缺乏自主经营出口业务能力的企业。

（二）直接代理商或经销商

这一方式是指依靠目标国家或地区的中间商来销售产品。国外代理商是独立的中间商，对出口企业的产品没有所有权。国外代理商的主要任务是将货物销售给其他的经销商（批发商、零售商）或最终买主，其报酬通常是销售佣金。国外经销商对出口企业的产品拥有所有权，并将其转销给其他的中间商或最终买主。

（三）建立国外销售分店（或子公司）

进行国际化经营的企业建立的国外销售分店（或子公司），负责企业在该国或地区的销售业务，具有销售中心和服务中心的职能。

二、合同进入方式

合同进入方式是一个国际化经营的企业与目标国家或地区的法人之间在转让技术、工艺等方面订立长期的、自始至终的、非投资性的合作合同。合同进入方式和出口进入方式的区别是，前者主要输出的是技术和工艺，尽管它可能会开辟产品出口的机会。合同进入方式与投资进入方式的区别是，前者不对目标国家或地区投资。

常见的合同进入方式有下列几种：

（一）许可证贸易

许可证贸易是指企业在规定的期间将自己的工业产权（专利权、技术秘密或诀窍、注册商标等）转让给国外法人，而许可证接受者须向提供许可证者支付一定的报酬和专利权使用费。根据转让方授权程度的不同，可以将许可证贸易分为下面五种类型：①独占许可，指许可方给予被许可方在规定地区、规定期限内有权制造、使用和销售某项技术产品的独占权或垄断权，而技术许可方及任何第三者都不得在这个规定地区内制造、使用和销售该技术产品。②排他许可，指技术许可方和被许可方在规定的地区内有制造、使用和销售的权利，但许可方不得将此种权利给予第三者。③普通许可，指技术许可方给予被许可方在规定地区内有制造、使用和销售的权利，而许可方仍保留自己或转让给第三者在这个地区内制造、使用和销售的权利。④可转让许可，即技术的被许可方有权将其所得到的权利以自己的名义再转让给第三者。⑤交换许可，即双方以各自拥有的专利技术或专有技术等价交换使用。

许可证贸易是进入国际市场的方便途径。对于提供许可证的企业来说，可以在不需投资的情况下获得盈利；可以通过工业产权的出口，打破各种贸易壁垒；向国外输出技术，有利于建立自己的技术派系，提高产品竞争能力。但是，提供许可证的办法与自己在国外安装生产设备、组织生产相比，可能有一些缺点。首先，接受许可证者可能不能很好地组织正常生产；其次，若接受许可证者取得极大的成功，提供许可证的企业就会为若是自己组织生产本来可以得到的巨额利润被人拿走而惋惜。倘若中途废除许可证合同，接受许可证者可能成为可怕的竞争对手。为避免这种危险，提供许可证者应与接受许可证者建立双边合作、分享利益的关系。这种关系能否建立，关键要看提供许可证者能否保持革新的势头，使接受许可证者甘愿依靠。

（二）特许经营

特许经营是由特许授予人有偿准许被授予人使用其企业商号、注册商标、经营管理制度与推销方法等从事企业经营活动。特许授予人给予被授予人有效协助，被授予人有义务接受其监督与控制。特许经营和许可证贸易尽管类似，但在动因、提供的服务和有效期限等方面是不一样的。在特许经营中除了转让企业商号、注册商标和专有技术外，特许授予人还要在组织、市场及管理等方面帮助被授予人，以使其经营能持续下去。

（三）合作生产

合作生产是企业与国外制造商签订合同，由国外制造商生产产品，而企业主要负责产品销售，一般是将产品销往制造商所在国家或地区的市场。为了获得制造商按照说明书生产的产品，国际化经营的企业一般要向当地的制造商转让技术和提供技术帮助。合作生产能给国际化经营的企业带来许多好处：它仅需要以较少的资金和管理资源的投入，就可以很快地进入目标国家或地区，避免当地的限制问题。并且，它允许企业对销售过程和售后服务实行控制。如果国外制造商的生产成本低，则合作生产就会大大提高企业产品的竞争能力。不过，采用合作生产存在以下缺点：企业对生产过程的控制力很弱，改善产品所取得的利益完全归制造商。当然，企业可以冒着极小的风险抓住机会在国外取得厚利，最后也可能将国外的制造商全部买下来。

（四）管理合同

这是向国外企业提供管理经验、情报信息、专门技术知识的合同。它赋予国际化经营的企业在目标国家或地区管理工厂日常运行的权力，而由国外企业提供所需的资本。国际化经营的企业不是输出产品，而是输出管理经验与劳务。在一般情况下，管理合同不授予国际化经营的企业进行新的资本投入、承担长期债务、决定红利政策、设定基础管理或政策变更或是对所有权的安排做出改变等的权力，因此所管范围只是企业的日常运营。缔结管理合同是进入国际市场风险最小的方式，合同开始生效就有收益。提供管理经验和知识的企业，如果能获得在一定时期里取得对方企业若干股份的选择权，那么这种合同就更有吸引力。如果提供经营管理经验和知识的企业能在别的方面更有效地利用这种经营能力，或者单独经营可以取得更多的利润，则缔结这种合同就不是最佳选择。

（五）建筑或交钥匙工程合同

这种合同把标准的建筑工程合同向前推进了一步，要求承包人在将国外项目交给其所有者之前，应使其达到能够运营的程度。甚至在建筑工程全部完成后，为了使所有者进行项目的准备，承包人有责任提供诸如管理和操作培训等服务。这种安排有时被称为“交钥匙附加承包”。在签订和执行交钥匙承包合同中，承包人应该充分落实该合同，要明确规定工程项目计划和设备、各方的义务和责任、不可抗力的含义和合同违约后的法律后果以及解决争端的程序等事项。

三、投资进入方式

投资进入方式涉及从事国际化经营的企业拥有的制造厂和其他生产单位在目标国家或地区的所有权问题。在生产范围内，国外子公司可能是完全依靠由母公司进口半成品的简单的组装厂，也可以是那些承担全部产品制造任务的生产厂。在所有权和管理控制范围内，国外的生产分公司可分为两种：一种是母公司拥有完全的所有权和控制权的独资企业；另一种是母公司和当地企业共同拥有所有权和控制权的合资企业。现对这两种形式分述如下：

（一）独资经营

它是指国际化经营的企业单独在国外投资建立企业，独立经营、自担风险、自负盈亏。当国外市场需求潜力很大，而企业具有国际化经营的经验和能力时，企业可能考虑采用这种进入方式。

独资经营与其他进入方式相比有许多益处：企业可以从国外市场获得便宜的劳动力和廉价的原料，或者受到外国政府的投资鼓励，节省运费等有利条件，因而可降低产品成本；企业可以积累更多的国际化经营经验；由于投资给东道国带来了就业机会，企业可以在该国树立良好的形象；企业可与东道国政府、顾客、当地供应商、经销商等保持密切的联系，使产品更适合当地的市场环境；企业能完全控制投资的使用，制定较为长远的国际化战略，让子公司的目标与母公司的目标保持一致。

独资经营的主要缺点是企业对巨额投资承担风险，这对企业财务来说是一个很大的压力。独资公司常被东道国政府以及当地社会视为外国企业，易遭排斥，所面临的经营风险比较大。由于对东道国的社会、政治、经济环境不够熟悉，在争取东道国各方面的理解与合作、处理与东道国各方面的纠纷时常常比较困难。一些东道国政府对独资企业与合资企业实行差别待遇，往往对独资企业只给予较少优惠而限制却比较多。

（二）合资经营

这是指国际化经营的企业和目标国家或地区的投资商共同投资，在当地兴办企业，双方都对企业拥有所有权和经营权，即共同投资、共同管理、共担风险和共享利益。这个合资企业既可以采用双方合资新创的方式，也可以采取并购手段成立。

从经济角度讲，如果目标国家或地区的投资商缺乏资金或管理能力从而无法单独投资经营，则联合投资利用当地资源就不失为合理的进入市场的方式。就政治因素而论，有些国家规定外国企业只有同本国企业合资才能进入其市场，这就迫使国际化经营的企业不得不采取合资经营的方式。但合资经营也有缺点：合资双方可能在投资、生产、市场营销以及利润的再使用等方面发生争执，影响企业的正常经营；如果国际化经营的企业将自己的独有技术和管理技能投入合资企业，很容易被合资伙伴所掌握，其将可能发展成为自己未来强有力的竞争对手；国际化经营的企业在合资公司中进行转移定价时会受到其他合资伙伴的限制与阻碍；合资各方投资入股的各项资产，特别是无形资产很难准确估价，会影响各方的利益。

小思考1-1

国际化战略有几种类型？

答案：企业根据对国家竞争优势的判断以及所要采取的市场进入模型，可以选择的国际化经营战略基本有三种类型：一是国际本土化战略；二是全球化战略；三是跨国战略。

第五节 战略联盟

在现实的经营活动中，企业在制定公司战略时不仅需要考虑竞争问题，而且要考虑合作战略。在竞争日趋激烈的市场上，企业单枪匹马闯天下的做法已经过时，很多跨国公司在积极研究与实施合作战略。

合作战略实际上就是企业间形成战略联盟。战略联盟是指企业之间通过一定方式形成一种合作关系，使彼此的资源、能力和核心竞争力结合起来，从而实现各方在设计、制造、产品生产和服务保障上的共同利益。战略联盟是企业对经济活动、技术发展和经济全球化所带来的巨大变化做出的及时和理性的反应。许多公司通过战略联盟加强了竞争能力。东芝公司是日本历史最悠久的公司之一，近年来已与多家公司组建了战略联盟，合作者包括摩托罗拉公司、IBM公司、SUN系统公司、美的集团等，为公司进入新业务、新市场提供了帮助。

一、形成战略联盟的原因

（1）扩大市场份额。通过战略联盟双方可以利用彼此的网络进入新的市场，减少开拓市场的时间和费用，增加产品销售量及市场份额。

（2）迅速获取新的技术。技术创新是企业发展的动力，技术创新及推广的速度越来越快，企业通过战略联盟能够增强技术创新能力，缩短新产品、新项目开发时间，跟上科技发展的步伐。

（3）经营国际化。同国外公司进行联盟，通过合资、合作等方式进入国际市场，可以突破在国外直接投资面临的投资大、风险大等诸多限制，顺利实现国际扩张。

（4）降低风险。战略联盟能够做到风险共担，降低企业风险。例如，共同开发新技术、新产品增强了科研能力，提高了开发效率和效益。

二、战略联盟的形式

战略联盟有各种各样的形式，有些是正式化的内部组织关系，有些则是在组织间形成非常松散的协作关系（不涉及所有权转移或股权的分配）。出现这些不同形式的联盟的原因很多，大都与联盟内的资产有关，这里所说的资产并不仅仅是指实物资产或财务资产，也包括管理技能、专业知识、商标等无形资产。因此，联盟的形式受下列因素的影响：①资产管理，资产需不需要联合管理的程度；②资产独立性，能否分开各方所涉及的资产；③资产挪用性，联盟的一方或另一方挪用或窃用资产的风险有多大。表12-2概括了主要的联盟形式，并总结了不同因素对这些联盟形式的影响。

表12-2　**主要的联盟形式**

战略联盟的形式＼影响因素	松散的协作关系	契约关系	正式的所有关系	正式一体化
	机会性的联盟	分包经营、许可证贸易和特许经营等	合资企业	收购和合并
资产管理	资产不需要联合管理	资产管理可被隔离	资产需要联合管理	
资产独立性	资产不能独立出来	资产/技术能独立出来		资产不能独立出来
资产挪用性	资产被盗用的风险很高		资产被盗用的风险很低	资产被盗用的风险很高

（一）合资企业

合资企业是由多家公司共同出资建立的新公司。合资企业通常被当成一种协议合作组织，即合资双方还保持相互独立。合资双方共担风险、共享收益。合资可以使公司间建立长期合作关系及共同分享成员企业的新技术等资源，形成更强的竞争优势。

各方合作的范围可以限定在一个领域，也可以涉及广泛的领域。如松下和西屋电气合资的SGC的目标仅限于联合生产与供应两个合伙人所需要的电路断路器的精密零配件，组装、测试和销售最终产品方面则由两个合伙人各司其职。

各方的合作范围也可以涉及广泛的领域。例如，我国成立的许多中外合资企业，由国内的公司提供劳动力、厂房等，而由国外公司提供技术、设备等。

在下面这些情况下，可能会产生较为正式的协议：

（1）所包含的资产需要联合管理。

（2）资产能从母公司中独立出来，并且对那个公司不产生冲击效应。例如，某项技术可能专门为合资企业服务，但它并不会对母公司带来危害。

（3）资产能从母公司中独立出来，并且需要从母公司中独立出来。例如，淄博电视机厂1985年引进日本NEC生产线与技术，生产黑白电视机和彩色电视机，但未达设计要求，年产量不足4万台，负债达8 000万元，濒临破产，无奈之下主动向海信提出兼并要求。海信投入流动资金1 500万元，同时以产品技术与制造工艺作为无形资产折价入股，共占有51%的股份。淄博电视机厂则以厂房设备等实物资产投资，共同组建淄博海信电子有限公司，一举形成年产15万台彩电和15万台黑白电视的生产能力。这使得海信避免了完全兼并带来的历史债务、富余人员、不良资产等棘手的问题。

(4) 资产被合作一方或其他方面所窃用或私自挪用的危险不大。

(二) 松散的协作关系

松散的协作关系是指两个或更多的组织相互协作但没有形成正式的关系，只是通过一种互相信任的机制来进行合作。这种合作有时是地区性的，如在浙江省的某些地区，聚集着生产某种产品的众多企业，它们互相依存，形成了一定的分工和协作关系，使当地成为生产这类产品的中心。这种合作出现更多的是机会性的联盟，它们集中于某特定的业务或项目，但没有长期的正式契约。从这个意义上说，这些联盟更接近于市场关系而不是契约关系。形成这种松散的协作关系的原因包括：

(1) 不需要对资产进行联合管理，即资金、专有技术、专门知识等以非正式的形式汇集在一起。

(2) 不容易将资产从相关的企业中独立出来或者独立出来会产生负面的影响。

(3) 如果将包含的资产分散到某独立的组织，就会产生很高的风险，即组织内的另一个团体可能私自挪用这些资产，在不同组织拥有专门的技能和知识时尤其如此。

(三) 契约关系

还有一类是非资产战略联盟，通过公司之间签订协议而不涉及资产的方式来实现。这种联盟可以在采购、生产、产品分销和服务及市场开发与信息共享等领域进行，但不涉及任何资产的分享。如签订协议联合开发新产品、新技术，在那些开发费用高、产品生命周期短的行业，这是一个很好的选择，比如特许经营、分包经营、许可证贸易、定牌生产等。所有这些中间型的联合都是契约式的，但不涉及所有关系。产生这类联盟的原因包括：

(1) 特定的资产由于管理的目的能被分离出来。例如，带许可证的生产制造。

(2) 这些资产能从母公司中独立出来以发挥它们的最大效用，如在难以直接开展业务的国家建立分销点。

在那些资产被挪用的可能性很小的地方，人们更愿意采用特许经营和许可证贸易。例如，在专利保护可以防止许可证持有者窃用专利技术或产品时，就可以采用这两种形式。如果存在被窃用的危险，那么持久性比较差的联合可能更容易引起窃用。如在分包经营中，分包商也许已经在相关的活动范围内开始经营了，也就是说，分包商可能会盗用相关的技术、品牌等去独立为自己经营而不是为母公司经营。

需要注意的是，应该用同样的方法解释和说明以并购的形式接收全部所有权的原因。在下列情况下可能出现并购：①需要对资产进行联合管理；②资产不能从任一公司中独立出来；③资产被盗用的可能性很大。事实上，后两项说明了收购为什么比合营企业更有吸引力。

补充阅读资料12-1

坚持竞争性合作

建立战略联盟不过是一种手段，最终目的是通过合作或联盟关系增强自己的竞争力，实现自己的经营目标。既要坚持平等互利的原则，又要保持相互竞争。战略联盟应该是竞争性合作。

三、组成战略联盟时应注意的问题

（一）合作伙伴的选择

由于战略联盟中成员企业之间的关系相对松散，市场和行政双重机制同时起作用，战略联盟的成败又取决于企业之间是否能够真诚合作，因此要选择有真正合作诚意的伙伴。同时，还要考虑合作伙伴的产品和销售渠道能否对本企业产品的销售形成有益补充。

（二）组织管理

战略联盟是一种网络式组织结构，应注意管理方面的特点。在联盟建立之初就应该确定合理的组织关系，科学合理地分配管理责任。不同形式的战略联盟管理模式不同，股权式战略联盟中管理权责集中于高层管理者，有些公司按功能链分散责任，有些公司则按业务单元进行管理。

（三）沟通与协作

战略联盟可以给企业带来竞争优势，实现企业战略目标，但非常难以管理，在建立和运营过程中会出现很多复杂问题和困难。因此，实施战略联盟并提高成功可能性必须有一种联盟合作思维及合作意识，即要使所有与战略联盟形成及运作有关的人员都清楚地理解和意识到联盟能给企业带来的利益和风险，并且加强联盟成员之间的沟通与协作，在整体战略及企业文化方面达成共识。

（四）学习与吸收

学习并吸收联盟合作方的长处，尽快将学习到的宝贵经验应用到本企业的经营和运作中去。

本章小结

随着全球经济一体化的发展，企业参与国际化经营必将成为一种趋势。企业进行国际化经营有两个目的：一是获利；二是求稳定。更进一步的原因包括：利用技术领先的地位；利用品牌或商标的影响力；利用规模经济优势；利用低成本的资源。

国际化经营的特点是经营空间广泛、经营环境复杂、竞争激烈、信息管理难度大、计划和组织更周密。进行国际化经营环境因素分析时要考虑国际贸易体制，政治、法律环境，经济环境以及地理、社会、人文环境等因素。

常见的国际竞争战略有产品标准化战略、广泛产品线战略、国际集中化战略、国家集中化战略和受保护的空位战略。

企业进入国际市场的方式包括出口进入方式、合同进入方式和投资进入方式。

形成战略联盟的原因包括扩大市场份额、迅速获取新的技术、经营国际化、降低风险。战略联盟的形式有松散的协作关系、契约关系、正式的所有关系、正式一体化。战略联盟应注意的问题是合作伙伴的选择、组织管理、沟通与协作、学习与吸收。

主要概念与观念

主要概念

国际化经营

主要观念

战略联盟　国际竞争战略

基本训练

知识题

简答题

1.如何选择进入国际市场的方式？

2.分析企业采取合资方式与独资方式的区别和利弊。

知识应用

1.运用波特的竞争力模型能够解决什么问题？试分析一个具体的例子。

2.战略联盟为何成为当前的一种发展趋势？

技能题

分析三种类型国际化战略的运用条件，以及各自的优势和劣势。

能力题

案例分析

春兰的国际化经营

春兰的前身是由泰州市的两家集体小厂和一家国有小厂合并而成的江苏泰州制冷机厂。经过多年的艰苦努力，春兰已发展成为具有一定国际知名度的大型跨国企业集团，成为一家集制造、科研、投资、贸易于一体的多元化、高科技、国际化的大型公司。

目前，春兰在美国、日本、法国和新加坡等国设立了海外分公司，形成了欧洲、美洲、中东、东南亚和东亚五大经营区域，5 000多家海外经销商遍布世界各地，为春兰产品源源不断挺进国际市场疏通了渠道。春兰在俄罗斯、西班牙、伊朗和巴西等国家建立了生产基地，并在日、美、法等国建立了研究院。春兰运用“矩阵式管理”逐步建成庞大、高效的全球现代物流网络。春兰采取的经营意识全球化、核心技术扩大化、人才优势国际化等一系列具有特色的全球经营理念，造就了一个国际化的春兰。

1.经营意识全球化

从全球的角度进行战略思考，以更广阔的视野看待企业的生产、贸易、投资及技术的开发和转移，促进产品在更广阔的市场空间销售。在起步阶段，春兰就有了创国内品牌直至创世界品牌的长期发展计划。“春兰的生存空间在于整个世界。”第一，春兰研究了世界家电行业的发展方向，追踪家电技术发展趋势，分析主要竞争对手如西门子、松下、阿里斯顿等大型跨国公司，调查全球市场的家电需求情况。第二，春兰制定了全球品牌战略目标。第三，春兰确定了以产品出口发达国家为突破口，然后向其他国家扩散，最后输出技术并在海外建厂，逐步占领全球市场，树立国际品牌形象的战略思路。

2.核心技术扩大化

春兰认为：没有核心技术的企业是没有灵魂的企业，没有灵魂的企业难以长久。先掌握核心技术然后再进入市场是春兰固有的风格。在空调领域，春兰对“声质量”“结构有限元分析”等核心技术的研究三登国际家电业最高讲坛；在冰箱领域，春兰“门送冷”冰箱获42国59项专利。在春兰核心技术的清单上可以列出上百项达世界先进水平的技术。在技术引进与自主创新上，春兰有一些独特的做法：不搞成套引进，只引进关键设备，自制配套；不向同行企业引进，而是直接向设备制造厂家进口；不与同行企业合作开发，而是同有关的科研院所合作开发。通过项目共享形成人才资源的共享，在项目引进、项目嫁接、项目合作过程中吸引世界范围内的优秀人才加盟春兰，从而构建了一个面向全球的开放式科研平台。

3.人才优势国际化

人才国际化是春兰实施国际化经营的关键。在春兰的国际化经营中，“人本主义”理念贯穿其中，国际化人才建设始终放在重要位置，并形成自己的一套方法：①组建春兰学院。每年从国内名校挑选优秀学生到学院攻读学士、硕士、博士学位，培养多学科、多领域的高层次人才。②整合全球人才资源。目前春兰在海外有1 000多名外籍人才。春兰在美国、日本等国家的研发机构聘请了当地数十名科技人员开发春兰产品。③到国外进修。春兰每年有数十名优秀的科技人员和高级管理人员被派往美国、英国、日本等发达国家，学习世界先进的技术和管理理念。④吸引国内优秀人才。春兰的高速发展给各类人才提供了广阔的发展空间，吸引了大量优秀人才的加盟。通过这些措施，春兰基本解决了国际化人才缺乏的问题，保证了国际化战略的顺利实施。

问题：

1.春兰国际化经营采取了哪些全球经营理念？

2.春兰国际化经营有何特点？

主要参考书目

［1］刘婵，高凯．管理学［M］．广州：中山大学出版社，2010.

［2］张满林．管理学理论与技能［M］．北京：中国经济出版社，2010.

［3］刘倩，夏松．管理学新编——基于能力培养的视角［M］．南京：东南大学出版社，2010.

［4］张岩松，陈百君，周宏波，等．现代管理学案例教程［M］．北京：清华大学出版社，北京交通大学出版社，2009.

［5］邸彦彪．现代企业管理理论与应用［M］．北京：北京大学出版社，中国林业大学出版社，2008.

［6］姜英来．30部必读的管理学经典［M］．北京：北京工业大学出版社，2006.

［7］孙淼林．实用现代管理学［M］．3版．北京：北京大学出版社，2017.

［8］季辉．现代企业经营与管理［M］．4版．大连：东北财经大学出版社，2017.

［9］邢以群．管理学［M］．4版．杭州：浙江大学出版社，2016.

［10］刘润泽．品牌革命：移动互联网时代的品牌制胜之道［M］．北京：当代世界出版社，2015.

［11］张平亮．现代生产现场管理［M］．2版．机械工业出版社，2016.

［12］江西师范大学商学院《经济管理教学案例集》编委会．经济管理教学案例集［M］．北京：经济管理出版社，2016.

［13］王吉鹏．企业文化建设［M］．北京：中国人民大学出版社，2017.

［14］陈春花．企业文化塑造［M］．北京：机械工业出版社，2016.

［15］石伟．组织文化［M］．上海：复旦大学出版社，2004.

［16］阎世平．制度视野中的企业文化［M］．北京：中国时代经济出版社，2003.

［17］乔玉洋．财务管理学：理论·案例·模型［M］．南京：东南大学出版社，2017.

［18］牟俊侠．论现代企业管理信息系统［J］．系统科学学报，2000（1）.

［19］刘耀宗．企业信息系统和管理信息系统发展趋势［J］．重庆建筑大学学报，2000（2）.

［20］顾天辉，杨立峰，张文昌．企业战略管理［M］．北京：科学出版社，2004.

［21］冯拾松，罗明．现代企业管理［M］．北京：科学出版社，2004.

［22］梁修庆．市场营销管理［M］．北京：科学出版社，2002.

［23］王基建，白玉．现代企业管理［M］．武汉：武汉理工大学出版社，2005.

[24] 左昌鸿. 现代企业管理概论 [M]. 北京：中国商业出版社，2001.

[25] 王欣欣，杨静. 管理学原理 [M]. 北京：北京交通大学出版社，2012.

[26] 王峻，朱友发. 市场营销基础实训项目化教程 [M]. 北京：清华大学出版社，2012.

[27] 李庆文，杜远阳. 管理学实务 [M]. 大连：大连理工大学出版社，2014.

[28] 熊小霞. 企业经营管理实务 [M]. 北京：清华大学出版社，2013.

[29] 李洪心. 电子商务概论 [M]. 3版. 大连：东北财经大学出版社，2011.

[30] 贾春玉，胡若飞，呼格吉勒. 生产运作管理 [M]. 大连：东北财经大学出版社，2013.

[31] 孟祥林. 人力资源管理——理论·故事·案例 [M]. 北京：机械工业出版社，2014.

[32] 黄由衡. 企业物流管理 [M]. 北京：电子工业出版社，2012.

[33] 宋文官，徐继红. 电子商务概论 [M]. 大连：东北财经大学出版社，2011.

[34] 徐丽群. 运输物流管理 [M]. 北京：机械工业出版社，2014.

[35] 王素梅. 现代企业管理 [M]. 北京：机械工业出版社，2014.

[36] 赵钎，宋冀东. 现代企业管理 [M]. 北京：电子工业出版社，2013.

[37] 罗宾斯. 管理学 [M]. 孙健敏，黄卫伟，王凤彬，等，译. 4版. 北京：中国人民大学出版社，2003.

[38] 李尧，唐可可. 营销策划创意 [M]. 北京：电子工业出版社，2012.